Thomas Hüetlin

Berlin,
24. Juni 1922

Thomas Hüetlin

Berlin, 24. Juni 1922

Der Rathenaumord und der Beginn
des rechten Terrors in Deutschland

Kiepenheuer
& Witsch

2. Auflage 2022

© 2022, Verlag Kiepenheuer & Witsch, Köln
Alle Rechte vorbehalten
Covergestaltung: Rudolf Linn, Köln
Covermotiv: © ullstein bild – Robert Sennecke
Gesetzt aus der Adobe Garamond
Satz: Buch-Werkstatt GmbH, Bad Aibling
Druck und Bindung: GGP Media GmbH, Pößneck
ISBN 978-3-462-05438-5

»WIE KANN MAN AUCH MIT ERZBERGER SPAZIEREN GEHEN?«

Es hatte geregnet in der Nacht zum 26. August 1921 in Bad Griesbach. Matthias Erzberger war zeitig aufgestanden, seine Kur näherte sich dem Ende, die Hoffnungen und Sorgen der kommenden Monate trieben ihn aus seinem Bett in der Pension St. Anna, einem katholischen Haus, das von Nonnen betrieben wurde.

Erzberger, 45 Jahre alt, zurückgetreten als Vizekanzler und Finanzminister im ersten Kabinett der Weimarer Republik ein Jahr zuvor, war ein schwerer Mann, aber zäh. Es musste schon etwas zusammenkommen, um ihn aus der Bahn zu werfen. Genau das aber geschah seit einiger Zeit.

Wenn es nach den deutschen Rechten ging, dann war Erzberger so etwas wie der Volksfeind Nummer eins im Deutschen Reich.

Ausgerechnet Erzberger.

Ein Schwabe aus der Provinz, fleißig und gottesfürchtig, einer, der gerne täglich in die Kirche ging und noch spätabends Briefe seiner Wähler beantwortete. Einfache Leute. Handwerker, Bauern, kleine Angestellte.

Aber Erzberger hatte die Waffenstillstandsvereinbarung drei Jahre zuvor in jenem Eisenbahnwaggon im Wald von Compiègne unterzeichnet und damit, so sahen es die Rechten, den völlig unnötigen Untergang des deutschen Heeres besiegelt. Den tapfer kämpfenden Soldaten, so ging die Legende, den Dolch in den Rücken gerammt.

Und als es dann Erzberger als Finanzminister wagte, die gewaltigen Schulden, die das Reich zu begleichen hatte, nach einem Krieg, den es begonnen und verloren hatte, einigermaßen gerecht sozial zu verteilen, vervielfachte sich die ungeheure Wut gegen ihn noch einmal.

Nicht die einfachen Leute, die Handwerker, die Bauern, die kleinen Angestellten sollten diesen Krieg mehr oder weniger alleine bezahlen. Sondern auch die Wohlhabenden sollten ihren Anteil leisten, so wollte es Erzberger.

Statt vier Prozent Einkommensteuer verlangte Erzberger nun 60 Prozent von den Reichen und Fast-Reichen. Das war politischer Selbstmord.

Auf Raten zwar. Aber tödlich trotzdem.

Es half Erzberger nicht wirklich, dass er ein katholischer Patriot war, durch und durch. Ein Mann, der einen Krieg, der sich allmählich als ungewinnbar gezeigt hatte, nicht für Ehre und Vaterland mit dem Blut von immer neuen Soldaten weiterschmieren wollte. Einer, der nicht auf stur schaltete. Auf immer weiter so. Das trug ihm bei den Nationalisten den Ruf ein, wendig, glatt und ölig zu sein.

Dabei war er im Grunde mutig. Mutiger jedenfalls als der oberste Militär seines Landes, Generalfeldmarschall Paul von Hindenburg. Weil jener sich davor drückte, den Waffenstillstandsvertrag im Eisenbahnwaggon zu unterzeichnen, schickte er Erzberger vor.

Und Erzberger übernahm den Job.

Seitdem hatte die Rechte einen der Hauptschuldigen für die deutsche Niederlage identifiziert. Mit einer Hetze, wie sie bis dahin für Einzelpersonen im Deutschen Reich nicht bekannt war, wurde er nun verfolgt.

Sein schlimmster und beharrlichster Feind hieß Karl Helfferich. Als Staatssekretär des Reichsschatzamtes und Vizekanzler hatte Helfferich die Finanzierung des Ersten Weltkriegs durch Anleihen organisiert und eine Besteuerung der Kriegsgewinne verschleppt. Helfferich, ein klein gewachsener Fabrikantensohn aus der Provinz, wollte ganz nach oben. Unterwürfig gegen die Mächtigen, pickelhaubenhart gegen die Nicht-so-Mächtigen, war er bereit, einen Weg einzuschlagen, der mit Schmutz und Blut gepflastert war. Er kam einigermaßen voran. Aber selbst seine Hochzeit mit der Tochter des Bankiers Georg von Siemens ließ Helfferich keinen Deut milder oder gar großzügiger werden.

Im Gegenteil. Diese Ehe bestärkte ihn in seiner Lebensrolle – der Einpeitscher des stockreaktionären Geldes zu sein.

Mit Erzberger hatte Helfferich seine erste große Zielscheibe gefunden. Erzberger hatte Helfferich früher finanzielle Unregelmäßigkeiten nachgewiesen und ihn zum Rücktritt als Staatssekretär gezwungen.

Unermüdlich verfolgte Helfferich nun als Abgeordneter der nach dem Krieg gegründeten Deutschnationalen Volkspartei Erzberger mit Beschimpfungen. »Novemberverbrecher«, »Reichsverderber«, »Landesverräter«.

Er wollte den Showdown, und deshalb veröffentlichte er ein Pamphlet unter dem Titel »Fort mit Erzberger«, das er hunderttausendfach drucken ließ. Unter anderem behauptete Helfferich darin, Erzberger sei kein Mann, sondern ein Feigling. Einer, »der auf alle Anschuldigungen trotz schärfster

Herausforderungen nicht klagt, sondern kneift und nach Art bedrohter Tintenfische das Wasser trübt, um zu entwischen«.

Helfferich hasste Erzberger noch mehr, nachdem Erzberger ihn am Rednerpult der Nationalversammlung als »den leichtfertigsten aller Finanzminister« kritisiert hatte.

Helfferichs Kriegsanleihen nebst Niedrigsteuern für Kriegsgewinner waren die toxischen Papiere ihrer Zeit.

Schrott, für den es kein Geld mehr gab und der sich zu Giftmüll wandelte, je schlechter die wirtschaftliche Lage wurde. Das vermögende Bürgertum sah sich um seine Ersparnisse gebracht. Mit Verneblern, Eintrübern, möglicherweise sogar Tintenfischen kannte sich Helfferich auch deshalb so gut aus, weil er selbst wie viele andere Abgeordnete die Verarmung seiner Wähler mit nationalistischem Gebrüll betrieben hatte und nun von seiner Verantwortung für diese Katastrophe ablenken musste.

Also »Fort mit Erzberger«, dem »Volksverräter«.

Das Verrückte war: Als Erzberger es wagte, gegen die Lügen in diesem Pamphlet gerichtlich vorzugehen, stand er auf einmal selbst am Pranger.

Es war tödlicher Hass, den er da auf sich zog, und dieser entlud sich an einem Seiteneingang eines Berliner Gerichtsgebäudes am 28. Januar 1920. Ein 20-jähriger Fähnrich namens Oltwig von Hirschfeld feuerte zweimal auf Erzberger, eine Kugel durchschlug die Schulter des Ministers und blieb in der Lunge stecken. Erzberger kam knapp mit dem Leben davon. Aber wenn er, das Opfer, nun auch noch Gerechtigkeit durch die Gerichte erwartete, dann war er ziemlich schlecht beraten.

Die deutschnational geprägte Justiz der Reichshauptstadt hatte für einen wie ihn wenig bis nichts übrig. Wie Hohn mussten sich die Urteile gegen Helfferich und von Hirsch-feld lesen.

Es waren keine Schuldsprüche.

Es waren Bestätigungen der Hetze und Vorurteile gegen Erzberger. Helfferich kam mit einer Geldstrafe von 300 Mark davon. Das Gericht sah es als erwiesen an, dass sich Erzberger während seiner politischen Karriere nicht »wohl anständig« verhalten habe, politische und finanzielle Inte-ressen vermischt und sogar unter Eid gelogen habe.

Fast noch nachsichtiger zeigte sich die Justiz im Prozess gegen den Beinahe-Mörder Hirschfeld. Er wurde mit einer Strafe von 18 Monaten und einer Urteilsbegründung, die ihm »ideale Gesinnung« bestätigte, quasi geadelt. Auch sonst las sich das Urteil wie ein Belobigungsschreiben. »Verschiedenste Kreise« hätten »die Tat des Angeklagten gebilligt und ihn be-glückwünscht«. Kein Zweifel, dass dies nur die allerbesten Kreise waren. Und: Es war ja eigentlich gar kein Attentat mit Mordabsicht. Und wenn, nur ein bisschen Mord, und das ja eigentlich auch nicht. Sondern eine Art mit der Schusswaffe verordnete Karenzzeit: Der Angeklagte, so das Gericht, habe den Minister nur »mit der Schusswaffe auf Monate arbeitsun-fähig und damit vorerst unschädlich machen wollen«.

Na dann.

Jedes dieser beiden Urteile war eine gerichtliche Verhöh-nung des Opfers. Zusammengenommen waren sie für Erz-berger ein Totalschaden, der in der jungen Republik üble Spuren hinterließ. Reaktionäre Justiz und Politik gestalteten einen Gerichtssaal zu einer Bühne um, auf der ein demokra-tisch gewählter Politiker verleumdet und beleidigt wurde. Dazu verhöhnt in einer Sprache, die neu war in ihrer Ver-rohung und Brutalität. Aber statt Einspruch zu rufen, ließ das Gericht gewähren und feuerte die Angelegenheit noch an. Statt Common Sense, Verantwortung und einen gewissen Schutz für einen demokratischen Politiker auszuüben, stellte sich das Gericht pöbelnd und unmissverständlich an die Seite Helfferichs und setzte so ein Zeichen, das sich in die DNA der Weimarer Republik einpflanzen sollte.

Politiker, die die Demokratie vertreten, sind unlautere Gesellen, die man, wie das Gericht in seiner Urteilsbekundung gegen den Attentäter von Hirschfeld schrieb, »unschädlich machen« darf. Notfalls mithilfe der Waffe. Als eine Art Notwehr gegen diesen ganzen demokratischen Schmutz.

Erzberger, dem doppelten Opfer, blieb nichts übrig, als sein Rücktrittsgesuch als Finanzminister und Vizekanzler einzureichen. Preußische Gerichte hatten bestätigt, dass er nicht mehr war als ein korrupter Politiker, Lügner und Meineidiger.

Ein Demokrat.

Das Allerletzte.

Es waren schwere Wunden, die Erzberger davongetragen hatte im Frühjahr 1920, und jetzt, gut eineinhalb Jahre später, laborierte er immer noch an ihnen. Auch deshalb der lange Kuraufenthalt in seiner schwäbischen Heimat. Deshalb die Wanderungen, die Ruhe, die tägliche Meditation in den Gottesdiensten.

Erzberger wollte sich erholen.

Um zurückzukommen.

Er war ohne Zweifel ein politischer Junkie. Nur, dass sein Getriebensein dem Wunsch entsprang, seinem Land und den Menschen zu dienen, nicht wie sein Erzfeind Helfferich sich selbst und jener gesellschaftlichen Beletage, in der dieser sich vorgenommen hatte, standesgemäß zu residieren.

Koste es, was es wolle.

In einem Umkehrschluss von von Clausewitz, dem großen preußischen Militärtheoretiker, könnte man sagen, dass für Helfferich Politik die Fortsetzung des Krieges mit tödlichen Mitteln war.

Erzberger ahnte das. Er hatte zu seiner Tochter nach dem Ende der beiden Prozesse gesagt: »Die Kugel, die mich treffen soll, ist schon gegossen.«

Aber er fand, dass mehr auf dem Spiel stand als sein eigenes Leben.

Es ging tatsächlich um ziemlich viel. Sogar Ferdinand Foch, Marschall Frankreichs im Ersten Weltkrieg, hatte über den Friedensvertrag von Versailles gesagt: »Das ist kein Frieden. Es ist ein Waffenstillstand auf 20 Jahre.«

Es ging also um einen Waffenstillstand mit Restlaufzeit. Damit diese Restlaufzeit andauerte und nicht im Zeitraffer ablief, wollte Erzberger zurück in die Politik. Dazu plante er, beim Katholikentag in Frankfurt Ende August eine Rede zu halten. Dann sollte es weitergehen in die Reichshauptstadt Berlin.

Auf einer Wanderung hinauf zum Kniebis wollte Erzberger mit einem Kollegen, dem Zentrumsabgeordneten Karl Diez, die kommende Woche noch einmal besprechen. Nach dem Besuch der Morgenmesse gingen die beiden Männer los. So wie Erzberger angezogen war für diese Tour, hätte er sich auch zu einem Spaziergang Unter den Linden aufmachen können. Freizeit, das kannte er eigentlich nicht. Freizeitkleidung schon gar nicht. Also trug er seine Zivilistenuniform: einen schwarzen Gehrock, eine dunkle Hose, einen schwarzen Hut und eine Weste, in der seine silberne Taschenuhr steckte.

Die beiden Männer gingen langsam. Dazu machte ihnen die aufkommende Hitze zu schaffen. Sie versuchten, sich im Schatten der hoch aufragenden Bäume zu halten.

Zwei Männer überholten sie. Das war nichts Besonderes. Schließlich schienen diese Männer halb so alt wie sie zu sein. Mitte 20, sportlich getrimmt.

Weiter bergauf. Berlin, Politik, der Vertrag von Versailles.

Plötzlich kamen die beiden Männer, die sie gerade überholt hatten, zurück. In schnellem Schritt. Und diese jungen Männer steuerten direkt auf sie zu. Einer dieser jungen Männer sah energisch und zupackend aus. Der andere hatte einen etwas zurückhaltenden Blick.

Schon hielten die beiden jungen Männer Pistolen in den Händen. Der Energische feuerte zweimal auf Erzberger und rief dem Kollegen zu: »So schieß doch, so schieß doch.« Daraufhin zielte der auf Diez. Diez stürzte zu Boden, getroffen in Oberarm und Brust.

Erzberger, schwer verletzt, rannte um sein Leben. Auch von Hirschfeld hatte ihn damals mit zwei Schuss bedacht, vor eineinhalb Jahren in diesem Berliner Gericht. Man konnte so etwas überleben. Mit viel Glück. Erzberger rannte in den Wald. Aber der Attentäter ließ sich nicht abschütteln. Erzberger rutschte panisch einen steilen Hang hinab, aber der mit dem zurückhaltenden Blick stand ruhig über ihm und nahm Maß. Fast andächtig feuerte dieser einen Schuss nach dem anderen ab. Die Kugeln verschwanden in Erzbergers massigem Körper.

Der Finanzminister a. D. lag auf dem Waldboden und rührte sich nicht mehr. Trotzdem trat der junge Mann ein paar Schritte heran und schoss dem Reglosen noch mehrere Kugeln in den Kopf.

Diesmal sollte Erzberger nicht davonkommen wie in Berlin. Die jungen Männer wollten ihre Sache perfekt machen. Erzberger. Tot. Einhundertprozentig. Die Leiche, die nachmittags um 3 Uhr von Polizisten gefunden wurde, sah bestialisch zugerichtet aus. Seine silberne Taschenuhr war während des kaltblütig geplanten Mordes stehen geblieben.

11.05 Uhr.

Blutüberströmt hatte sich der Freund und Kollege des Toten, der Abgeordnete Diez, vorher in das friedliche Bad Griesbach geschleppt. Als Diez vor seiner Pensionswirtin stand, fragte diese: »Ja um Gottes willen, Herr Diez, was ist denn mit Ihnen passiert?«

»Ich war mit Erzberger spazieren, und Erzberger ist erschossen worden«, stieß Diez hervor.

»Wie kann man auch mit Erzberger spazieren gehen«, entgegnete ihm die Wirtin.

Sie waren eben durch nichts aus der Ruhe zu bringen, die guten Menschen von Bad Griesbach. Schon gar nicht durch einen Mord an einem der wichtigsten demokratischen Politiker ihres Landes an ihrem Hausberg, dem Kniebis.

Wie kann man auch mit Erzberger spazieren gehen.

Die beiden Mörder bestiegen nach der Tat erst einmal den Kamm des Kniebis und kehrten nach langem Marsch in den »Hirschen« zurück, wo sie einen Kaffee tranken. Unbehelligt. Ganz gemütlich. In der zuversichtlichen Gelassenheit, dass mit dem Mord nun der aufreibendste Teil ihrer Arbeit hinter ihnen liege und jetzt nichts wirklich Schlimmes mehr passieren könne.

Die wirkliche Verantwortung, fanden sie, hatten ja andere. Sie selbst hatten ja nur einen Befehl ausgeführt. Erfolgreich ausgeführt. Und der Befehl hatte gelautet: »Gemäß der in der Leitung stattgefundenen Auslosung wurden Sie, Heinrich Schulz und Sie, Heinrich Tillessen, dazu bestimmt, den Finanzminister a. D. Erzberger zu beseitigen. Die Art der Ausführung bleibt Ihnen überlassen. Vollzugsmeldung ist nicht zu erstatten. Brüder, Ihr könnt der Unterstützung im Fall einer Entdeckung gewiss sein.«

Also erst einmal Kaffeechen. Man war schließlich im Schwarzwald. Und hatte schon gearbeitet. Und sich ein Päuschen verdient.

Erst fünf Stunden nach dem Anschlag, also gegen 16 Uhr nachmittags, kehrten die beiden jungen Männer in den Gasthof des Nachbarorts Oppenau zurück, wo sie seit Tagen unter den Namen »Riese« und »Bergen« logierten. Seelenruhig holten sie ihre drei Koffer aus den Zimmern und ließen sich zum Bahnhof bringen, wo sie den Zug Richtung Offenburg bestiegen. Nette junge Männer, dieser Riese und der Bergen. Studenten wahrscheinlich. Akkurates Auftreten. Wenn das die Zukunft des Landes war, gab es Hoffnung. War Deutschland nicht ganz verloren.

Erst um 15 Uhr, also dreieinhalb Stunden nachdem der Begleiter Erzbergers, Karl Diez, in seinem Blut zusammengebrochen war, löste die Polizei in Bad Griesbach Alarm aus. Gemächlich schleppte sich die Fahndung weiter nach Oppenau, wo auch der guten Ordnung halber in den Zimmern dieser gediegenen Studenten Bergen und Riese nachgesehen wurde. Nichts. Komisch waren nur die vielen Schnipsel von eilig zerrissenem Papier, die jemand zum Fenster hinausgeworfen hatten. Papier, Briefe und Umschläge. Solche Sachen.

Hatten Riese und Bergen diese Schweinerei angerichtet? Anscheinend hatten diese zwei Männer doch etwas zu verbergen. Nur gut, dass sie beim Zerreißen des Papiers sich ihrer postmörderischen Erleichterung hingegeben und nicht wirklich gründlich gearbeitet hatten. »lessen« und »Max« stand auf einem Briefstück.

Bald gab es auch eine Hausnummer, als Wohnort die Stadt München und die vollen Namen der Männer. Der Energische, das war Heinrich Tillessen, geboren am 27. November 1894 in Köln, der mit dem zurückhaltenden Blick hieß eigentlich Heinrich Schulz, geboren am 21. Juli 1893 in Saalfeld, beide wohnhaft Maximilianstraße 33, München. Dort waren sie polizeilich gemeldet.

Das Problem war nur, dass die Polizei die beiden dort nicht antraf. Denn sie waren auf der Flucht. Vorher hatten sie noch einen Verbindungsmann in München getroffen, wieder zum Kaffeetrinken. Dieses Mal im Englischen Garten. Jenen Mann, der ihnen den Befehl wie einen Lottogewinn Wochen zuvor übergeben hatte.

»Gemäß der Auslosung«, hatte es ja geheißen, »wurden Sie bestimmt, Erzberger zu beseitigen.«

Der Mann, der den Befehl überreicht hatte, hieß Manfred von Killinger. Er hasste den Frieden und die den Deutschen von den Siegermächten aufgezwungene Demokratie gleichermaßen, und zu deren Bekämpfung war ihm jedes Mittel recht.

Solange es nur gewalttätig, am besten tödlich war.

Während der Münchner Räterepublik und beim Kapp-Putsch ein Jahr zuvor in Berlin hatte Killinger als einer der Kommandeure der Freikorpstruppe Brigade Ehrhardt seine Männer angehalten, keine Gefangenen zu machen und dabei mit der Munition sparsam umzugehen. »Den Schädel einschlagen«, forderte Killinger gerne in blutrünstiger

Sprache. »Mäßigung ist Dummheit, nein, ein Verbrechen am eigenen Volk und Staat.«

Dumm waren für ihn jene, die Gewissensbisse bekamen beim Liquidieren von Linken und anderen Kräften, die Killinger als Todfeinde betrachtete. Todfeinde, die vernichtet werden mussten, um jeden Preis. Keine Gnade, keine zweite Chance.

Aber nun, nach der Niederschlagung der Räterepublik von München und dem misslungenen Putsch von Berlin, drohte die verhasste Demokratie von Weimar sich zu stabilisieren – und genau das konnten und wollten Männer wie Killinger, Tillessen und Schulz auf keinen Fall zulassen. Aus diesem Grund verlegten sie sich jetzt auf politischen Terrorismus. Auf die möglichst spektakuläre Auslöschung hoher Repräsentanten der Weimarer Demokratie.

Auf Leistungsträger wie Matthias Erzberger.

Mit Papieren, die vom Münchner Polizeipräsidenten persönlich kamen, konnten Tillessen und Schulz sich erst nach Österreich, dann nach Ungarn absetzen. Nicht gehetzt, eher im Tempo einer Vergnügungsfahrt mit anerkennenden Schulterklopfern. »Wir wurden, wenn ich mich so ausdrücken darf, von einer Hand in die andere weiter gereicht. Es hatte sehr viele Leute gegeben, die Erzberger nicht leiden konnten und sich gewissermaßen einen Sport daraus machten, uns weiterzuhelfen«, würde Tillessen später über diese schöne Zeit sagen.

»HAKENKREUZ AM STAHLHELM, SCHWARZ-WEISS-ROTES BAND, DIE BRIGADE EHRHARDT WERDEN WIR GENANNT«

Wenn Männer wie Killinger, Tillessen und Schulz tranken oder in Reih und Glied marschierten, wenn sie also gut drauf waren, feierten sie ihre ausgelassene Laune und schulterklopfende Fröhlichkeit gerne mit einem schönen Lied auf den Lippen.

»Kamerad, reich mir die Hände, fest wollen wir zusammen stehen. Man mag uns auch bekämpfen, der Geist soll niemals verwehen.

Hakenkreuz am Stahlhelm, Schwarz-Weiß-Rotes Band, Die Brigade Ehrhardt werden wir genannt.

Die Brigade Ehrhardt, Schlägt alles kurz und klein, Wehe Dir, wehe Dir, Du Arbeiterschwein.«

Wer war dieser Ehrhardt? Wer war dieser Anführer, dessen Ausstrahlung so groß war, dass sich ihm, nachdem der große Krieg beendet war, junge Männer zu Hunderten unterwarfen, damit Ehrhardt mit Blut, Kampf und Disziplin Ordnung und Sinn in ihr junges Leben brachte?

Ein Leben, das vier Jahre lang Mörsergranaten, Giftgas und Maschinengewehrfeuer überstanden hatte. Eine elende industriell anmutende Massenschlächterei entlang schlammiger Schützengraben und Erde voller Stacheldraht. Ein Weltuntergang mitten in Europa, der zehn Millionen

Männer den sofortigen Tod gebracht und 21 Millionen mit Verletzungen gestraft hatte, die sie zum Teil brutal behinderten oder entstellten für den Rest ihrer Tage.

Die Überlebenden dieser von hohen Männern in weißen Handschuhen inszenierten Vier-Jahres-Apokalypse hätten versuchen können, in ein ziviles Leben zurückzukehren, im Berufsleben Fuß zu fassen, so schwer das in dem darniederliegenden Land auch war. Aber sie wollten nichts vom Aufbau und Frieden wissen. Stattdessen weiter Waffen ölen, Waffen anlegen, Waffen abfeuern, jubeln, wenn das eigene Geschoss einem vermeintlichen Feind das Gehirn aus dem Kopf spritzen ließ. Viele von ihnen hatten auch keine anderen Qualifikationen, der Krieg war für sie ihre erste und einzige Erfahrung nach der Schule gewesen.

Der Blutrausch war Programm. So tief und voller Überzeugung, dass die ungehemmte Freude am Töten ideologisch anders eingestellter Landsleute sogar in Briefen nach Hause festgehalten wurde. »Pardon gibt es überhaupt nicht. Selbst die Verwundeten erschießen wir noch«, schrieb ein durch die Gewalttätigkeit seines Freikorps Aufgeputschter. »Alles was uns in die Hände kommt, wird mit dem Gewehrkolben zuerst abgefertigt und dann noch eine Kugel.«

Es half natürlich, wenn die Hohepriester solcher Reallife-Splatter-Orgien aussahen wie Gestalten, die auch anders konnten. Wie Männer, die, wenn sich Kerzenlicht in teuren Kristallgläsern bricht, formvollendet die Hand einer Dame küssen konnten. Wenn sie auch die Drecksarbeit für die besseren Kreise zu erledigen hatten, so war es doch gern gesehen, dass die Blutsöldner in den Privatgemächern der Macht eine gewisse Etikette zu befolgen wussten und die schwarzen Reitstiefel, mit denen sie eben noch die Köpfe der politischen Gegner zertreten hatten, nun makellos poliert waren.

Kapitän Hermann Ehrhardt war auch in dieser Disziplin eine Klasse für sich. Seine braunen Augen ruhten in einem Gesicht, das Entschlossenheit verriet und eine geradlinige Fügsamkeit für den Kaiser. Kinn und Oberlippenbart akkurat gestutzt, herausgeputzt in makelloser Uniform, die Mütze mit goldener Kokarde, Eichenlaub und Kaiserkrone wie ein wertvolles Schmuckstück auf dem Kopf platziert. In Treue fest, wie es damals hieß. Er beherrschte seinen Part als Gentleman, aber auf dem Feld konnte er zur Bestie werden.

Seine enorme Gewalttätigkeit war Teil seines Charakters von Anfang an. Gewalt, lernte er, ist das Fundament eines stattlichen, Respekt gebietenden Lebens. »Wer sein Kind lieb hat, züchtigt es«, ließ er den Schriftsteller Friedrich Freksa in der Biografie »Kapitän Ehrhardt« 1924 schreiben. Weil er seine Ehre in der badischen Provinz von einem Lehrer besudelt sah, schaltete Ehrhardt auf Rot. »Da konnte ich nicht anders, ich sprang auf, gab dem Ordinarius eine Ohrfeige, dass ihm der Kneifer von der Nase sprang, und verließ stolz das Klassenzimmer«, resümierte Ehrhardt voller Genugtuung in seiner Biografie. Bei einem solch frühen Überzeugungstäter bot es sich an, seine Freude an der Gewalt zum Beruf zu machen. Sein Vater, ein Pastor, schickte Ehrhardt daraufhin zur Marine, wo er als Seekadett eine eisenharte dreieinhalbjährige Ausbildung im Getretenwerden und Treten absolvierte.

Die erste Belobigung im Feld holte er sich Anfang des 20. Jahrhunderts in der Kolonie Deutsch-Südwestafrika, einem öden staubigen Fleck Erde. Ein Überbleibsel des imperialistischen Wettrennens. Niemand in Europa hatte sich besonders für diese staubige Steppe ohne nennenswerte Bodenschätze interessiert, bis die deutschen Zuspätkommer mit Brutalität und Torschlusspanik das anmeldeten, was sie »Unseren Platz an der Sonne« nannten.

Sie bekamen ihn.

Weil niemand ihn wollte.

Weil die Sonne wirklich unbarmherzig brannte.

Und weil Deutschsein damals auch hieß, eine Sache um ihrer selbst willen zu tun, waren sie zu eitel und zu beschränkt, ihren Fehlgriff einzusehen.

Statt den Fehlgriff Deutsch-Südwestafrika einfach abzuschreiben, versuchten sie, diese Steinwüste zu kolonisieren. Und als die Bewohner sich nicht mit Freude dem deutschen Wesen, an dem die Besatzer die Welt und Afrika genesen lassen wollten, fügten, beschlossen die Deutschen, die Bewohner auszurotten.

»Die große sittliche Idee des Krieges für den Mann besteht darum nicht darin, dass er tötet, sondern darin, dass er für sein Volk sterben kann«, hatte Ehrhardt auf der Kadettenschule gelernt. Nun gut. Aber töten war in jedem Fall besser als sterben. Und töten ohne große Gefahr für sich selbst konnte man diese Gegner, die oft nur mit Speeren und rostigen Gewehren bewaffnet waren. Es konnte Ehrhardt gar nicht schnell genug gehen, nach Deutsch-Südwest zu kommen. »Wie ein elektrischer Schlag« habe ihn diese Chance getroffen, endlich in den Krieg ziehen zu dürfen.

Die Auslöschung dieser Bewohner, der Herero und der Nama, gilt heute als der erste Völkermord des 20. Jahrhunderts. Als die Herero mit ihren kärglichen Rinderherden in die wasserlose Omaheke-Wüste flüchteten, ließ Oberbefehlshaber Lothar von Trotha den Landstrich abriegeln und gab Befehl, die Herero-Familien samt ihrem Vieh verdursten zu lassen. »Das ganze Volk der Hereros wurde in den Dursttod getrieben«, erzählte Ehrhardt stolz und kalt. »Als wir nachstießen, fanden wir neben den verendeten Rindern nur Tote, Halbverdurstete, Weiber und Kinder.« Wer noch atmete, so befahl es von Trotha, sollte sofort erschossen werden.

Volle Deckung für seinen grausamen Plan erhielt von Trotha vom Chef des Generalstabs, Alfred Graf von Schlieffen, jenem verkniffenen Technokraten, der mit seinem Plan zur Hochgeschwindigkeitsüberrennung Frankreichs später ein wichtiger Architekt des Ersten Weltkriegs werden sollte.

Aber vor den Franzosen waren die Herero dran. »Der entbrannte Rassenkampf ist nur durch die Vernichtung einer Partei abzuschliessen«, befand von Schlieffen.

Von der steinigen Erde getilgt wurden also mit kaiserlicher Billigung ungefähr 60.000 schmächtige Steppenbewohner. Samt Frauen und Kindern.

Ehrhardts direkter Vorgesetzter, der Kommandeur Ludwig Gustav Adolf von Estorff, berichtete: »Die Herero flohen nun weiter vor uns ins Sandfeld. Immer wiederholte sich das schreckliche Schauspiel. Mit fieberhafter Eile hatten die Männer daran gearbeitet, Brunnen zu erschliessen, aber das Wasser wart immer spärlicher, die Wasserstellen seltener. Sie flohen von einer zur anderen und verloren fast alles Vieh und sehr viele Menschen. Das Volk schrumpfte auf spärliche Reste zusammen.«

Wie ein Gott aus Deutschland hatte Ehrhardt gelernt, fremdes, undeutsches Leben massenhaft auszulöschen.

Menschen zu töten in großer Stückzahl, blieb auch seine Spezialität im Ersten Weltkrieg, wo es der Mann mit den starren braunen Augen zum Chef der IX. Torpedoboot-Flottille schaffte. Er befahl diese wendigen nachtschwarz gestrichenen Torpedoträger, die sich nah an große Schiffe heranschlichen, um sie zu versenken.

Für diesen Meister des Tötens, der sich daran gewöhnt hatte, dass die Verlierer die anderen sind, die Nicht-Deutschen, wurde das Ende des Ersten Weltkriegs zu einem Trauma.

Das war nicht vorgesehen gewesen. Das durfte es nicht geben. Das konnte nicht mit rechten Dingen zugegangen sein.

Eine deutsche Niederlage?

Da konnte nur ein Betrug gigantischer Natur dahinterstehen.

Denn nicht weniger als ein Naturgesetz war es für die Männer vom Schlage Ehrhardts, dass die Deutschen triumphieren und die Nicht-Deutschen im Konfliktfall dahinwelken – wie die Herero auf den heißen, wasserlosen Steinen der afrikanischen Wüste.

Die Steigerung dieser Demütigung, dieses deutschen Vorrechts auf das Zerstören von Leben, diese Steigerung des ungerechten Irrsinns trug den Namen Scapa Flow.

Scapa Flow ist eine Bucht nördlich von Schottland. Die umliegenden Orkney-Inseln schützen diesen Naturhafen, eine Art großer See mitten im sturmdurchtosten Nordmeer. Die Royal Navy hatte Scapa Flow im Ersten Weltkrieg als Hauptstützpunkt ihrer Flotte genutzt. Als der Krieg für die Deutschen verloren war und sie im November 1918 mit England und Frankreich einen Waffenstillstand unterzeichneten, sah diese Waffenruhe unter anderem vor, dass die Deutschen die meisten ihrer modernen Kriegsschiffe an die Briten abzutreten hatten.

Die deutsche Flotte. Diese graueiserne Germanenfestung auf dem Wasser. Das todbringende Werkzeug, mit dem Deutschland den Sprung ganz nach oben zur Weltmacht schaffen wollte. Endlich das »perfide Albion«, wie man die Briten im Reich nannte, in die Schranken weisen.

Dieses ehrlose Gesindel aus Krämern und Händlerseelen. Den Abstand, den kaltblütige Geschäftstüchtigkeit und Pragmatismus hergestellt hatten, einebnen durch teutonische Gewalt. Nicht länger sollte es heißen: »Britannia rules the waves.« Die Deutschen wollten die Wellen der Welt regieren.

Deshalb hatte Kaiser Wilhelm II. jenes gigantische Flottenbauprogramm in Gang gesetzt, das eine weitere jener Zündschnüre war, die zum Ersten Weltkrieg geführt hatten.

Und jetzt, nach der Niederlage, sollte man jenes gewaltige Versprechen, endlich die Nummer eins auf dem Planeten zu werden, in britische Gefangenschaft überführen? Den Stolz deutscher Gesangsvereins- und Stammtischhysterie parken im grauen Wasser, beglotzt nur von ein paar Schafen und zurückgebliebenen Inselbewohnern, die sich die Einöde mit schwarzgebranntem Whisky schöntranken?

Genau so war es.

Ehrhardt bekam den Befehl, selbst sein Schiff nach Scapa Flow zu bringen. Zuerst wollte er nicht. Nur ein Telefonat mit dem Reichswehrminister Gustav Noske überzeugte ihn schließlich, sich in Richtung Orkney-Inseln aufzumachen. Er bereute es sofort. »Befehl ist Befehl und muß ausgeführt werden«, sagte sich Ehrhardt. »Die kaiserliche Offizierserziehung, der preußische Gehorsam saß noch zu tief in den Knochen«, erklärte er später reumütig seine Fügsamkeit.

Einmal in Scapa Flow angekommen, wurde es nicht besser.

»Was sollte aus Deutschland werden? Die Frage quälte mich. Sie machte mich krank, aber ich sah nichts Greifbares. Zeitungen erhielten wir nicht, wir waren abgeschlossen, dem Stumpfsinn überlassen«, beschrieb Ehrhardt seine Frustration. Schließlich wurde er frühzeitig nach Deutschland abkommandiert, noch einmal zusätzlich von den Briten gedemütigt, weil er, sein Gepäck selbst schulternd, über eine Strickleiter auf einen simplen Transportdampfer klettern musste – jenes Verkehrsmittel, das ihn heim nach Deutschland bringen sollte.

Jenem Deutschland, in dem es immer mehr so aussah, als ob die Regierung jenen demütigenden Friedensvertrag von Versailles unterschreiben würde – eine Gebrauchsanleitung für weitere Demütigungen. Die vermeintliche Weltmacht sollte militärisch und wirtschaftlich auf Zwergenniveau heruntergedimmt werden. Und vor allem der militärische Abschnitt im Vertrag von Versailles ließ den angesehensten Teil dieser kriegerischen Nation, die Armee, erschauern.

Das Heer auf 100.000 Mann beschränkt, dazu eine Verbotsliste, die lang und sensationell erniedrigend war: keine Luftwaffe, keine Panzer, keine U-Boote, keine chemischen Kampfstoffe, keine schwere Artillerie, kein Generalstab, keine allgemeine Wehrpflicht.

Kein verantwortlicher Deutscher dürfe solch einen Vertrag unterschreiben, fanden viele, ohne eine Alternative benennen zu können. Allen voran Kapitän Hermann Ehrhardt.

Lieber wollte er weiterkämpfen. Einen neuen Krieg. Lieber sterben auf dem vermeintlichen Feld der Ehre, als einen solchen Vertrag zu unterzeichnen, der davon kündete, Männern wie ihm all das zu nehmen, was für sie das Leben süß machte.

Nachdem rund 4000 deutsche Marinesoldaten ein gutes halbes Jahr in der zugigen Einöde von Scapa Flow auf ihren Schiffen in einer Art Geiselhaft gehaust hatten, kam mit der Übermittlung des Versailler Vertrags im Mai 1919 eine Art Flottendämmerung.

Im Artikel 184 hieß es: »Mit Inkrafttreten des gegenwärtigen Vertrages verliert Deutschland das Eigentum an allen deutschen Überwasserkriegsschiffen, die sich außerhalb der deutschen Häfen befinden. Deutschland verzichtet auf alle Rechte an den genannten Schiffen.«

Der Oberbefehlshaber der Deutschen in Scapa Flow, ein melancholisch dreinblickender Befehlsfetischist und Admiral namens Ludwig von Reuter, stellte folgende Kausalkette auf: 1. Die Regierung wird diesen unmöglichen Vertrag niemals unterzeichnen. 2. Der Krieg wird wiederaufflammen. 3. Die Briten werden die deutschen Schiffe beschlagnahmen und dann gegen das Reich richten.

Aus diesem Grund gab er am Tag, als das Ultimatum zur Unterzeichnung des Vertrags auslief, dem 21. Juni, folgenden Befehl: »Paragraph elf. Bestätigen.«

Diese drei Worte bedeuteten: Die Besatzungen sollten die Ventile ihrer Schiffe öffnen und ihre Boote versenken.

52 Kampfschiffe soffen ab. Grotesk.

Ein unfreiwilliger deutscher Slapstick unter Augenzeugenschaft von ein paar Schafen und ein paar Schotten, die gedacht haben mögen, der Whiskeygenuss bei Tageslicht könnte sie nun doch allmählich in ein kritisches Gesundheitsstadium führen.

Aber es war nicht der gute Stoff von Highland Park.

Es war deutscher Wahn in Reinkultur. Ein Vorspiel zu jenem bizarren Finale, das 26 Jahre später in Berlin-Mitte im Bunker des sogenannten Führers seinen Höhepunkt finden sollte:

Zerstören!

Alles!

Damit nichts, aber auch gar nichts dem Feind in die Hände fällt.

Männer wie Ehrhardt bejubelten die bizarre Selbstversenkung. Der Kapitän feierte sie wie den ersten Akt einer großen deutschen Selbstreinigung. »Die Tat fegte den Schmutz weg, den die Revolution dem deutschen Seemannsstande angehängt hatte. Mir wurde das Herz weit. Ich sah das Auge jedes meiner Leute kühner leuchten. Ich hörte sie singen an diesem Tage: ›O Deutschland hoch in Ehren!‹«.

EHRHARDTS KRIEG NACH DEM KRIEG

Ehrhardt hatte die neuen Zeiten in Deutschland gehasst von Anfang an, zumal die Aufstände als Matrosenaufstände der kaiserlichen Hochseeflotte begonnen hatten, mitten in seiner Welt des Gehorsams, der Unterordnung und der Pflicht. Die Arbeiter- und Soldatenräte waren für ihn Gesindel, schon deren Anblick verursachte bei ihm ein Gefühl von Übelkeit. Die vermeintliche Anmaßung dieser Leute, ihre Präsenz in einem Deutschland ohne Glanz, Zucht und Kaiser, war für ihn eine Krankheit, die immer weiter um sich griff und alles zu verschlingen drohte.

Entschlossenheit war wichtig. Härte und Schneidigkeit. Man musste am besten so vorgehen wie Ehrhardt auf der Rückfahrt von Scapa Flow, noch vor der Selbstversenkung der dortigen Kriegsschiffe.

Beim Anblick eines unheimlich aussehenden Minensperrgürtels hatte die revolutionär gesinnte Besatzung des Transportschiffs, das die entwaffneten Marinesoldaten zurück nach Wilhelmshaven bringen sollte, die Weiterfahrt verweigert, eine Haltung, die man als eigenverantwortliche Besonnenheit, aber auch als Meuterei deuten konnte. Für Ehrhardt war es ehrlose Feigheit, gepaart mit unsoldatischem Auflehnungsgeist.

Er riss das Kommando des Bootes an sich, ließ, wie er später selbst stolz erzählte, die vermeintlichen Meuterer durch seine Leute in die Schranken weisen und steuerte das

Schiff sicher an seinen Bestimmungsort Wilhelmshaven, den nach Kiel zweitgrößten Flottenstützpunkt des Reichs.

»Wer faul und schlapp war, konnte leicht ein Rosteisen im Genick besehen oder vielmehr nicht mehr besehen«, rühmte ein junger Offizier Ehrhardts Regiment während der Überfahrt.

Die alten Tugenden, sie zählten noch. Und das Gesindel, angespült aus den finsteren Tiefen des Sozialismus und des Judentums, konnte niedergekämpft werden. Weil, so die Überzeugung Ehrhardts, schon deren Kern faul war.

Aber Deutschland war größer als ein Schiff, auf dem Ehrhardt das Kommando kurzerhand an sich reißen konnte.

Deshalb musste er warten.

In Wilhelmshaven, wo Ehrhardt nach dem Abliefern seines Torpedoboots in Scapa Flow weiter stationiert war, hatte die Revolution schnell Erfolge gehabt und neue Verhältnisse geschaffen. Verhältnisse, die zusehends außer Kontrolle gerieten: Anfang November hatten Arbeiter- und Soldatenräte einen »Freistaat Oldenburg« ausgerufen. Das Land wurde dann aber nach den Reichstagswahlen vom 19. Januar von den sogenannten Mehrheitssozialisten der SPD und bürgerlichen Parteien regiert, und die Revolutionäre der Novembertage begannen im Winter 1919, einen Rollback zu fürchten, den aus ihrer Sicht Noske und Ebert in Berlin bereits erfolgreich betrieben hatten. Also führten am 27. Januar in Wilhelmshaven dortige Linksradikale zusammen mit Bremer Gesinnungsgenossen einen erneuten Umsturz aus. Sie besetzten wichtige Gebäude der Stadt wie Post, Fernsprechamt und Bahnhof und entwendeten aus der Reichsbankfiliale 40.000 Reichsmark. Dazu erklärten sie Wilhelmshaven zur sozialistischen Räterepublik. Alle bestehenden Militärformationen sollten entwaffnet und aufgelöst werden. Stattdessen sollte eine »Rote Garde« entstehen.

Scapa Flow war also noch nicht der Tiefpunkt gewesen, muss Ehrhardt gedacht haben. Es ging noch schlimmer. Viel schlimmer. Sein Deutschland war von der militärischen Niederlage derart am Boden zerstört, dass selbst weite Teile des konservativen Bürgertums den Glauben verloren, dass sich die Dinge noch einmal zum Guten würden wenden können.

Derart rasant raste das Selbstverständnis ganzer Milieus in die Depression, dass viele nun ihre mit polierten Messingknöpfen bestückten Uniformen und Familienvermögen davonschwimmen sahen – und zwar für Jahrhunderte, wie der bekannte Publizist Paul Baecker in der »Deutschen Tageszeitung« geschrieben hatte:

»Worte reichen nicht aus, der Empörung und dem Schmerz Ausdruck zu geben. Das Werk, das unsere Väter mit ihrem kostbaren Blut erkämpft – weggewischt durch Verrat aus den Reihen des eigenen Volkes ... Das ist eine Schuld, die nie vergeben werden kann und nie vergeben wird. Das ist Verrat, nicht nur an der Monarchie und am Heere, sondern am deutschen Volk selber, das seine Folgen durch Jahrhunderte des Niedergangs und des Elends zu tragen haben wird.«

Und jetzt wagten die Verräter und die Umstürzler auch noch, Ehrhardts Beruf, der nicht weniger als seine Bestimmung war, sein ganzer Stolz, zu zertrümmern.

Abzuschaffen.

Alle bestehenden Militärformationen sollten entwaffnet und aufgelöst werden.

Ersetzt durch eine »Rote Garde« nach dem Modell der gerade entstandenen bolschewistischen Sowjetunion.

Mit als Erstes hatten die Revolutionäre Ehrhardts Weinkeller beschlagnahmt. Angeblich für kranke Kameraden. Als sich Ehrhardt im Polizeipräsidium wegen dieses vermeintlichen Übergriffs beschweren wollte, traf er auf das, was er das »typische Revolutionsbild« nannte: »Heiser geschrieene, besoffene Kerls lagen in den Ecken, andere waren von dem Wichtigkeitswahnsinn besessen, brüllten und fuchtelten herum, einer spielte dem anderen Theater vor.«

Die Putschisten, ein selbst ernanntes »Revolutionäres Komitee«, verschanzten sich wenig später in der sogenannten »1000-Mann Kaserne«, einem Relikt aus der guten alten Zeit des Kaisers.

Die Bürger waren beunruhigt. Es kam zu Streikansätzen bei Post- und Bahnkräften, man erwog, das »Revolutionäre Komitee« durch die Sperrung von Licht und Wasser in der Kaserne zum Aufgeben zu zwingen.

So konnte es nicht weitergehen, fand Ehrhardt.

Zusammen mit anderen Offizieren und Berufssoldaten überfiel er die Wachen des »Revolutionären Komitees« an einer Werft, besorgte sich Waffen und Geschütze und setzte zum Sturm auf die in der Kaserne Verschanzten an. Es war eine vergleichsweise schnelle und wenig mühsame Operation.

Bereits um 3 Uhr früh war der Widerstand der ungefähr 400 Besetzer überwunden. Sie ergaben sich und zogen aus der Kaserne ab. Blut war auf beiden Seiten geflossen. Die Berufssoldaten zählten drei Tote und 15 Verwundete. Die Putschisten fünf Tote und 31 Verwundete.

So wie in Wilhelmshaven ging es nun an vielen deutschen

Orten zu. Die SPD unter Friedrich Ebert war von den alten Eliten in Staat und Armee in die Verantwortung genommen worden. Man hatte Eberts Forderungen nach einer Abdankung des Kaisers und der sofortigen Einführung einer demokratisch-parlamentarischen Staatsform erfüllt und Ebert zum Regierungschef ernannt. Dafür hatte Ebert gelobt, für Ruhe und Ordnung im Land zu sorgen. Das war kein Lippenbekenntnis. Ebert stand für Organisation und Ordnung in einem Land, das in sozialem Elend, im Chaos und im Bürgerkrieg zu versinken drohte, und er verabscheute die radikale Linke, die die Gelegenheit gekommen sah, in Deutschland den Sozialismus nach sowjetischem Vorbild zu etablieren. Arbeiter- und Soldatenräte waren nicht demokratisch legitimiert, sie waren ihm ein Gräuel und lästig dazu, zumal sich schon im Dezember 1918 der deutschlandweite Allgemeine Kongress der Arbeiter- und Soldatenräte mit überwältigender Mehrheit für den Parlamentarismus und gegen eine Räterepublik entschieden hatte. Ebert gestand vor Vertrauten, dass er die »Revolution hasse wie die Sünde«. Für Ordnung sollte der Rest des Heeres, die von den Schlachtfeldern zurückströmenden Soldaten, sorgen. Dumm war nur, dass viele, einmal mit den Möglichkeiten der Revolution in Berührung gekommen, keine Lust mehr hatten, sich von einem Offizier alter Schule anschnauzen zu lassen.

Das hatte man unter Androhung sofortigen Erschossenwerdens noch in den schlammigen Schützengraben von Flandern ertragen müssen. Aber nun war gut. Die Städte, in die die Soldaten zurückkehrten, waren in Aufruhr, und deshalb zerfielen die Truppen. Viele Soldaten gehorchten nicht mehr. Sie gingen nach Hause, schlossen sich der

Revolution an oder der Gegenrevolution der entstehenden Freikorps.

Der Volksbeauftragte für Heer und Marine Gustav Noske ließ deshalb auf Geheiß des Rats der Volksbeauftragten auch Freiwillige anwerben. Der Furcht einer sich weiter auswachsenden Revolution sollte ein Söldnerheer entgegengestellt werden. Freikorps, dieses Wort hatte damals noch einen verklärt-romantischen Klang, es erinnerte an die Freiwilligenverbände preußischer Befreiungskrieger, die sich Napoleon entgegengestellt hatten. In dieser Tradition konnten sich nun charismatische Anführer mitten in Deutschland ihre eigenen kleinen Armeen zusammenstellen. Das Gewaltmonopol des Staates war aufgeweicht. Der Zustrom beschäftigungsloser desillusionierter Offiziere war enorm. Die Bezahlung vom Staat lohnend.

Noske war ein groß gewachsener Mann mit einem gewaltigen Schnurrbart, er hatte Korbmacher gelernt und sich dann als Journalist einen Namen gemacht. Noske kam Eberts Wunsch nach Ruhe und Ordnung nach. Wie er diesen verwirklichen sollte, darin gab es für Noske nie einen Zweifel: draufhauen. Und zwar kräftig. »Einer muss den Bluthund machen«, sagte Noske, als ihm die Verantwortung für die Truppe übertragen wurde. Ein Ausspruch frei von jeder Ironie. Der Bluthund. Es war eine Rolle, die Noske nur allzu gut gefiel.

Die überall entstehenden Freikorps wurden die willigen Bluthunde des Bluthunds. Hier konnten Überzeugungstäter vom Militarismus alten Schlages ihre in schwerste Bedrängnis geratene Welt verteidigen und Rache nehmen an der neuen Zeit, indem sie offiziell die neu entstandene Republik gegen das Chaos verteidigten.

Es gab nichts Ritterliches bei diesem Heimzahlen.

Die Revolution der Arbeiter- und Soldatenräte war eine weitgehend unblutige Angelegenheit gewesen.

Davon konnte bei der nun einsetzenden Gegenrevolution keine Rede mehr sein. Diese Soldaten agierten brutal, von feixendem Sadismus getrieben.

Zwischen dem Überprüfen vermeintlicher verdächtiger Elemente in den Straßen Berlins im Winter 1918/1919 und deren rasant vollzogener Exekution in einer unbelebten Seitenstraße lagen oft nur wenige Minuten. Es gab keine Justiz, nur die eilfertige Willkür jener, die dank Noske und Ehrhardt auf einmal wieder das Gefühl hatten, Herr im eigenen Hause zu sein, aus dem sie wenige Wochen vorher schmählich ausgewiesen worden waren.

Es war nicht nur die Revolution, die sie da niederprügeln und totschießen durften. Es war auch der verlorene Krieg, den sie nun doch noch zu gewinnen das Gefühl hatten.

Die pure Freude am Töten mit anschließendem alkoholbefeuertem Abfeiern hinterhältiger Morde prägte viele ihrer Aktionen.

Ein schönes Beispiel, wie sich ein gut geführtes Freikorps einen gelungenen Abend vorstellte, bot die Auslöschung von Karl Liebknecht und Rosa Luxemburg am 15. Januar 1919 in Berlin. Erst hatte man beide zu einem angeblichen Verhör mitgenommen, wozu Luxemburg noch einen Koffer mit Lieblingsbüchern und Habseligkeiten gepackt hatte. Sie kannte das schon. Verhöre konnten dauern und in Gefängnissen enden.

Was Luxemburg nicht kannte, waren die neuen Zeiten, in denen Koffer dieser Art als Müll betrachtet wurden. Die Häschertruppe, genannt Garde-Kavallerie-Schützendivision, residierte im mondänen »Eden«-Hotel. Dort wurden Luxemburg und Liebknecht nach dem Verhör misshandelt und gefoltert und die Treppen heruntergeschleift, ehe sie ein Scherge beim Verlassen des Seiteneingangs mit einem Gewehrkolben erschlagen sollte. Der Befehlsempfänger drosch dann zwar gehörig drauflos, doch tot waren sie deshalb noch nicht. Liebknecht wurde in den Tiergarten gefahren und dort in den Hinterkopf geschossen. Luxemburg feuerten sie in die Schläfe und warfen die noch lebende Frau in den Landwehrkanal.

Eine Aktion, die die Truppe dann mit Zigarren und Branntwein in den gewölbehaften Hallen des »Eden« grölend und schenkelklopfend bis in die späte Nacht feierte.

Ehrhardt hatte mit vielem gerechnet, aber dass ausgerechnet Sozialdemokraten, einmal an der Macht, einer antimilitaristischen und sozialistischen Revolution in Deutschland nicht nur in den Rücken fallen, sondern diese offen und bluthundmäßig niedermachen lassen würden, darauf wäre der aus Tradition Sozialdemokraten hassende Ehrhardt in seinen schneidigsten Träumen nicht gekommen.

Das war einfach zu irre.

Aber genau so war es.

Zuerst im Nordwesten des Reiches.

So ließ der »Rat der Volksbeauftragten«, die Berliner Reichsregierung, am 31. Januar eine Division namens Gerstenberg in Bremen einmarschieren, am 20. Februar wiederholte sich Ähnliches in Wilhelmshaven und später in Thüringen. Die Arbeiterbataillone wurden entwaffnet, die roten Fahnen eingezogen. Die Revolution war in diesem Teil des Landes Geschichte.

Am 15. Februar war bereits in einer Wilhelmshavener

Tageszeitung eine Anzeige erschienen: »Deutsche Marine-soldaten! Unser Vaterland liegt darnieder, deutsche Gebiete werden von den Polen besetzt und unsere Brüder dort beraubt und ermordet. Irre geleitete Volksgenossen und verbrecherische Elemente versuchen, das Letzte zu zertrümmern, was wir aus dem Kriege gerettet haben … Wir von der Marine wollen daher ebenso wie es viele unserer tapferen Armeekameraden getan haben, uns der Regierung bedingungslos zur Verfügung stellen.«

Zwei Tage später war auch klar, wer diese Truppen leiten sollte: Kapitän Ehrhardt. Das Kommando der Marine-station Nordsee beauftragte Ehrhardt mit der Bildung der Marinebrigade Wilhelmshaven.

Ein eingeschworener Klub, den Ehrhardt zu seinem persönlichen Freikorps machen sollte. Gesindel und »Existenzen«, wie Ehrhardt sie nannte, hatten bei der Bewerbung keine Chance. Engagiert wurden von Ehrhardt nur Männer, von denen er sicher war, dass sie »den Teufel im Leibe« hatten. »Es waren Soldaten, die durch das lange Kriegsleben zu Landsknechten geworden waren, d.h. Männer, denen ein Arm- und Genickbruch wurscht war, die aber nicht leben konnten, wenn nicht ein Offizier die Fürsorge für sie übernahm.«

Bewaffnet, eingekleidet und mit monatlichem Sold bezahlt, bis hinunter zu einfachsten Soldaten, wurden Ehrhardts Männer nun von der Reichsregierung in Berlin.

Das waren auf einmal wieder fast goldene Zeiten, und sie könnten noch goldener werden.

Kein Wunder, dass Ehrhardt auch die vorgeschriebene Verpflichtungsformel der Freikorps unterschrieb:

»Ich verpflichte mich, der deutschen sozialistischen Republik mit allen Kräften und nach bestem Gewissen als Soldat zu dienen. Die jetzige provisorische Regierung werde ich unbedingt schützen und sie unterstützen.«

Wenn Sozialismus bedeutete, dass jemand wie Ehrhardt seine von Sozialdemokraten bezahlte Privatarmee bekam, um Sozialisten niederzumachen, nur zu.

Einen Eid auf die Republik indes ließ Ehrhardt nicht schwören. Auch auf diese Verweigerung war er stolz. Es waren einfach Menschen zweiter Klasse, diese Demokraten. Selbst Noske, der Bluthund. Ehrhardt traf ihn in Berlin und machte aus seiner Abneigung hinterher kein Hehl. »Sein ganzer Typus war mir unangenehm. Seine Stirn war niedrig und zur Hälfte mit Haaren zugewachsen, die er kurzgeschoren trug wie ein Verbrecher. Die Schultern auf der langen, unproportionierten Gestalt hatte er hochgezogen. Dieser Reichswehrminister machte alles andere als einen soldatischen Eindruck«, gruselte es Ehrhardt.

Schneidig dagegen Ehrhardts Männer.

Als Abzeichen trugen sie bald beiderseits des Kragenschlusses einen silbernen Gardestern mit zwei liegenden Eichenzweigen, am linken Oberarm ein Wikingerschiff in Silber.

Sehr kleidsam, bezahlt ebenfalls von Sozialdemokraten.

Die Ausbildung stand unter einem besonderen Schwerpunkt.

Straßenkampf.

»DEM KARNEVAL DES WAHNSINNS
EIN ENDE MACHEN«

Die Gegenrevolution fraß sich durch den Norden des Landes, nächste Station Braunschweig, Mitte April. An der Seite von General Maercker rückte Ehrhardt mit seiner Truppe in die Stadt ein, Arbeiter und Matrosen wurden eingeschüchtert und entwaffnet. Ein weiterer Keim einer möglichen Rätezukunft in Deutschland erstickt. Schnell ging es, schon fast routiniert.

Von Routine, vom raschen Zurück zur Zucht und Ordnung der Vorkriegszeit, konnte dagegen in der südlichen Großstadt des Reiches, in München, nicht die Rede sein. Hier hatte ausgerechnet ein Berliner Jude namens Kurt Eisner innerhalb weniger Tage eine Republik der Räte errichtet, ohne dass auch nur ein Schuss gefallen oder Blut geflossen war.

Eisner – Nickelbrille, Vollbart, stets in Schwarz gekleidet – sah genau wie das Gegenteil von dem aus, was man in Bayern ein gestandenes Mannsbild nennt. Trotzdem hatte er als Ministerpräsident die Geschicke dieses sehr speziellen Teils des Deutschen Reiches nach dem Zusammenbruch schnell übernommen und idealistisch wie pragmatisch zugleich geführt. Ein klarsichtiger Schnelldenker und Machtmanager, Mitglied der linken USPD, die sich wegen der Burgfriedenspolitik der SPD im Krieg von dieser abgespalten hatte, der unter anderem den Siegermächten des Weltkrieges ohne Wenn und Aber vorführen wollte, wie konsequent das neue Deutschland den Weg in die Zukunft beschritten und den Bruch mit der undemokratischen und militaristischen Tradition des Kaiserreichs vollzogen hatte.

Nur so, so die Überzeugung Eisners, ließe sich jener Diktatfrieden vermeiden, der über Deutschland schwebte wie eine tiefschwarze Wolke. Vor allem Amerika lag ihm am Herzen, das neue Sowjetrussland dagegen ließ diesen Sozialisten kalt.

In Eisners Plänen hatten das alte Offizierskorps und die alte Bürokratie ausgedient. Die herrschende Klasse der Zukunft, das sollten die Arbeiter und Soldaten sein, deren Räte Eisner zum Ministerpräsidenten ernannt hatten, wobei Eisner im Agrarstaat Bayern die Bauern an der Macht beteiligen wollte, weshalb es in dem von Eisner ausgerufenen Freistaat auch Bauernräte gab – und zwar von Anfang an.

Es durfte geträumt werden in Eisners Bayern. Dichter wie Erich Mühsam und Ernst Toller, pazifistische Anarchisten wie der Literaturhistoriker Gustav Landauer und der Nationalökonom Otto Neurath waren an der Regierung beteiligt. Ernst Toller berichtete dem amerikanischen Reporter (und späterem Drehbuchautor) Ben Hecht von einem Buch, das für die sozialistischen Revolutionäre als ein »Leitfaden bei der Neuverteilung von Bayerns Reichtum und Industrie« dienen sollte: »Von kommenden Dingen«. Sein Autor: Walther Rathenau, Wirtschafts- und Sozialtheoretiker und zugleich Aufsichtsratsvoritzender der AEG. Die revolutionäre Atmosphäre kühlte aber schnell und dramatisch ab, bei der Landtagswahl Anfang 1919 erhielt Eisners USPD gerade einmal 2,5 Prozent der Stimmen, und auf dem Weg zur konstitutionierenden Sitzung des Bayrischen Landtags wurde Eisners Leben jäh beendet von einem jungen Mann namens Graf Arco-Valley, der Eisner aus nächster Nähe in einem Hauseingang zwei Revolverkugeln in den Kopf jagte. Eisner trug trotz der enormen Bedrohung keine Waffe. Er hatte eine Aktentasche in der Hand und war sofort tot.

Graf Arco-Valley, ein Exmitglied der rechtsextremen Thule-Gesellschaft, war aus dieser wegen seiner jüdischen Mutter ausgeschlossen worden. Er wollte, wie einer der Gründer jenes obskuren Früh-Nazibundes, ein Mann namens Rudolf von Sebottendorff, später schrieb, beweisen, dass auch ein Halbjude einer heldischen Tat fähig war.

So sahen sie aus, die neuen deutschen Helden. Und das Symbol, das sie anzog und das sie mit glänzenden Augen teilten, war jenes alte indische Sonnenrad, das unter dem Namen Hakenkreuz so etwas wie ein weiteres Ehren- und Erkennungszeichen dieser Paradedeutschen werden sollte. Die Thule-Gesellschaft trug es in ihrem Vereinswappen, die Männer des Freikorps Ehrhardt begannen, es auf ihre Stahl-helme zu malen.

Die Ermordung Eisners änderte alles in München. Die Linke zerfiel. Es wucherten Flügelkämpfe, der vom Land-tag parlamentarisch gewählte Ministerpräsident Hoffmann musste nach Bamberg fliehen. In München übernahmen nun kommunistische Räte die Macht, deren Anführer, ein gut aussehender russischstämmiger Jude namens Eugen Le-viné, Kontakt zum neuen Sowjetrussland aufnehmen ließ, um sich der Unterstützung Lenins zu versichern, was sich schnell als eine seiner zahlreichen Illusionen erwies.

Faktisch bestand die sogenannte Rote Armee dieser Räte aus knapp 10.000 Mann mit mieser Ausrüstung, geführt unter anderem von einem Pazifisten wie dem Schriftsteller Ernst Toller. Gegen sie in Stellung gebracht wurden nun weltkriegserprobte und gewaltbereite Freikorpssoldaten, ungefähr 35.000 Mann. Sie waren mit kostspieliger Waffentechnik ausgestattet und wussten mit dieser bestens umzugehen.

Dazu hatten sie die kompromisslose Anordnung des Reichswehrministers Noske: ein zügiges Ende dieses Münchner »Karnevals des Wahnsinns«.

Unter der »Roten Armee« war in Bayern selten bis nie das Blut der Zivilbevölkerung vergossen worden. Aber jetzt kamen die »Weißen Truppen«, jetzt kamen die Ehrhardts dieser Welt, und nicht nur die Sache mit dem Blutvergießen sollte sich ändern.

Diese aber gewaltig.

In der Stadt war die Rache der Weißen Truppen aus Berlin an der Münchner Revolution vorbereitet durch die Verschwörer der Thule-Gesellschaft. Aristokraten, reiche Kaufleute und Industrielle gehörten ihr an, aber auch Studenten. Von einer Wiedereinführung der Monarchie wollte dieser Geheimbund nichts wissen. Sein Ziel war ein straff und autoritär organisierter Führerstaat, frei von Juden und Linken jeder Couleur. Die Parole der Truppe lautete: »Gedenke, dass du Deutscher bist. Halte dein Blut rein.«

In Leviné, dem russischstämmigen Juden mit Kontakten zu Lenin, sahen sie so etwas wie die Münchner Heimsuchung des Teufels. Sie setzten ihm zu mit Spionage und Sabotage, und so war es nicht wirklich verwunderlich, dass Leviné sich wehrte und einen Teil seiner hochwohlgeborenen Widersacher verhaften ließ.

Die Festgenommenen wurden am 26. April in das Luitpold-Gymnasium gebracht, wo die Räteregierung eine Kaserne eingerichtet hatte. Die Weißen Truppen standen schon vor der Stadt. Augsburg hatten sie bereits erobert. Überall brach die revolutionäre Ordnung zusammen. Der Münchner Hauptbahnhof, so die Befürchtung der Linken, würde als Nächstes fallen. In Grünwald, hörte man, hätten die Weißen elf Rotarmisten als Geiseln genommen und ermordet.

Das Zimmer 49 des Luitpold-Gymnasiums war nun der Kerker der zerfallenden Revolution. Hier saßen gefangene Weißgardisten neben den Thule-Leuten. Die Nervosität der Rotarmisten nahm zu. Sie quälten die Geiseln in der Nacht vom 30. April bis zum 1. Mai hindurch mit Schlägen und Fußtritten. Hässlicher Terror, der zum Vorspiel für großen Terror wurde.

Vormittags führten die Rotarmisten zwei Weißgardisten in den Hof, stellten sie an die Wand. Witze wurden gerissen zwischen den Exekutionssoldaten. Die an der Wand zitterten um ihr Leben. So ging es minutenlang. Zittern. Witze. Neues Zittern. Schließlich wieder Umdrehen zur Wand. Schüsse krachten. Zwei Tote.

Nachmittags wurden sieben weitere Geiseln an die Wand gestellt und erschossen. Darunter Prinz Gustav von Thurn und Taxis und Hella Gräfin von Westarp, die als Sekretärin in der Thule-Gesellschaft gearbeitet hatte.

Es war der einzige Akt roten Terrors, den sich diese Münchner Revolution hat zuschulden kommen lassen. Eine Art grotesker Sündenfall zu einem Zeitpunkt, als bereits alles verloren war. Grausam. Sinnlos. Ein Aufmandeln von ein paar Befehlsempfängern, die auch einmal in jener Macht über Leben und Tod schwelgen wollten, die ihnen Stunden später genommen wurde. Leviné jedenfalls hatte nie einen derartigen Befehl erlassen.

Ehrhardt und seine Männer hatten sich nichts Schöneres wünschen können. Ihre Wut und ihr Hass erhielten noch einmal einen zusätzlichen Schub. Wie von einer Droge befeuert stießen sie nun in die Stadt vor. Bilder von Gräuelberichten hatten sie in den Köpfen: Von bestialischen Quälereien mit Bajonetten gegen die Geiseln war die Rede, von geplatzten Schädeln. Die »Münchner Neuesten Nachrichten« beschrieben die »ganze tierische Rohheit« der Rotarmisten. Sogar Thomas Mann, der vorher noch zeitweilig mit der Räterepublik sympathisiert hatte, forderte nun, man solle mit aller aufbietbarer Energie und standrechtlicher Kürze gegen diesen Menschenschlag vorgehen.

Manfred von Killinger, wichtigster Mitstreiter von Ehrhardt, der Mann, der kaum ein Jahr später den Befehl zur Ermordung Erzbergers geben würde, stilisierte die Morde vom Luitpold-Gymnasium zu einem Horrorgemälde von fantastischen Dimensionen. Er forderte nicht nur Revanche. Er forderte unbedingte und blutigste Rache. Alle Hemmungen fallen lassen. Er befahl die vollständige Entfesselung menschlicher Grausamkeit: »Mit den Köpfen dieser Leute werden wir noch einmal die Straßen pflastern«, schwelgte von Killinger.

Ehrhardt sah es ähnlich. »Wer im Bürgerkrieg die Waffe ergreift, soll wissen, dass das kein Spaß ist. Ein paar harte, rücksichtslose Schläge wirken Wunder und sparen Blut ... Falsch angewendetes Mitleid wird als Schwäche gedeutet und führt zu erhöhtem Verlust.«

Die Weißen Truppen walzten in die Stadt. Die Eroberung war ein Werk weniger Stunden. Statt blutiger Straßenkämpfe gab es aufgerissene Fenster, aus denen Bürger mit weißen Taschentüchern winkten und dem Freikorps Zigarren reichten.

Nichts davon besänftigte die von Gewaltfantasien Aufgeputschten.

München ertrank im Blut. Eine winzige Denunziation genügte, um abgeholt zu werden. In kleinen Gassen, am Monopteros im Englischen Garten, die Beliebigkeit der Standgerichte der Weißen war atemberaubend. Sogar Bier trinken im katholischen Gesellenverein konnte tödlich sein. Wie für jene 21 Handwerksgesellen, die trotz Unschuldsbeteuerungen durch die Stadt getrieben und in einem Keller erschossen wurden.

Über einen Monat wüteten Ehrhardt und die Weißen Truppen in Oberbayern, an seiner Seite Gesinnungsgenossen wie Franz von Epp, der sich wie Ehrhardt schon im Vernichtungskrieg gegen die Herero in Sachen Gnadenlosigkeit ausgezeichnet hatte.

Auch in diesem Fall war der Sozialdemokrat Noske oberster Initiator und Zahlmeister. Sechs Mark täglich bekam ein Soldat der Weißen für Mord und Terror, dazu fünf Mark »Donauzulage« von der sozialdemokratischen bayerischen Staatsregierung plus eine Mark von der Stadt München. Alles abgerundet von einer täglichen Maß Bier, einem Viertel Wein und Zigaretten.

Das alles sorgte für Partystimmung.

Hemmungslosigkeit. Rasendes Adrenalin. Blutrausch von großen Gruppen.

Am 2. Mai war der Schöngeist und zeitweilige Kultusminister Gustav Landauer an der Reihe. Er hatte von einer gewaltfreien Gesellschaft geträumt, und nach einer Nacht in Stadelheim trieb man ihn in den Gefängnishof. Ein Offizier schlug mit einem keulenartigen Schlegel auf Landauer ein.

Ein paar Dutzend Männer brüllten: »Schlagt ihn tot!«

Ungläubig fragte Landauer noch: »Wollen Sie mich nicht verhören?«

Aber der Offizier antwortete nicht ihm, sondern den Soldaten. »Nein, der Mann wird sofort erschossen.«

Weitere Schläge und Fußtritte, Gelächter, »Schlagt ihn tot!«.

Noch einmal versuchte Landauer aufzustehen.

Da rief der Vizewachtmeister: »Geht mal weg.«

Weiteres Gelächter. Zwei Schüsse des Vizewachtmeisters. Einer traf Landauer in den Kopf. Landauer atmete noch immer.

Noch einmal der Vizewachtmeister: »Geht zurück, dann lassen wir ihm noch eine durch.« Dann schoss der Vizewachtmeister Landauer vom Rücken aus ins Herz. Weil Landauer immer noch zuckte, trat ihn der Vizewachtmeister schließlich zu Tode.

Wie ein echter Eroberer errichtete Ehrhardt das Stabsquartier im »Vier Jahreszeiten«. Er konnte sich in Luxus und Wohlgefallen nun räkeln. Es gab Applaus für die gelungene Aktion von den höchsten Stellen, unter anderem auch von einem General, der wie Ehrhardt am Völkermord an den Herero beteiligt gewesen war. Von Lettow hieß der Mann, und er war voll des Lobes.

»Ich beglückwünsche die Brigade zu dem Erfolge, der in erster Linie dem schnellen und energischen Zugreifen zu danken ist.« Es sei eine »ernste Pflicht«, gegen die eigenen Volksgenossen zu kämpfen, und die Brigade habe diese wichtige Tätigkeit vorbildlich erfüllt.

Auch Noske dankte der Truppe, aber als er auf die Idee kam, seinen Dank der Brigade persönlich auszusprechen zu wollen, lehnte diese angeekelt ab. Er kam trotzdem, ließ alle zum Appell zusammenrufen und schritt genüsslich die Front ab, einen Finger zum militärischen Gruß an seinem Schlapphut. Eine Anbiederei, die Ehrhardts Missfallen noch mehr steigerte. »Schon seine Sprechweise ging mir auf die Nerven. Sein Lieblingswort war ›Sauerei‹.«

Schön, dass in München dank Ehrhardts beherztem Eingreifen von einer solchen nicht mehr die Rede sein konnte.

Mit München fiel die letzte große Bastion der deutschen Räterevolution von 1918.

Die Zeit der Rache war gekommen, aus der Sicht der entfesselten Kämpfer sogar abgesegnet von oben, von der Regierung in Berlin. Endlich Genugtuung. Für den verlorenen Krieg. Für die verlorene Gegenwart. Auch für eine Zukunft, die als verloren galt, weil sie in den Händen der Siegermächte lag. Als sich die Weißen Truppen durch Haidhausen und die Isarvorstadt metzelten, konnten ihnen die Siegermächte des Krieges nichts anhaben in diesem Mai 1919, aber der Hass gegen sie gab der Gewaltorgie eine nihilistische Haltungslosigkeit, die so keine deutsche Stadt erlebt hatte seit dem Dreißigjährigen Krieg. München war keine militärische Operation. München war ein wochenlang im Blut von Zivilisten watendes Strafgericht. Zum Leid kam Hohn. Graf Arco-Valley, jener Adelige, der Kurt Eisner, eine Lichtgestalt der Gewaltlosigkeit, mit zwei Schüssen ermordet hatte, fand bei den alten Richtern, die nun auch wieder die neuen waren, schließlich Gnade: eine vierjährige Festungshaft in Landsberg, wo er nach Belieben ein und aus gehen durfte. Die Gründe für die Milde des Gerichts erinnerten an den Erzberger-Attentäter und Beinahe-Mörder von Hirschfeld, dem ein Berliner Gericht »ideale Gesinnung«

attestiert hatte. In Sachen verzeihendem Verständnis standen die Münchner den Berlinern nicht nach. Schließlich sei »die Handlungsweise des politisch unmündigen Mannes nicht niedriger Gesinnung, sondern der glühenden Liebe zu seinem Volke und Vaterlande entsprungen«, so die schönen Worte des Vorsitzenden.

Feiger und kaltblütiger Mord aus Liebe zu Volk und Vaterland – es war so etwas wie der erste Refrain eines unendlich blutigen und grausamen Liedes, dem in den kommenden Jahrzehnten noch viele Strophen folgen sollten.

DER NAME DES DOLCHSTOSSENDEN

Die Revolution und das Wüten der Freikorps waren nie in Berlin-Grunewald angekommen, wo Walther Rathenau in einer herrschaftlichen Villa lebte. Wenn er seine Straße, die Koenigsallee, hinunterblickte, sah er hinter den Bäumen die hellen Farben herrschaftlicher Bauten. Eine Pracht war das, eine stille Pracht, eher englisch als das Preußen Wilhelms II. Noch nicht alt war sie, diese Nachbarschaft. Gerade einmal ein paar Jahrzehnte war es her, dass der jüdische Bankier Felix Koenigs mit ein paar anderen Unternehmern dieses sumpfige Stück Wald der preußischen Regierung abgekauft hatte. Sie ließen es trockenlegen und bauten ihre Villen.

Villenkolonie nannte man das, so als hätten sie ihre Anwesenheit der Wildnis abgerungen.

Dabei war der Kurfürstendamm nur ein paar Autominuten weit weg.

Trotzdem, die Kolonie war eine andere Welt. Weit weg vom billigen Lärm des nervös zischenden Molochs Berlin. Künstler lebten hier wie Gerhart Hauptmann, auch der Verleger Samuel Fischer, die Ullsteins, der linke Volkswirt Alfons Goldschmidt, die Mendelssohn-Bartholdys. Im Sommer hörte man auf großzügigen Terrassen am frühen Abend das leise Klirren von Besteck und das seufzende Plätschern von ölfarbenen Getränken, die in polierte Gläser gegossen wurden. Zivilisiert. Sogar die schwerreichen Kapitalisten, die einen großen Teil der Nachbarschaft bildeten, wirkten in diesem Zauber des jüdisch-deutschen Großbürgertums anders. Unbedrohlicher, charmanter, more gentle.

Einer der Vertrauten Rathenaus, der Theaterkritiker Alfred Kerr, ebenfalls Bewohner der Kolonie, hatte über das Berlin jenseits der Kolonie geschrieben:
»Weh Berlin! Wie wirkst Du peinlich,
filzig, mickrig, nuttig, kleinlich.
Edelrost aus alten Fernen
hat Dir keine Fee verliehen;
doch die Spitze des Modernen bist Du auch nicht – weh Berlin!
Auf Betrieb und Zimt und ›Lichtmeer‹
scheinst Du Gernegroß erpicht …«
Das Berlin jenseits der Kolonie war eben auch eine Art Wildnis.

Rathenau, ein Meter zweiundachtzig groß, war eine der schillerndsten Persönlichkeiten des Reichs – ein komplexer, kluger Mann, voller Widersprüche. Ein Großindustrieller, dessen Vater die AEG gegründet hatte, die Walther nun mit führte. Ein ehrgeiziger Schriftsteller, der von sich behauptete, er habe mit seinen Werken versucht, »der deutschen Zukunft ein wirtschaftliches, politisches und geistiges System zu schaffen«. Ein begehrter Junggeselle, der mit Frauen aus den besten Kreisen flirtete, aber auch homosexuelle Neigungen spürte. Ein Jude, der sich in seiner Jugend offen antisemitisch geäußert hatte, Weihnachten feierte, aber das Konvertieren ablehnte.

Diese Kombination aus Erbe, Fleiß und Ambition hatte Rathenau im Preußen Wilhelms II. manchmal auch zu einem Außenseiter gemacht, Rückschläge, das kannte er. Aber nun, im Herbst 1919, war Rathenau an einem echten

Tiefpunkt angekommen. Die neue Republik wollte nichts von ihm wissen. Die deutsche Zukunft, die er glaubte mit entworfen zu haben, hatte ihm den Rücken zugekehrt. Rathenau saß im Grunewald, die Frühwinternebel hingen über den geforenen Gärten, und er war isoliert.

Es war eine bleierne Zeit gewesen nach Ende des Krieges, als man ihn überging bei der Besetzung wichtiger politischer Posten. Oder gleich in schallendes Gelächter ausbrach, wenn sein Name genannt wurde. Wie in Weimar, als der Präsident der jungen Republik gewählt werden sollte und jemand seinen Namen ins Spiel brachte. »Männlein und Weiblein« hätten sich ausgeschüttet, hieß es – allein schon bei der Vorstellung.

Sein vaterländischer Eifer im Krieg kam jetzt bei vielen der neuen Köpfe in der Nationalversammlung schlecht an. Sein Spitzname im Nachkriegsdeutschland war »Jesus im Frack«. Zurückgehend auf einen Artikel in der Zeitung »Die Republik« vom 19. Dezember 1918. »Jesus im Frack«, hieß es da, »Inhaber von 39 bis 43 Aufsichtsratsstellen und Philosoph von kommenden Dingen, Schlossbesitzer und Mehrheitssozialist, erster Aufrufer – nach Ludendorffs Zusammenbruch – für die nationale Verteidigung und beinahiges Mitglied der revolutionären Sozialisierungskommission, Großkapitalist und Verehrer romantischer Poesie – kurz, der moderne Franziskus von Assisi, das paradoxeste aller paradoxen Lebewesen des alten Deutschland.«

Der Spott hatte Rathenau verletzt, er, der sonst auch sozial schwer zu Ermüdende, hatte sich zurückgezogen.

»Ich weiß nicht, was Sie veranlasst hat, sich so besonders sorgfältig einzukapseln«, schrieb ihm der preußische Finanzminister Albert Südekum Anfang November 1919. »Als die Revolution kam, waren alle sich einig, dass man mich los sein wollte«, antwortete Rathenau stoisch und beleidigt.

Er saß zwischen allen Stühlen. Und als sei das nicht unangenehm genug, hatte er Angst, als Kriegsverbrecher von der Entente vor Gericht gestellt zu werden. Es hätte einen »Plan Rathenau« gegeben, hieß es dort, wonach systematisch französische und belgische Fabriken zerstört worden seien.

Es beruhigte Rathenau nicht wirklich, dass *dieser* Vorwurf nicht zutraf, weil er schon im April 1915 als Chef der Reichrohstoffversorgung ausgeschieden war. Aber zuschulden kommen hatte er sich trotzdem so einiges: Er hatte Plünderungen und die Beschäftigung von Hunderttausenden von Zwangsarbeitern gutgeheißen, und als alles verloren schien, statt eines Waffenstillstands eine Fortsetzung des Krieges durch eine Art Volkssturm gefordert.

All das hatte Rathenau bei den meisten Kräften der Linken tief suspekt werden lassen, aber bei den nun entstehenden radikalen Rechten war er als Feindbild noch nicht richtig präsent.

Das änderte sich am 18. November 1919, und zwar gründlich. An diesem Tag mussten die beiden Chefs der ehemaligen Obersten Heeresleitung, General Paul von Hindenburg und General Erich Ludendorff, vor einem parlamentarischen Untersuchungsausschuss erläutern, wie es zur Niederlage 1918 gekommen war. Von Hindenburg, immer noch von der Mehrzahl der Deutschen als »Vater des Vaterlandes« verehrt, hatte seinen Auftritt tagelang mit seinem Vertrauten, dem deutschnationalen Wüterich und Finanzexperten Karl Helfferich, geprobt. Die Militärführung, so von Hindenburg, treffe keinerlei Schuld an der Niederlage, die Heimat habe das Frontheer verraten. Gegen Ende seiner Ausführungen hatte von Hindenburg gesagt: »Ein englischer General sagte mit Recht: Die deutsche Armee ist von hinten erdolcht worden.«

Ludendorff, der mit Rathenau während des Krieges bisweilen einen intensiven Austausch geführt hatte, ging noch weiter. Jener Dolch, von dem von Hindenburg gesprochen hatte, den mussten doch Menschen geführt haben. Menschen mit Namen. Wer waren diese Menschen? Wer waren die Schuldigen?

»Ich muß einen Ausspruch Walther Rathenaus wiedergeben«, erklärte Ludendorff. Dieser hätte geäußert, die Weltgeschichte hätte ihren Sinn verloren, wäre der Kaiser als Sieger durchs Brandenburger Tor gezogen. »Es waren also Strömungen im Volke vorhanden, die nicht die Ansicht der Obersten Heeresleitung vertraten, dass wir auf Sieg kämpfen müßten, und diesen Strömungen mußten wir Rechnung tragen«, sagte Ludendorff.

Rathenau war geschockt und empört. Auf der Titelseite des »Berliner Tageblatts« setzte er sich zur Wehr. »Nun regt sich bei den Besiegten der Unmut gegen jeden, der die Illusionen nicht teilte. Auch das ist menschlich. Doch sollte der schwere Vorwurf der Kriegssabotage denjenigen erspart bleiben, die rechtzeitig warnten … Missverstandene Zitate ändern daran nichts«, schrieb er. Aber gezieltes Missverstehen war genau das, was Ludendorff im Sinn gehabt hatte, und jenen Dolch, den ihm Ludendorff in die Hand gedrückt hatte, wurde Rathenau nicht mehr los. Oder wie der Rathenau-Vertraute Harry Graf Kessler bemerkte: Von da an war Rathenau ein Gezeichneter.

DER MARSCH AUF BERLIN

Ehrhardt hatte sein neues Lager südlich von Berlin in der Nähe von Zossen aufgeschlagen. Der Kampf, davon war Ehrhardt überzeugt, war auch nach München noch lange nicht zu Ende. Der Vertrag von Versailles hätte vom Reich auf keinen Fall angenommen werden dürfen. Ein derartiger »Frieden« war eine Beleidigung. Lieber einen neuen Krieg als den Frieden von Versailles. Deshalb hatte Ehrhardt seine Brigade in Zossen nicht länger den Straßenkampf trainieren lassen.

Denn in den Straßen von München und Berlin war es jetzt totenstill.

Der Straßenkampf in Deutschland hatte sich erledigt, bis auf Weiteres.

Er ließ in Zossen wieder den sogenannten Feldkrieg vorbereiten. Man war guter Dinge, sollte es bald wieder gegen die Franzosen gehen. So jedenfalls schilderte es Ehrhardt. »Mit viel Lust und Freude widmete man sich der Sache, stand doch das hohe Ziel vor Augen: nochmals kämpfen zu dürfen für Deutschlands Rettung, wenigstens für seine Ehrenrettung.«

Dann hatte die Regierung am 28. Juni unter Protest den Vertrag von Versailles unterzeichnet. Die Parolen der Wachen hatten die Todesverachtung der Brigade für die erste deutsche Demokratie und ihre Politiker gespiegelt.

»Schwarz-Rot-Gold – unglaublich«

»Erzberger – Totengräber«

»Völkerbund – Unsinn«

»Polen – Haut ihn«

Mit dem Hass auf Versailles und dem Wunsch nach einem neuen Krieg war auch der Wunsch nach einer neuen, ganz anderen Führung im Reich gewachsen.

Einer Führung, die sich nicht wegduckte, sich nicht vom Wunsch vieler Menschen nach Sicherheit und Frieden leiten ließ. Nicht von ökonomischen Erwägungen, sondern von Begriffen wie Ehre und Krieg. »So war die Lage: im ganzen Land Stimmen für die Annahme, da sonst die Gefahr des Einmarsches, Beibehaltens der Blockade bestand. Immer diese selbstsüchtige Feigheit und Angst, die uns bereits den Krieg verlieren ließen«, hatte Ehrhardt voller Sarkasmus räsoniert.

Die Brigade wünschte, wie sich die Freikorpsler ausdrückten, »die ganze Bande zum Teufel zu jagen«.

In den Augen von Ehrhardt und seiner Truppe war es nicht mehr eine Frage des Ob, sondern nur noch eine Frage des Wann. In den Köpfen jedenfalls wuchs täglich der Wunsch nach jenem Unternehmen, das sie den »Marsch auf Berlin« nannten.

Nur diesmal würden sie sich nicht mit ein paar Mützen tragenden Arbeitern und deren klapprigen Gewehren zufriedengeben. Diesmal waren die fällig, die den ganzen Unrat zu verantworten hatten. Die Dolchstoß-Meuchler. Die deutsche Regierung.

Es ging um einen Militärputsch und die stramme Diktatur, die auf die zusammengebrochene Monarchie folgen sollte. Das Gerede über den Putsch nahm zwanghafte Züge an – was allein fehlte, war eine charismatische Figur, deren eiserner Griff nach der Macht die Massen fiebern lassen würde. Jemand wie Ludendorff, der Chef der vermeintlich unbesiegten deutschen Truppen im Krieg, der sich davor gedrückt hatte, die unumgängliche Kapitulation zu unterzeichnen. In ihrer Not auf der Suche nach einem geeigneten Kandidaten sprachen Offiziere sogar ihren Vorgesetzten, den Reichswehrminister Noske, an.

Noske war ein Haudrauf, blutigem Durchgreifen mit massenhaft folgenden standrechtlichen Erschießungen nicht abgeneigt, dazu getrieben von großem Ehrgeiz. Aber verrückt genug, sich als Sozialdemokrat zu einem deutschen Imperator machen zu lassen, zum Diktator, war Noske nicht.

Das war ein Mann namens Wolfgang Kapp, Generallandschaftsdirektor in Preußen und Gründungsmitglied der deutschen Vaterlandspartei.

Aber der Reihe nach.

Ein Teil des Vertrages von Versailles beinhaltete die Abwicklung großer Teile der Reichswehr sowie das Verbot von Freikorps. Von den rund 400.000 Mann, so die Siegermächte, müssten sich 300.000 eine andere Beschäftigung suchen. Das war nun für alle Angehörigen des Militärs, die in Preußen mehr Sozialprestige hatten als viele Universitätsprofessoren, Ärzte und Rechtsanwälte, ein ideelles Desaster – zu dem sofort ein ganz reales kam.

Wovon sollten diese ehemaligen Spitzen der Nation leben? Die Mieten bezahlen in den prächtigen acht Zimmer großen Berliner Offizierswohnungen? Die Pferde? Die Köchin? Bis hinunter zum einfachen Soldaten machte sich Existenzangst breit.

Angst, zerrieben zu werden. Nicht auf dem Feld der Ehre, sondern in den grauen namenlosen Gassen der Zivilisation. Den Schlangen vor den Arbeitsämtern und den Suppenküchen.

Ehrhardt jedenfalls war bedient. Spätestens seit dem Spätsommer 1919, als sich abzeichnete, dass Noske sich einer Inthronisierung als Diktator verweigern würde, war auch sein allerletzter Funke Loyalität zu dem ihm vorgesetzten Minister erloschen. Der Reichswehrminister, so drückte es Ehrhardt aus, »hätte sich dem Ruf nach nationaler Sammlung und nationalem Widerstand« versagt, und nun war mit ihm endgültig nichts mehr anzufangen. Ehrhardt hatte noch eine Eisenkiste, gefüllt mit drei Millionen Reichsmark, für Einsätze seines Korps im Baltikum und an der polnischen Grenze von nicht eindeutig nachweisbaren offiziellen Stellen angenommen. Aber seine Aufkündigung der Loyalität zu seinem Minister brachte ihn nicht dazu, die Geldkiste zurückzugeben. Ehrhardt behielt die Millionengabe und wollte den Putsch.

Seit dem 29. Februar wollte Ehrhardt den Umsturz so schnell wie möglich. An diesem Tag hatte Noske unter dem Druck des Versailler Vertrages die Auflösung des Freikorps Ehrhardt angekündigt. Ehrhardts Truppe, 4000 Mann stark, bis an die Zähne bewaffnet, nun nur 30 Kilometer westlich von Berlin in der sandigen Döberitzer Heide stationiert, tobte.

Und hielt bei blank geputztem Himmel einen Tag später eine Truppenparade samt Feldgeistlichem ab, zu der Noske ausdrücklich nicht eingeladen war. Dafür der Reichswehrgeneral von Lüttwitz und Admiral von Trotha, ein alter Bekannter aus den Tagen, als man gemeinsam das Volk der

Herero in die südwestafrikanische Wüste getrieben hatte, um es dort verdursten zu lassen.

Schwarz-weiß-rote Fahnen wehten in der klaren Luft, als Lüttwitz sich in einer Rede an die Truppe wandte und sagte: »Ich werde nicht dulden, dass mir eine solche Kerntruppe in so gewitterschwüler Zeit zerschlagen wird.«

Das klang nach Meuterei und war als Ultimatum zu verstehen. Für Noske und die Regierung. Der Schwanz wedelte mit dem Hund.

Am 10. März wedelte er noch heftiger. Von Lüttwitz rauschte mit großem Gefolge zu Reichskanzler Ebert, forderte Neuwahlen, seine Ernennung zum Oberbefehlshaber der gesamten Reichswehr und die Rücknahme sämtlicher Auflösungsbefehle. Selbst dem gemächlichen Ebert war dieser Auftritt ein bisschen viel.

Zusammen mit Noske feuerte Ebert Lüttwitz, was im Militärdeutsch hieß, dass man dessen Rücktrittsgesuch bis zum nächsten Morgen erwartete.

Nichts davon geschah am folgenden Tag. Stattdessen raste Lüttwitz zu Ehrhardt nach Döberitz und fragte ihn, ob er mit seiner Brigade bis zum Abend Berlin besetzen könne. Ehrhardt erbat sich einen Tag zur Vorbereitung und sicherte zu, bis zum Abend des 13. März mit seiner Brigade am Brandenburger Tor zu stehen. Der Marsch auf Berlin, wie beide das Unternehmen nannten, hatte begonnen.

Erst als er Ehrhardts Truppe hinter sich wusste, gab Lüttwitz den übrigen Verschwörern – Ludendorff, dem Rosa-Luxemburg-Mörder Pabst und dem Generallandschaftsdirektor Kapp – Bescheid, dass es nun losgehe. Auch sie sollten sich am besagten Abend am Brandenburger Tor einfinden.

Ehrhardt befahl seiner inzwischen auf 5000 Mann angewachsenen Brigade spätabends den Marsch auf Berlin, und zwar »kriegsmäßig«. Mit scharfer Munition sollte sie »jeden Widerstand rücksichtslos brechen und das Zentrum der Stadt mit den Ministerien besetzen«.

Was, wenn es die Regierung wagen würde, sich zu verteidigen? Auch hier war Ehrhardt kristallklar: »Kommt es zum Kampf mit Truppen im Regierungsviertel, so soll mit äußerster Energie durchgegriffen werden.«

Den letzten Teil dieses Befehls hätte sich Ehrhardt sparen können. Denn obwohl Noske drei Regimenter der Reichswehr angefordert hatte, die die Regierung verteidigen sollten, wurde schnell klar, dass die Soldaten der Regierung dazu keine Lust hatten. Damit diese Meuterei auch ordentlich abgewickelt werden konnte, holten sich die zuständigen Offiziere noch das Plazet des Oberbefehlshabers der Reichswehr, des Generals von Seeckt. Natürlich gehe es nicht an, sagte Seeckt im schönsten Kasino-Ton, dass »zwischen Berlin und Potsdam eine Felddienstübung mit scharfen Patronen abgehalten werde«.

Die Regierung war verloren.

Eigentlich.

Nur waren die Verschwörer um den Generallandschaftsdirektor nicht viel besser dran.

Zwar marschierte Ehrhardts Truppe mit frisch weiß gemalten Hakenkreuzen am Helm singend und scheppernd auf Berlin zu, Sturmgepäck geschultert, Handgranaten am Koppel, aber als sie im Tiergarten rasteten, stellten die Kommandeure der Truppe einen Missstand fest: Sie kannten nicht einmal die Namen der Minister, die sie bei diesem Staatsstreich verhaften sollten. Geschweige denn deren Gesichter.

Bis zum Morgengrauen hatten ebenjene Minister in der

Reichskanzlei in der Bendlerstraße getagt. Sie hatten immerhin zwei Beschlüsse gefasst:

Flucht aus Berlin – die immerhin gelang, weil die Putschisten wegen eines Ultimatums an die Regierung an der Siegessäule noch einmal eine längere Pause eingelegt hatten. Und Aufruf zum Generalstreik.

Jetzt, da es der regierenden Sozialdemokratie an den Kragen ging, entdeckte sie auf einmal wieder die Kampfmittel derer, die sie in der Folge der Revolution von 1918 von den Freikorps hatte bekämpfen lassen.

Vor diesem Hintergrund und angesichts der Tatsache, dass beim Abfassen des Aufrufs zum Generalstreik die Brigade Ehrhardt Richtung Reichskanzlei marschierte, um ebenjener sozialdemokratischen Regierung das Lebenslicht auszublasen, liest sich der im Ton gläubig und beschwörend zugleich formulierte Aufruf zum Generalstreik nicht gerade überzeugend:

»Arbeiter! Genossen! Wir haben die Revolution nicht gemacht, um uns heute wieder einem blutigen Landsknecht-Regime zu unterwerfen ... es geht um alles! ... Legt die Arbeit nieder! Streikt! Schneidet der reaktionären Clique die Luft ab! Kämpft mit jedem Mittel um die Erhaltung der Republik! Lasst allen Zwist beiseite! Es gibt nur ein Mittel gegen die Diktatur Wilhelm des II.! Lahmlegung jedes Wirtschaftslebens! Keine Hand darf sich mehr rühren! Kein Proletarier darf der Militärdiktatur helfen! Generalstreik auf der ganzen Linie! Proletarier vereinigt Euch! Nieder mit der Gegenrevolution!«

Gegen 6 Uhr früh zog Ehrhardts Brigade singend durchs Brandenburger Tor, wo sie eine im feierlichen Cut und Zylinder gekleidete Männergruppe traf. Die Mitverschwörer, darunter Kapp, Lüttwitz und Ludendorff. Minuten vorher hatte sich die noch amtierende Regierung zur Flucht entschlossen. Erst ging es mit mehreren Autos nach Dresden. Als dort ebenfalls Verhaftung drohte, zog die Regierung weiter nach Stuttgart. Sie verfügte nur noch über ein paar Koffer, etwas Benzin und den Willen zu überleben.

Kapp und seine Leute zogen in die Reichskanzlei ein. Die Eroberung war gelungen, es gab keine Kämpfe, nicht einmal Geschrei. Stattdessen breitete sich in der ganzen Stadt eine merkwürdige Stille aus. Der Generalstreik setzte ein. Bahnen, Busse, Post, Zeitungen – nichts ging mehr im Reich. In Berlin sammelten sich die Menschen an alten Brunnen, um Wasser zu bekommen.

Die Lähmung des Streiks erfasste schnell die Reichskanzlei, wo Kapp ohne Heizung und fließend Wasser mit ein paar Kerzen saß wie ein Eingeschlossener, ohne Impulse nach außen geben zu können. Von Autorität konnte keine Rede sein, von Diktatur schon gar nicht. Nicht einmal die Schalterbeamten der Reichsbank parierten. Kapp ließ mehrmals Offiziere dort vorstellig werden, Schecks in der Hand, unterschrieben von einem Reichskanzler Kapp. Die Schalterbeamten weigerten sich auszuzahlen. Man kenne keinen Reichskanzler Kapp. Ebenso wenig wie einen Reichswehrminister Lüttwitz.

Als sich der Generallandschaftsdirektor in seiner sich schnell abzeichnenden Kläglichkeit an Ehrhardt wandte, dieser solle nun mit Gewalt die Schecks einlösen, entgegnete der, er sei kein Bankräuber. Ansonsten hatte Ehrhardt noch einen Rat an Kapp: Er solle endlich mit dem Regieren beginnen und sich nicht durch so etwas Läppisches wie einen Generalstreik beeindrucken lassen.

»Mir ist der Streik wurscht!«, sagte Ehrhardt zu seinen Offizieren. »Laßt die Leute so lange generalstreiken, bis sie nichts mehr zu essen haben, dann werden sie von selbst aufhören. Wir verhungern jedenfalls nicht.«

Aber Kapp versank förmlich in der sich um ihn kreisförmig ausbreitenden Stille. Und mit jeder Stunde des Nichtstuns stieg Ehrhardts Verachtung für den ohnmächtigen Diktator.

Am dritten Tage des Putschs suchte Ehrhardt Kapp noch einmal auf und erschrak. »Kapp war körperlich und seelisch völlig zusammengebrochen. Er hatte den Vorsitz am runden Tisch. Seine Augen waren verschwollen. Seine Stimme war belegt, wenn er mechanisch sagte: Ich erteile Ihnen das Wort. Er war gar nicht mehr in der Lage, etwas zu entscheiden. Er wußte gar nicht, was geredet wurde. Ich ging sofort wieder und war sehr niedergeschlagen.«

So konnte das nichts werden.

Und in der Tat: Es wurde nichts.

Die Arbeiter, Angestellten und die niederen Beamten verteidigten die Republik. Nicht wirklich sozialistisch waren die Ziele dieses großen massiven Streiks. Aber durch und durch antimilitaristisch. Man wollte offensichtlich die alte Ordnung der Junker und Offiziere nicht zurück. Einschüchtern ließ man sich genauso wenig. Selbst wenn Rollkommandos von Ehrhardts Truppe durch die Hauptstadt zogen und Flugblattverteiler und Redner prügelten. Die Widerständler waren mehr und stärker. In Sachsen, Thüringen und im Ruhrgebiet bekam die ein Jahr zuvor erstickte Revolution einen zweiten Atem. Es ging noch einmal zu den Waffen.

In den Augen der in Berlin verbliebenen bürgerlichen

Parteigrößen erhob nun wieder der »Bolschewismus« sein hässliches Haupt – und der schien jetzt in jedem Fall viel schlimmer und viel bekämpfenswerter als die Machtübernahme der Putschisten. Das Allerschlimmste drohe, so die Befürchtung, wenn die Möchtegern-Diktatoren Kapp und Lüttwitz durch den generalstreikenden bolschewistischen Mob vertrieben würden. Ein solcher Triumph und Restdeutschland würde in einem tiefroten Sumpf versinken.

Schlimm.

Stattdessen, so die Zylinder tragenden Strippenzieher, sollten dem Generallandschaftsdirektor und seinen Mitstreitern doch am besten eine goldene Brücke gebaut werden: Rücktritt von Kapp und Lüttwitz bei gleichzeitiger Amnestie aller Putschteilnehmer.

Vier Tage nach seiner Machtübernahme in der Reichskanzlei floh Kapp nach Schweden. Sein Mitverschwörer Lüttwitz hielt es noch einen Tag länger als vorübergehender Diktator aus, ehe er sich nach Ungarn absetzte. Pabst, der Mörder von Rosa Luxemburg, durfte sich als Unterhändler mit den Strippenziehern in der Hauptstadt halten.

Und Ehrhardt? Der wurde nun mit höchst positiver Aufmerksamkeit förmlich überschüttet. Er hatte Wort gehalten, hatte mit seiner Truppe Berlin erobert und war dann den Aufständischen blutig entgegengetreten. Aber nach dem schmählichen Abgang seiner Mitverschwörer stand er nun wie ein martialisches Findelkind in einem Berlin, in dem die Lichter ausgegangen waren.

Er holte die mit Hakenkreuz geschmückten Getreuen zu sich und erklärte, dass es nicht an ihnen gelegen habe, sondern an den Mitstreitern. »Wir haben unser Ziel nicht erreicht«, sagte Ehrhardt. »Schuld daran trägt die Feigheit des

Bürgertums und die Schlappheit führender militärischer Persönlichkeiten.«

Schlappheit war gewiss das Letzte, was Ehrhardt vorgeworfen werden konnte. Er sah sich und seine Brigade nun als letzten Fels vor der bolschewistischen Sturmflut. »Unsere Brigade ist die einzig fest gefügte Truppe in Berlin. Darum müssen wir den Kampf gegen die Kommunisten als die ersten und stärksten aufnehmen«, rief Ehrhardt seinen Soldaten zu.

General von Seeckt, der Chef der Reichswehr, sah das Problem ähnlich. »Kann ich mich auf die Brigade im Kampf gegen den drohenden Bolschewismus stützen?«, fragte der oberste Reichswehrchef Ehrhardt.

Der Feind stand links.

Wie immer.

Und Ehrhardt? »Dient vaterländischen Interessen«, befand Seeckt und sicherte Ehrhardt schriftlich Schutz vor Verhaftung zu.

Erst daraufhin zog die Brigade wieder ab aus der Hauptstadt. Sie ging, wie sie gekommen war – mit raukehligem Gesang und fliegenden Fahnen. Als Sieger irgendwie. Und als am Brandenburger Tor ein paar notorische Miesmacher es wagten, Buh zu rufen, feuerten die Soldaten mit Maschinengewehren entschlossen in die Menge.

Die Brigade zog wieder zurück in ihr Lager nach Döberitz.

Zurück am Brandenburger Tor blieben zwölf Tote und 30 Schwerverletzte, die es gewagt hatten, ihr Missfallen zu äußern. Der Feind stand links, und wer rechts stand, durfte schießen. Dabei blieb es auch, als die Reichsregierung aus ihrem Stuttgarter Exil zurückkehrte in die Hauptstadt.

Zwar hatten die Streikenden die Republik und den regierenden Sozialdemokraten mit ihrem Generalstreik den Job und möglicherweise auch das Leben gerettet.

Aber Ordnung musste sein. Und Ordnung bedeutete, dass der Feind links stand und deshalb die während des Putsches als Gegenspieler zu Kräften gekommene Rote Ruhrarmee entwaffnet werden musste, und zwar dringend.

Die Regierung schickte auch dorthin wieder die Freikorps ins Ruhrgebiet. Diesmal unter anderem die guten Ehrhardt-Bekannten vom Freikorps des Ritters von Epp.

Die hielten sich nicht mit Kleinigkeiten auf, sondern wüteten gegen die sogenannte »Rote Ruhrarmee«, die aus ca. 50.000 fronterfahrenen Arbeitern bestand, aus USPD-, SPD- und KPD-Mitgliedern, meist Gewerkschaftlern, die sich gegen die Putschisten in Berlin verbündet hatten. Der Historiker Heinrich August Winkler nannte diese proletarische Massenbewegung zur Verteidigung der Republik »die größte, die es bis dahin in Deutschland gegeben hatte«. An dem Generalstreik im Ruhrgebiet beteiligten sich 330.000 Arbeiter. Das Ende war dann die Niederschlagung dieser Ruhrgebietsbesetzung durch Einheiten der Berliner Regierung, die in Wirklichkeit wieder aus republikfeindlichen Freikorps wie der Brigade Epp bestanden.

»Ich dachte während des ganzen Gefechts an Station A«, schrieb ein Brigadist der Epp'schen. »Das kommt nämlich daher, dass wir auch zehn Rote-Kreuz-Schwestern sofort erschossen haben, von denen jede eine Pistole bei sich trug. Mit Freuden schossen wir auf diese Schandbilder, und wie sie geweint und gebetet haben, wir sollten ihnen das Leben lassen. Nichts! Wer mit einer Waffe angetroffen wird, ist unser Gegner und muss dran glauben. Gegen die Franzosen waren wir im Feld viel humaner.«

Ehrhardt und seine Männer genossen ihre Freiheiten. Sie durften ungestraft mit Maschinengewehren in die Menge schießen. Sie durften singend mit rot-weiß-schwarzen Fahnen wieder zurück in die Döberitzer Heide ziehen. Sie durften sich sogar nach der Rückkehr dorthin über zusätzliche Belohnungen in Geldform freuen: Zum Sold wurde für die famosen Einsätze gegen die eigene Regierung und Bevölkerung mit sieben Mark täglich die sogenannte »Kapp-Zulage« ausgezahlt. Dazu mit 50 Mark eine einmalige Anerkennungsprämie, welche die Kapp-Verschwörer ihren Truppen zugewiesen hatten.

Alles ausgezahlt von der verfassungsmäßigen Regierung unter Reichskanzler Hermann Müller, einem Sozialdemokraten.

Aber die Straffreiheit, das zusätzliche Geld, das alles reichte nicht. Ehrhardt und seine Truppen fühlten sich im Stich gelassen.

Deutschland hatte sie gekränkt.

Schon wieder.

Die Buhrufer auf dem Pariser Platz waren tot, aber sie, die Mörder, waren beleidigt.

»Bürger und Industrie schwiegen damals. Unsere Aktion wäre für sie wie für das ganze deutsche Volk von größtem Vorteil gewesen, sie hatten aber nicht den Mut, sich offen für uns zu erklären«, klagte ein Brigadeoffizier voller Selbstmitleid.

Und wenn man sich schon einmal erging in hakenkreuzseliger Larmoyanz, dann fand man anscheinend auch wenig

Trost in der Tatsache, dass die alten Mächtigen, die unter Hinzunahme von ein paar Feigenblatt-Sozis die neuen Mächtigen waren, weiter die schützende Hand über Ehrhardt und seine Männer hielten.

Die Siegermächte verlangten nun erst recht, dass der Versailler Vertrag zügig umgesetzt wurde. Das hieß das Heer auf ein Viertel seiner Größe schrumpfen und die Freikorps auflösen.

Aber all dies geschah mit Samthandschuhen und tiefen Verbeugungen vor einer Truppe, die, wenn sie den Staatsstreich mit roter Flagge betrieben hätte, nach kurzem Prozess an die Wand gestellt worden wäre.

Dem Chef Ehrhardt bot man eine Übernahme in die Marine an, was er ablehnte, da es ihm unmöglich sei, unter einer schwarz-rot-goldenen Fahne zu arbeiten. Wer sonst noch von seiner Truppe bootstauglich war, konnte wechseln. Ein mehr als großzügiges Angebot.

Trotzdem blieb die Stimmung schlecht. Es ging der Auflösung entgegen, und Ehrhardt ließ seine Männer die Zeit durch das Verballern von Munition vertreiben. Man hatte große Bestände gehamstert. Nichts davon sollte dem Feind oder der offiziellen Schrumpf-Reichswehr in die Hände fallen. »Diese Materialverschwendung hatte außerdem noch den Nutzen, dass sie die trübe Stimmung innerhalb der Truppe bannte«, befand Ehrhardt.

Trotz der bevorstehenden Aufsplitterung wollte der Kapitän die Brigade im Ernstfall schnell mobilisieren können.

Als eine Art Untergrundarmee.

Deshalb sollten kleine Einheiten über das Land verteilt geparkt werden, möglichst in Truppen, die sich offiziell der Landarbeit widmeten. Auf diese Weise fanden viele auf Gütern im Osten, vermittelt durch den pommerschen Landbund, ein vorübergehendes Auskommen. Andere kamen in sogenannten »Arbeitsgemeinschaften« in Bayern unter. Am Schliersee, am Ammersee, in Augsburg, Ingolstadt, Eichstätt und natürlich in München.

Bayern, unter Eisner eine Art Zentrum der Räterepublik, war nach der Niederschlagung durch Ehrhardt und seine Gesinnungsfreunde zu einem ganz anderen Ort mutiert. Einem, in dem sich die Kräfte der Gegenrevolution niederlassen und gedeihen konnten.

Ministerpräsident von Kahr sprach immer wieder beschwörend von der »Ordnungszelle Bayern«. Die neue Ordnung, sie sollte hier ihren Ausgang nehmen. Für das Reich sowieso. Vielleicht auch für mehr.

Hitler lebte noch zur Untermiete in einem kleinen Zimmer in der Thierschstraße 41. Ludendorff war vor Ort, und Franz Ritter von Epp, Führer des besonders gnadenlosen gleichnamigen Freikorps, formulierte den neuen Stellenwert des Freistaats, der möglichst bald keiner mehr sein sollte: »Der Bolschewismus erhob wieder sein Haupt. Das Reich steht in schwerer Erschütterung: Bayern ist ein mächtiger Pfeiler zur Wiedergewinnung der Ordnung. War es seinerzeit in der Überraschung der Ausgangspunkt für den Umsturz, so muss es jetzt seinen Ruf wiederherstellen. Es muss ein Bollwerk für den Ordnungsstaat sein.«

Ein Bollwerk, in dem Militär, Polizei, Justiz und Verwaltung eng verfilzt sich gegenseitig deckten und sich die schmutzigen Bälle zuspielten.

Nicht wirklich erstaunlich also, dass es nun auch den gebürtigen Badener Hermann Ehrhardt nach Bayern zog. »Ich durfte annehmen, dass man meine Beteiligung an der

Befreiung Münchens noch nicht ganz vergessen hatte, zumal letzten Endes die neue Regierung eine direkte Folge des Kapp-Putsches war«, kalkulierte Ehrhardt. Hilfreich für seinen Entschluss mag zusätzlich gewesen sein, dass sich nach langem Hin und Her doch noch jemand in Preußen gefunden hatte, einen Haftbefehl auf ihn auszustellen.

Nicht dass Ehrhardt befürchten musste, dass jemand ernsthaft diesen Haftbefehl in die Tat umsetzen würde.

Aber sicher war sicher.

Und Bayern war genau das.

Sicher plus Nährboden vom Feinsten.

Am 5. Mai nahm Ehrhardt eine letzte Parade seiner Truppe ab und schloss seine kurze Ansprache mit den Worten: »Deshalb rufe ich euch nicht ›Lebt wohl‹ zu, sondern ›Auf Wiedersehen‹.«

Dann ging es, begleitet von zwei Leutnants, nach Hannover. Nach einer Stunde Fahrt ließ der Kapitän anhalten und zog ein Rasiermesser heraus. Ein Begleiter musste den Spiegel halten, und ab kam der Seemannsbart. »Herr Kapitän sehen jetzt lange nicht mehr so schick aus«, sagte einer der Leutnants. Nicht mehr ganz so schmuck, dafür ein wenig sicherer, das war der Preis, den der per Haftbefehl Gesuchte zu entrichten bereit war. In Hannover bestieg der Bartlose dann den Zug nach München, wo er verschwand.

Offiziell verschwand natürlich nur.

EHRHARDT IM STAAT DER BEWEGUNG: BAYERN

Das München, in dem Ehrhardt halb untertauchte, war wie maßgeschneidert für ihn und seinen Pläne. Der Umsturz, er musste kommen, weiterhin. Mit ihm die Diktatur. Deutschland dürfte auf keinen Fall, schimpfte Ehrhardt, zur »Reparationskolonie« verkommen, zu einem »Europäischen Indien«. Der Marsch auf Berlin hatte nicht geklappt. Im ersten Anlauf. Ein zweiter Marsch auf Berlin war das Ziel. Geplant von München aus.

Die lichte gemütliche Stadt mit Seen und Bergen vor der Tür, umgeben von fruchtbaren Böden und stolzen ruppigen Bauern, glich einem Ideal, von wo aus die Wiederauferstehung einer Diktatur samt Zucht und Ordnung stattfinden sollte.

Bayern war noch zum großen Teil ein Agrarstaat, die stickigen Hinterhöfe Berlins mit seinen zerlumpten proletarischen Massen waren hier weit weg. Die alte Oberschicht hielt nach dem Aufstand von 1918 und 1919 wieder die Zügel in der Hand. Und sie hatte auf gar keinen Fall vor, diese noch einmal abzugeben.

Der Abbau des deutschen Militärs, den der Versailler Vertrag vorsah, unterlief Bayern unter Ministerpräsident von Kahr im großen Stil durch seine sogenannten Einwohnerwehrverbände. Diese paramilitärischen Verbände bildeten, so sahen es die Siegermächte, eine Art Ersatzarmee. Bis zu

400.000 Mann verfügten in Bayern auf diese Art über rund zweieinhalb Millionen Waffen.

Ehrhardt gefiel das nur allzu gut. Zwar hatte er noch immer zahlreiche Wohlmeinende auch in den höheren preußischen Regierungskreisen auf seiner Seite, die, wie er bemerkte, »einen Seufzer der Erleichterung« von sich gelassen hätten, als sie erfuhren, dass ihr eigentlich gesetzlich gesuchter Schützling nun im Süden sicher untergetaucht war. Aber in München fühlte er sich sofort zu Hause. Hier verstand man, dass Kapital, Kirche und Militär das Fundament einer sittlich gefestigten Gesellschaft bilden sollten. Hier tagte immer noch die erzreaktionäre Thule-Gesellschaft im nobelsten Hotel der Stadt, dem »Vier Jahreszeiten«. Die Revolutionäre von Berlin und München, das waren für sie Juden, die nichts verloren hatten in einem kommenden Reich. Überhaupt Juden. Sie wurden in den Satzungen der Thule-Gesellschaft als »Todfeinde« beschimpft. Wenn die Diktatur endlich gesiegt hätte, so das Ziel, müssten die Juden ein für alle Mal aus Deutschland verschwinden.

Die ehrenwerte Gesellschaft hatte sogar ihre eigene Zeitung. Den »Münchner Beobachter«. Bald würde das Wort »Münchner« durch das Wort »Völkischer« ersetzt werden.

Das alles war kein Zufall. Um die Saat ihrer hetzerischen Gedanken im größeren Rahmen aufgehen zu sehen, hatte die Thule-Gesellschaft, zu der auch die blutjungen Ultra-Nationalisten und Studenten Hans Frank, Rudolf Heß und Alfred Rosenberg zählten, Kontakt zu den niederen Ständen der Landeshauptstadt gesucht. Schließlich gründeten sie eine Vereinigung namens »Die Deutsche Arbeiterpartei«, deren Hauptmerkmal erst einmal sein sollte, »judenrein« zu sein.

Die Deutsche Arbeiterpartei schien in den ersten Monaten ein hoffnungsloses Unternehmen. Kaum mehr als eine Handvoll Mitglieder diskutierte in den Hinterzimmern schäbiger Bierwirtschaften, ehe ein klein gewachsener Mann mit Schnurrbart begann, auf brutalste Art gegen die Juden zu schimpfen.

Hitler.

»Und denken Sie nicht, dass Sie Rassentuberkulose bekämpfen können, ohne zu sorgen, dass das Volk frei wird vom Erreger der Rassentuberkulose. Das Wirken des Judentums wird niemals vergehen und die Vergiftung des Volkes nicht enden, solange nicht der Erreger, der Jude, aus unserer Mitte entfernt ist.«

Die Zuhörer waren hingerissen von solchen Sätzen. Hitler wurde zu einem Star des Münchner Underground der Bierschwemmen und Kasernenhinterhöfe. Schon Mitte 1920 reichte der Festsaal des Hofbräuhauses kaum noch, seine Anhängerschaft, zu der nun auch kleine Angestellte und auffällig viele Frauen zählten, zu beherbergen. Der Ort war gefüllt mit 2000 Menschen. Hitlers Rede mit dem Titel »Warum wir Antisemiten sind« wurde 58-mal von stürmischem Jubel unterbrochen.

Mit der Deutschen Arbeiterpartei und ihrem Bierkeller-Wüterich hatte die Thule-Gesellschaft ein Monster geboren. Der Mann hatte Erfolg, aber so richtig angenehm war er den besseren Herrschaften von Thule erst einmal nicht. Auch von Kahr verachtete den »ungestümen Österreicher«, seine schäbigen Anzüge, sein unbremsbares Cholerikertum, seine katastrophalen Tischmanieren. Ein Mann, der es normal fand, den Wein in seinem Glas bei einem Dinner nachzuzuckern.

Da war einer wie Kapitän Ehrhardt von ganz anderem Schlag.

Ehrhardt hatte durchaus etwas übrig für das feine Leben der bessergestellten Stände, die vom Münchner Volksmund als die »Großkopfigen« verspottet wurden. Edler Rotwein, teure Zigarren, schöne Pferde, das zählte durchaus in Ehrhardts Welt. Und natürlich Burgen und Schlösser. Nach einem Einsatz seiner Truppe in Oberschlesien hatte er 1919 auf Schloss Slawentzitz die Gastfreundschaft des Fürsten Kraft von Hohenlohe-Öhringen genießen dürfen. Sein schneidiges Auftreten, seine kompromisslose Herrenmenschen-Art, beeindruckten die Schlossherren und -damen überaus. Vor allem eine der Töchter des Hauses, Prinzessin Margarete, konnte ihre Augen so gar nicht von diesem Kavalier der alten Schule lassen. Dumm nur, dass er verheiratet war, dieser Kapitän mit dem festen Blick, in dem trotzdem etwas Träumerisches lag.

Mit Frau und zwei Kindern in Wilhelmshaven. Wohnhaft in einem Haus, das ihm der Schwiegervater aus Hamburg bezahlt hatte. Geradezu verbohrt in seinen Dienst. So pflichtbewusst, dass er zu Hause gerne noch bis tief in die Nacht am Schreibtisch saß. »Meine Frau kennt von mir nur den Rücken«, pflegte Ehrhardt über seinen deutschnationalen Eifer zu sagen.

Aber wie gesagt, der Kapitän hatte eine Schwäche für das bessere Leben. Und nun war er auf der Flucht. Und die Prinzessin hatte ihn nicht vergessen. Sie bezog eine stattliche Wohnung in München-Pasing. So konnte sie ihrem Helden nahe sein.

Es traf sich zudem gut, dass ein Mann mit weichen Lippen und herablassendem Blick ein guter Bekannter des per

Haftbefehl gesuchten Ehrhardt wurde. Dieser Mann, der auf den Namen Ernst Pöhner hörte, war Herr über die Polizei der Landeshauptstadt.

Der Polizeipräsident Pöhner.

Pöhner sah es als seine Aufgabe an, den Gesinnungsgenossen Ehrhardt mit falschen Pässen auszustatten und ihn zu warnen, wenn die Kollegen aus dem Norden wieder einmal auf die Idee kommen sollten, nach dem verdienten Kapitän zu suchen. Ehrhardt hieß nun dank Pöhners Papieren Hugo von Eschwege, Hugo Eisele und Consul Hans Eichmann – und wusste im Polizeipräsidenten einen hundertprozentigen Gesinnungsfreund auf seiner Seite. Für Pöhner war das Gesetz vor allem dazu da, endlich die rechte Diktatur herbeizuführen. »Pöhner wußte ganz genau, dass es sich in unserer Zeit nicht um eine juristische Anwendung von Gesetzen handeln dürfe, die durch innere Gesetzlosigkeit lächerlich geworden waren«, lobte Ehrhardt die Linientreue seines hochrangigen Bekannten.

Er operiere an der Grenze des Hochverrats, kokettierte Pöhner gerne in besseren Kreisen. Natürlich war auch er Mitglied der Thule-Gesellschaft.

Ehrhardt war also in München sicher, seine Geliebte war vor Ort, und auch an Geld mangelte es nicht. Die besseren Kreise waren bereit, ihn zu finanzieren. Dazu erhielt seine Organisation weiter gut getarnte Zuwendungen vom Auswärtigen Amt und vom Reichswehrministerium. Die drei Millionen Reichsmark, die Ehrhardt vor dem Kapp-Putsch erhalten hatte, hatte er nie zurückgegeben, und nun existierte zudem dieser neue Herr mit einer schier endlosen Geldbörse, der Sanitätsrat Otto Pittinger.

Pittinger spielte eine zentrale Rolle bei der Ausstattung

und Organisation der bayerischen Einwohnerwehren und war zudem mit Ministerpräsident von Kahr gut bekannt.

Mit der offiziellen Auflösung der Brigade und Ehrhardts Weg in den Untergrund radikalisierten sich viele seiner Anhänger weiter. Wie Ehrhardt vor ihnen kehrten sie jetzt der in ihren Augen aufgeweichten Marine den Rücken zu, darunter die Kapitänleutnante Hoffmann, Kautter und Carl Tillessen, die Oberleutnante zur See Missuweit und von Jagow, die Leutnante zur See Mechlenburg, Liedig und Plaas sowie Erwin Kern.

Jetzt im Untergrund benannte Ehrhardt seine netzartig über das Reich ausgebreitete Gruppe neu als »Organisation Consul« (OC), nach seinem Münchner Decknamen Consul Eichmann. Die Organisation hatte einen Apparat von 14 Bezirken und sieben Oberbezirken in Deutschland errichtet, das Hauptquartier befand sich seit dem Spätherbst 1920 in einer Mietwohnung in der Schwabinger Trautenwolfstraße. »Bayrische Holzverwertungsgesellschaft« stand an der Klingel, nur mit Holz oder dessen Verwertung beschäftigte sich hier niemand. Aber auch vom chaotischen Treiben einer Untergrundorganisation war man weit entfernt. Es ging ordentlich militärisch zu. Zucht und Ordnung und feste Dienstzeiten und saubere Spesenabrechnungen. Das Büro leitete Alfred Hoffmann. Seine »Abteilung A« kümmerte sich um Informationsbeschaffung und Nachrichtendienstliches. »Abteilung B«, der militärische Kern, sammelte sich unter Manfred von Killinger. Seine Aufgabe bestand unter anderem darin, den Kampfverband im Geheimen zu erhalten und, wenn es darauf ankam, sehr schnell mobilisieren zu können. »Abteilung C« war für die Pressearbeit und die eigene Zeitschrift, genannt »Der Wiking«, zuständig.

Anfang 1921 verfügte Ehrhardt in Bayern über eine beachtliche Zahl von Männern, zum großen Teil geparkt in Arbeitsgemeinschaften auf dem Land zur Moortrockenlegung und zur Holzgewinnung. Die am Schliersee und am Ammersee Abgestellten waren voller Ungeduld. Sie wollten nicht die Berge und die Seen genießen, sondern losschlagen zum nächsten Putsch. Die Arbeiten in den Mooren und Wäldern verrichteten sie ohne Lust, häufig trugen sie dabei Uniform. Die Bezahlung war miserabel. Nicht gerade das, was sich diese gefallenen Söhne des Bürgertums unter einem schneidigen Leben vorstellten.

Im Frühjahr 1921 mehrte sich der Frust der Konterrevolutionäre, als Ministerpräsident Ritter von Kahr die von ihm so geschätzten Einwohnerwehren doch auflösen musste. Der Druck der Reichsregierung und der Alliierten war zu groß geworden. Diese quasi offiziellen Schattenarmeen waren nicht länger zu halten.

Der Hass gegen die Weimarer Demokratie blieb. Teile von Ehrhardts Truppe beschäftigten sich nun mit Plänen zur Sabotage gegenüber den Alliierten und dem Terror gegenüber den sogenannten Erfüllungspolitikern. Nach dem gescheiterten Kapp-Putsch, so nun die neue Strategie, sollten die Morde an geachteten, hochrangigen demokratisch gesinnten Politikern die linken Kräfte des Reichs zu revolutionären Handlungen provozieren. Erschütterungen, die die Reichswehr auf die Seite der Putschisten ziehen sollten.

Wieder andere Kräfte aus Ehrhardts Truppe spielten eine wichtige Rolle beim Aufbau der SA, jener paramilitärischen Schutzstaffel, die für Hitler und seine NSDAP die politischen Gegner in Sälen und Straßen niederprügeln und terrorisieren sollte.

Vieles an der Erscheinung Hitlers war Ehrhardt zuwider. Beide buhlten um Gefolgschaft im rechtsradikalen Sumpf, aber sie waren auch Konkurrenten von Anfang an. Keiner wollte sich dem anderen unterordnen. Hitler bestand auf einer total auf sich zugeschneiderten erweiterten Leibwächtertruppe. Ehrhardt dagegen beharrte auf eine gewisse militärische Ordnung.

Hitler ging Ehrhardt auf die Nerven. Unter Vertrauten machte Ehrhardt aus seiner Verachtung kein Hehl, nannte den Burschen in seinem schäbigen blauen Anzug und seinem ewigen Trenchcoat einen »Idioten«, so von Salomon nach dem Krieg.

Ehrhardt hatte als Offizier kurze kernige Ansprachen vor gleichgesinnten Untergebenen gehalten, bevor sie losschlugen. Keine dieser Reden hatte länger als fünf Minuten gedauert. Im Grunde traute Ehrhardt Worten auch nicht besonders. Was zählte, war die Tat, der Einsatz. Was zählte, waren Gleichgesinnte, die diese Tat schnell umsetzen würden. Ehrhardts Texte waren also keine Reden, sondern ausschweifende Befehle.

Von Hitlers Redebegabung hatte Ehrhardt nichts. Zwei Stunden vor wildfremden Betrunkenen in feuchten Bierkellern herumzupoltern, wäre ihm nicht in den Sinn gekommen. Ehrhardt fehlte das Handwerkszeug, aber auch die Haltung dazu.

Er sah sich als Elitesoldat, nicht als Politiker. Seine Mission war es, einen autoritären Willen von oben nach unten durchzusetzen. Nicht, die Wut und das Ressentiment der unteren Stände des Kleinbürgertums, der Handwerker und der Arbeitslosen zu entflammen.

Aber Hitler hatte Ernst Röhm, und dieser schaffte es,

Ehrhardt zu beschwatzen, Hitler beim Aufbau der SA kräftig zu unterstützen.

Röhm war Soldat aus Überzeugung und Leidenschaft, und nicht einmal schwere Verletzungen im Ersten Weltkrieg konnten ihn von dieser Haltung abbringen. Zuerst die Nase durch Schussverletzungen verstümmelt, bei Verdun durch 14 Granatsplitter erneut an Kopf und Rücken schwer verwundet, war Röhm einer dieser Kriegsjunkies, die Waffen, Kampf und den nahen Tod aufleben ließen. Seine Kriegsbegeisterung hatte etwas Ansteckendes, er schwärmte von der Frontgemeinschaft und stilisierte sich als Offizier, der mit seiner Truppe im Schützengraben litt. Als einer, der Verachtung hegte gegen die zu Hause, die angeblich keine Ahnung hatten, was sie im Stahlgewitter durchgemacht hatten. Die Politiker, Drückeberger, Bürokraten, Kriegsgewinnler und Spekulanten.

Nach dem Krieg verdingte sich Röhm beim Freikorps Epp und stieg in der Folge zu einem der größten Waffenmanager für die Einwohnerwehren auf. Wie ein Besessener schaffte er Waffen heran und legte geheime Munitionsdepots an. Allein in München hortete er 169 leichte und elf schwere Geschütze, 760 Maschinengewehre, 21.351 Gewehre, Karabiner und Pistolen, 300.000 Handgranaten und acht Millionen Patronen. Nach Auflösung der Einwohnerwehren vervielfachte sich Röhms Waffendepot noch einmal. Die angeblich Entwaffneten stellten ihre Mordwerkzeuge direkt bei ihm ab. Röhm arbeitete mit Billigung der bayerischen Landesregierung und erwarb sich den Spitznamen »Maschinengewehr-König«. Wenn es im Süden Deutschlands um militärische Hardware ging, führte kein Weg an Röhm vorbei. Zugleich zählte er zusammen mit Hitler zu den frühen Mitgliedern der Deutschen Arbeiterpartei.

Röhm sah in Hitler den Trommler. Den Mann, der die Massen in den Bierhallen hochpeitschen und für die Revolution von rechts in Stellung bringen sollte.

Primitivste Hetze gegen die Juden, die an allen Katastrophen dieser Welt schuld seien und die deshalb vernichtet werden müssten. Das war der größte Teil dieses politischen Vergnügens auf dem vulgärstmöglichen Niveau. Der andere bestand in Alkohol und Prügeleien. Die Plakate der Frühzeit der Partei waren in Rot gedruckt, um auch Linksradikale anzulocken, mit denen sich dann die Aufgepeitschten schlagen konnten. Auch dafür, dass die Rechtsradikalen immer die Oberhand behielten und die Saalschlachten gewannen, wurde die Sturmabteilung gegründet, abgekürzt SA.

Für die Ausbildung der zahlreichen Schläger stellte Ehrhardt seine besten Offiziere zur Verfügung. OC-Leutnant Johann Ulrich Klintzsch bekam die Leitung und Ausbildung der SA zugewiesen. Kapitänleutnant Hoffmann wurde Stabschef, von Killinger stieß später dazu.

Es war keine Taktiererei, die die Ehrhardt-Leute in die SA trieb. Die meisten waren von Hitler und seiner Sache ehrlich begeistert. »Hitler als Volkstribun ist mir zehntausendmal lieber als ein Hohenzoller, der nicht deutsch-völkisch zu regieren imstande ist«, bekannte Carl Tillessen, ein Bruder des Erzberger-Attentäters, in der Gründungsphase.

Klintzsch verfasste am 11. August 1921 einen Aufruf zum Eintritt in die SA, in dem er schrieb, an der heutigen Lage Deutschlands sei der Jude schuld: »Die Nationalsozialistische Deutsche Arbeiterpartei hat den Kampf gegen diese fremde Rasse aufgenommen.« Eine Begeisterung, die von

OC-Mitgliedern wie Erwin Kern, Hartmut Plaas und Friedrich Wilhelm Heinz geteilt wurde.

Ehrhardt gab Klintzsch Geld, damit er die jungen Schläger bei Laune halten konnte. Zuerst einmal wurden sie in eine Turn-und-Sport-Abteilung der Partei eingeführt, in den ersten Monaten beschäftigte Klintzsch sie mit Boxen, Marschieren, Exerzieren und Schießübungen. Bereits im November zählte die SA in München 300 Mann, abgerichtet auf eine schäferhundartige Gefolgschaft für den Führer.

Der Anführer Klintzsch wirkte wie ein Prototyp dieser Ehrhardt-Kader. Als Leutnant der Marine wurde er 1918 von der Revolution in Kiel überrascht, legte ein Notabitur ab und stieß 1919 in München bei der Niederschlagung der Räterepublik zur Brigade. Als Anhänger der Sturmkompanie beteiligte er sich am Kapp-Putsch, durfte trotzdem wieder in die Marine eintreten, wo er es nicht aushielt, weil er nicht einer demokratischen Regierung dienen wollte, sondern diese vernichten. Im Juli 1921 trat er deshalb aus der Marine aus.

»Hakenkreuz am Stahlhelm
schwarz-weiß-rotes Band
Sturmabteilung Hitler
werden wir genannt«

So hieß das Lied, das Klintzsch jetzt seine SA-Männer singen ließ. Viel hatte er am Text nicht ändern lassen. Nur die »Brigade Ehrhardt« durch »Sturmabteilung Hitler« ersetzt.

Ein neuer Marsch auf Berlin – er musste kommen. Das war die feste Überzeugung von Ehrhardt und seinen Männern, die in diesem Sommer von 1921 die SA aufbauten und mit der OC das ganze Land mit Zellen überzogen, die beim kommenden Marsch auf Berlin wieder eine schlagkräftige Einheit unter Ehrhardts Führung bilden sollten. Mindestens 5000 Männer waren in die OC auf diese Weise eingebunden, in Kooperation mit anderen Wehrverbänden glaubte man, wenn es endlich so weit war, 120.000 Mann auf die Straßen und hinter die Gewehre bringen zu können. In der Zwischenzeit aber wollten sie mit Sabotageakten und Attentaten die Akteure des demokratischen Reichs hetzen, terrorisieren und töten.

»Man muss Scheidemann, Rathenau, Zeigner, Lipinski, Cohn, Ebert und die ganzen November-Männer hintereinander killen«, fasste der OC-Mann Friedrich Wilhelm Heinz die Liste derjenigen zusammen, auf die es die OC abgesehen hatte.

Erzberger hatte nicht daraufgestanden.

Aber als Unterstützer des Vertrages von Versailles war seine Zugehörigkeit eine Selbstverständlichkeit.

»DIESER ANGRIFF WAR DER TOLLSTE UND BESCHWINGTESTE, DEN ICH JE ERLEBT«

Ein paar Tage nach der Ermordung Erzbergers saß Ernst von Salomon als Bankangestellter in einem kleinen hölzernen Kiosk, einer Wechselstube, aufgestellt in der Halle des Frankfurter Hauptbahnhofs. Das Mobiliar war spärlich. Ein schmaler Tisch, Stuhl, Telefon. Und ein Geldschrank. Von Salomon zählte ein Bündel schmutziger Geldscheine durch. Er war 20 Jahre alt und eigentlich für einen Beruf ausgebildet, zu dessen Grundlektion es gehörte, das »Sterben zu lernen«. Von Salomon hatte eine preußische Kadettenschule besucht. Offizier werden. Bereit, für den Kaiser zu töten und sein Leben zu opfern.

Aber nun war der Kaiser weg, Holz hacken im Exil in Holland, die Kadettenschule war bloß noch eine Ruine besserer Zeiten, und von Salomon war auf der Suche.

Nach einem sauberen Hemd.

Nach einem Job, der ihn satt machen würde.

Das sowieso.

Vor allem aber suchte von Salomon in den Trümmern seines bisherigen Lebens so etwas wie Sinn. Am besten – er war ausgebildet als Soldat – eine militärische Mission. Seine Mission, davon war er überzeugt, konnte es nicht sein, schmutzige Geldscheine in einem kleinen Kiosk zu zählen. Selbst wenn es oft große Bündel waren.

Geld bedeutete von Salomon wenig. Es hatte nur einen Zweck: damit Waffen zu kaufen. Am Umsturz arbeiten. Die Demokratie von Weimar zerstören. Möglichst schnell und gründlich, so sah er es.

Deshalb hatte er sich nach dem Krieg verschiedenen Freikorps angeschlossen und schließlich in der Brigade Ehrhardt eine Art Heimat gefunden. Der Eliteeinheit unter den Freikorps. Die Fortsetzung der Kadettenschule mit anderen Mitteln. Mit oft pechschwarzen Mitteln.

Von Salomon hatte mit der Brigade in Hamburg für Kapp gekämpft, das Scharmützel als Niederlage erlebt und mit seinen Kollegen geschworen: »Das nächste Mal, bei Gott, da kommen wir mit fünfzehner Langrohr über diese Stadt.«

Dann, im Frühsommer 1921, war von Salomon mit Teilen der Brigade nach Oberschlesien gezogen, um gegen polnische Freischärler zu kämpfen. Nach den Gebietsverlusten des Reichs infolge des verlorenen Krieges wurde der Versuch des neu entstandenen polnischen Staats, sich auch Teile Oberschlesiens einzuverleiben, von den meisten Deutschen als unerträgliche Demütigung angesehen. Die Freikorps kämpften dort wieder mit Billigung der Reichsregierung, begleitet von einer Menge nationaler Begeisterung.

Von Salomon erlebte den Aufbruch junger Kampfbegeisterter als eine Art Woodstock mit Maschinengewehren. Sie waren jung, sie sangen Lieder, sie waren bestens gelaunt, als sie ihre auseinandergeschraubten Waffen unkenntlich verpackt in den Gepäcknetzen der Bahn schmuggelten.

Überall stiegen junge Männer zu, das gemeinsame Ziel: Oberschlesien. Als ein Schaffner es wagte, zu fragen, was denn in den Waschkörben oben in den Gepäcksnetzen mitgeführt werde, erhielt er als Antwort: Vermessungsinstrumente für die oberschlesischen Wälder.

Es war heiß in Oberschlesien. Einmal lag von Salomon mit seiner Truppe nackt im Sand. Sie sonnten sich, als die Polen angriffen. Sie sprangen auf und schossen auf die Angreifer, bekleidet nur mit ihren Waffen. »... weiße, glänzende Jugend, nackt und wehrhaft in der gleißenden Sonne. Noch im Walde schimmerten die schlanken Körper durch die Stämme, und dieser Angriff war der tollste und beschwingteste, den ich je erlebt«, beschrieb von Salomon diese Reaktion auf die Attacke der Polen.

Von Salomon tötete beschwingt, voller Überzeugung und ohne jeden Zweifel an der absoluten Richtigkeit seiner Mission. Er spürte »tiefste Energien, die zum Durchbruch drängten«, er war »durchbraust von ihren Wirbeln, und wurden so zum Tode mehr noch als zum Leben reif«.

Klägliche Verachtung nur spürte von Salomon für die polnische Gegenseite. Seltsame Wesen, die sich durch furchtsames Flüstern verrieten, schlimmer noch: schnatterten. Ein Kennzeichen kleiner Völker, diagnostizierte von Salomon. Dagegen die Deutschen: erwarteten den Feind mit schweigender Entschlossenheit. Richteten das Maschinengewehr ruhig ein auf die Senke, wo die polnischen Soldaten aus dem Wald kommen würden. Mähten sie nieder, als sie sich zeigten.

Frohgemüt erlebte von Salomon auch die Tatsache, dass seine Truppe in der Regel keine Gefangenen machte. Wer sich von der Gegenseite ergab oder verwundet aufgelesen wurde, wurde erschossen. »Rauschhaft«, empfand von Salomon diese Scharmützel, er genoss regelrecht den Geruch polnischer Leichen, die in einem Kornfeld verwesten, die aufsteigenden »schweren Dünste«.

Der Rest der Polen? Lief davon. So empfand es von Salomon, als er und seine Truppe kamen. Sie hatten das Gefühl, einem gewaltigen Sieg entgegenzurasen. Mit klarer Billigung der Reichsregierung, deren Hände offiziell gebunden waren, weil die Siegermächte mit der Besetzung des Ruhrgebiets drohten, wenn die Reichswehr in Oberschlesien eingreife. Aber da geschah das für von Salomon Unfassbare. Wieder unterwarf sich die Reichsregierung einfach den Siegern, nach deren Verdikt Oberschlesien mit seinen deutschen und polnischen Bevölkerungsanteilen nach einer Volksabstimmung im Verhältnis der Stimmenverteilung zwischen Deutschland und Polen aufgeteilt werden sollte, und entzog ihnen die Unterstützung. Der Nachschub kam nicht. Wieder betrogen um den gerechten Sieg. Nach dem Dolchstoß an der Westfront, nach der Aufkündigung der Unterstützung durch die Reichsregierung bei den Kämpfen im Baltikum 1919 nun auch hier wieder, so klagte von Salomon, »Verrat«.

In Estland, Lettland und Litauen und in Oberschlesien hatten die Freikorps stellvertretend für die deutsche Armee gekämpft. Bezahlt von der deutschen Regierung mit einem armeegleichen Sold plus neun Mark zusätzlich pro Tag als »Risikoaufschlag«. Im Baltikum war es darum gegangen, die sowjetischen Truppen zurückzudrängen, die die Revolution in die vor dem Ersten Weltkrieg zaristisch regierten Staaten tragen wollten. Die Alliierten ließen die Deutschen gewähren, solange es so aussah, als würden die Freikorps das Vordringen des Kommunismus verhindern, aber als die Freikorps die Oberhand gewannen, gefror das anfängliche Wohlwollen der Siegermächte. Lettland, Estland und Litauen in deutscher Hand, das war nun etwas, das die Entente auf gar keinen Fall wollte. Mit der Annahme des Friedensvertrages im Juni 1919 war einhergegangen, dass die deutsche Regierung den Freikorps befehlen musste, ihre Mission aufzugeben und heimzukehren ins Reich. Ungeheure Wut bei den Soldaten der Freikorps war die Folge. Viele hatten erbittert gekämpft – auch weil ihnen die deutsche Regierung anfangs versprochen hatte, nach der Vertreibung der Sowjets aus dem Baltikum Land zu erhalten, auf dem sie später siedeln könnten.

»Wir spürten auf einmal die Kälte einer unsagbaren Verlassenheit«, hatte von Salomon die Ernüchterung rings um ihn herum im Baltikum beschrieben. Er und viele Mitstreiter waren einfach noch drei weitere Monate im vermeintlich gelobten Land geblieben, eine Zeit, in der sie sich in einen ungeheuren Gewaltrausch hineingesteigert hatten.

Das Baltikum 1919, jetzt Oberschlesien 1921, diese Reichsregierung empfanden die Freikorps als empörende Verräterin. Die Verläufe der Kampfhandlungen glichen sich: Nach siegreichen Vorstößen blieb die Unterstützung aus, und die Truppen begannen, aufgerieben zu werden. Sie erlebten, dass ihr Enthusiasmus plötzlich erstickt wurde. Deshalb beschlossen sie nach Oberschlesien, den Kampf zurückzutragen in die Kernstädte und Landstriche des Reiches, samt den Waffen: zurückgeschmuggelt, zu Hause vergraben in den Wäldern und übergeben in die Hände vertrauenswürdiger Konspirateure.

Oberschlesien, so sah es von Salomon, war eine große Generalversammlung jener Verschwörer, auf die es nun ankam, um die Demokratie von Weimar zu bekämpfen und zu zerstören.

Die Konspirateure hielten sich nicht lange mit inhaltlichen Diskussionen auf. Das Für und Wider der rationalen Diskurse verachteten sie. Aufklärung, Vernunft, das war das Projekt der anderen.

Der Feinde.

Jener Eliten, die sich im Reichstag und in der Regierung tummelten.

Aber auch aller anderen, die sich in ihrer bürgerlichen Existenz einrichteten. Sparbücher anlegten. Vorhänge nähen ließen. Kinder zur Schule schickten. Ferien an der Ostsee buchten.

Menschen, die dem Frieden durchaus etwas abgewinnen konnten.

Existenzen, die etwas zu verlieren hatten.

Die Welt dieses Bürgertums verhöhnten von Salomon und seine Gleichgesinnten. Sie nahmen sie, so beschreibt es von Salomon, als »verrottet, breiig und verschwommen« wahr.

Die Konspirateure sahen sich als »Geächtete, als Gemiedene«, und es war nur folgerichtig, wenn ihre Handlungen in der Welt der Bürger als Verbrechen wahrgenommen wurden.

Verbrechen freilich, die einem für sie höheren Gesetz folgten. Einem Gesetz, das nicht der Ratio entsprang, sondern dem Instinkt.

Bei den Ermittlungen nach dem Mord an Erzberger war die Polizei über die Adressen von Schulz und Tillessen schließlich bei einer »Bayrischen Holzverwertungsgesellschaft« in der Schwabinger Trautenwolfstraße gelandet. Eine Durchsuchung der Büroräume brachte dann an den Tag, dass die ehemalige Brigade Ehrhardt im großen Stil ein Organisationsnetz im Reich errichtet hatte, mal Organisation Consul, mal OC genannt. 34 Mitglieder der OC wurden im Herbst 1921 verhaftet, darunter führende Köpfe wie von Killinger und Hoffmann. Ehrhardt floh vorübergehend nach Ungarn. Binnen weniger Wochen waren alle Verhafteten wieder auf freiem Fuß, bis auf von Killinger, der nach einem achtmonatigen Prozess in Offenburg erst am 13. Juni 1922 freigesprochen werden sollte und unter dem Jubel zahlreicher Kameraden das Gericht verließ.

Die OC hatte sich nach der Razzia von München und der kurzfristigen Verhaftungswelle jetzt endgültig zu einer Geheimorganisation gewandelt.

Die gut 5000 Mitglieder tarnten sich stolz und waren jetzt, da sie bedrängt wurden und trotzdem ihre Todesliste abarbeiten wollten, noch ein Stück mehr motiviert.

Mit weihevollem Pathos beschrieb von Salomon diese kriegerische Haltung, die Opfer produzieren musste, aber auch bereit war, sich selbst zu opfern für den Sturz der Republik. »Es blitzte in ihnen die Erkenntnis auf, dass ein neues Wollen neue Gesetze verlangte, Gesetze, die sich in den rastlos arbeitenden Hirnen der einsamen Kämpfer formulierten und die ihnen eine ungeheuerliche Verantwortung aufbürdeten, die nur der zu tragen vermochte, der gerüstet war, sich ohne Vorbehalte hinzugeben.«

Die Verschwörung gegen die Demokratie und in der Konsequenz den politischen Mord »als ungeheure Verantwortung« zu zelebrieren, der man sich »ohne Vorbehalte hinzugeben« hat, beschrieb einen Point of no Return, der dieser Mission eigen war.

Der unbedingte Fanatismus dieser Mission verlangte nicht nur, das eigene Leben aufs Spiel zu setzen und es, wenn die Dinge schiefgehen, zu opfern. Er verlangte, im Ernst auch das Höchste wegzuwerfen für das, was der pathetischen Existenz eigen ist: Ehre und Gewissen.

Trotzdem konnte es vorkommen, dass es von Salomon mit Ehre und Gewissen nicht ganz so genau nahm. Zum Beispiel, wenn er versuchte, zusätzliches Geld zu organisieren für die vermeintlich gute Sache, die Attentate und den Terror gegen die Republik. Denn dafür war sein Tagesberuf in der Wechselstube im Frankfurter Hauptbahnhof da. Und wenn es ans Geldorganisieren ging mit gezinkten Wechselkursen, tja, dann mussten sich Ehre und Gewissen eben unterordnen unter die gute Sache.

So saß er also nachmittags da, wechselte Dollar weit unter Kurs, wechselte weiße, wie Puderpapier wirkende Pfundnoten von einem vornehm schweigenden Engländer, beschummelte einen Dänen um mindestens zehn Prozent.

Erstaunt missbilligte sein Mitverschwörer Erwin Kern die konsequenten Betrügereien von Salomons. »Wenn andere Leute Lumpen sind, dünkt mich, sollte dies für dich keine Veranlassung sein, auch einer zu werden«, rief Kern von Salomon zur Ordnung. Dieser erwiderte nur trotzig: »Es steht zu vermuten, dass du von bürgerlichen Sentiments noch immer angekränkelt bist.«

»Ich kann das Geld nicht nehmen«, erwiderte Kern.

Er nahm die Gelder aber dann doch. Kern war so etwas wie der hyperaktive Star der Frankfurter Zelle der Organisation Consul. Ein sehr nervöser Mensch, ständig auf dem Sprung, dauernd dabei, die Befreiung eines alten Kameraden aus dem Gefängnis vorzubereiten oder selbst durchzuführen, Waffenschiebungen in Danzig, ein Sprengstoffattentat in Hamburg, solche Dinge gehörten gewissermaßen zu Kerns Kernkompetenz. Von Salomon kniete vor Kern.

Ein Teufelskerl, dieser Kern, raunten die Kameraden ehrfurchtsvoll im schönsten Landserdeutsch. Und im famosen Landserdeutsch ging es weiter, wenn von Salomon Kerns Ideal beschrieb: »Er hatte immer mindestens drei neue Pläne im Kopf und einen zur Ausführung in der Tasche, beständig unterwegs, überall frischen Wind mit sich reißend, glühte von einem inneren Brand, dessen Flammen in seiner Nähe keine Lauheit duldet.«

Innerer Brand, Flammen – sich selbst verzehrende Aggression, dargestellt mit schwülstiger Metaphorik. Es ging auch darum, sich dem Anführer mit Worten noch einmal zu unterwerfen.

Im echten Leben war Kern eine ebenso verkrachte Existenz wie viele seiner Freikorpskollegen. Geboren als Sohn eines Berliner Richters in Breslau, erzogen für eine glänzende Offizierslaufbahn für Kaiser und Reich, brach seine privilegierte Welt zusammen mit der deutschen Niederlage im Ersten Weltkrieg. Er schmiss seine Karriere als Oberstleutnant zur See hin, kämpfte mit von Killinger in Oberschlesien. Von Salomons rückhaltlose Bewunderung erwarb sich Kern, als er vor von Salomons Augen einen französischen Offizier in Frankfurt demütigte, indem er diesem eine Peitsche entwandte, sie zerbrach, ihm vor die Füße schleuderte, bevor er den Besatzungsoffizier quer in die Luft hob und eine Treppe hinunter vor eine Damentoilette stürzte. Von Salomon stammelte nur fassungslos vor Glück: »Das war zackig!« So erzählt es zumindest Ernst von Salomon in seinen oft romanhaft stilisierten Erinnerungen »Die Geächteten«.

Ein weiteres führendes Mitglied der Frankfurter Zelle war Friedrich Wilhelm Heinz. Der Apothekersohn hatte sich während des Ersten Weltkriegs als Freiwilliger für den Dienst an der Front gemeldet, war schwer verwundet worden und hatte die Verkündung der deutschen Niederlage im Lazarett erlebt.

Alles schien auch bei ihm umsonst gewesen zu sein, die Leidenschaft, mit der er in den Krieg gezogen war, seine Hoffnungen auf eine Karriere in der Armee. Bald nach seiner Genesung zog Heinz wieder an die Front, die er bei dem Freikorps an der polnischen Grenze sah. Bei einer Schienensprengung auf polnischer Seite wurde Heinz erneut schwer verwundet. Nach einer Zeit im Lazarett schloss er sich der Brigade Ehrhardt an und war mit dieser Truppe als Kompanieführer während des Kapp-Putschs in Berlin einmarschiert.

Aber auch hier hatte wieder eine Niederlage auf ihn gewartet. Ausgerechnet durch streikende Proletarier. Gescheitert wegen werktätiger Massen, die nicht einmal Gewalt anwandten.

»Beim Kapp-Putsch sind wir vierundzwanzig Stunden vor dem Zusammenbruch des Generalstreiks aus Berlin abmarschiert«, dozierte Heinz gerne in der Frankfurter Zelle der Organisation Consul. »Oben bleibt, wer zu essen hat. Und zu essen hat, wer die Waffen besitzt. Generalstreik, das ist eine leere Drohung. Wenn die ersten Hetzer vor den Fabriken an den Laternenpfählen baumeln, bricht der Rummel zusammen. Das Bürgertum, diese feige Bande, steht Schlange, wenn es Posten zu besetzen gibt.«

Alle diese drei Mitglieder der Frankfurter Zelle, von Salomon, Kern und Heinz, waren literaturinteressiert. Heinz und von Salomon schrieben selbst.

»Bevor ich auszog wie der reine Tor der Sage«, wird von Salomon später schreiben, »hatte ich durch Bücher mir einen Damm gebaut gegen die Kümmernisse meiner etwas schwierigen Aufzucht.«

Eines Nachmittags entdeckte von Salomon im Schaufenster einer Buchhandlung Walther Rathenaus Bestseller »Von kommenden Dingen«. Von Salomon berichtet in »Die Geächteten«, wie er das Buch wie einen kleinen Schatz in seine Mansardenstube hinauftrug und es frierend las, die Nacht hindurch, den Sessel gestützt auf einer Kiste mit Handgranaten, weil bereits ein Sesselbein verheizt war.

Von Salomon war trotz seines wütenden Antisemitismus bezaubert vom Ton Rathenaus, der Wehmut, der Brillanz, er lobte die flüsternde Eindringlichkeit des Textes. Aber je länger er las, desto klarer schien ihm, dass »Von kommenden Dingen« doch ein ablehnenswertes Unterfangen war, denn hier verschrieb sich einer der Entfaltung der menschlichen Freiheit. Rathenaus Ziel in »Von kommenden Dingen« war die Wiederaufladung einer als kalt und mechanisch empfundenen Welt mit »Seele« – ein humanistisches Projekt, eingebettet in ein demokratisches Gemeinwesen.

Rathenau versuchte in »Von kommenden Dingen« eine Überwindung des Unbehagens an der Moderne zu denken. Eines Entfremdungsprozesses, den er bereits 1912 in seinem Buch »Zur Kritik der Zeit« artikuliert hatte. In diesem analysierte er die rasende Mechanisierung des westlichen Lebens, die Städte gekennzeichnet durch »Spinnweben von Schienen«, die »Straßenschluchten«, wo »zweimal täglich Menschenkörper von den Gliedern zum Herzen« gepumpt würden. Längst, so Rathenau, sei die mechanische Produktion über die elementaren Ziele von Nahrung, Kleidung, Selbsterhaltung hinausgejagt, nun erweiterte sie den »Warenhunger« zu immer neuen absurden »Begierden«.

»Die Arbeit«, schrieb Rathenau, »ist nicht mehr eine Verrichtung des Lebens, nicht mehr eine Anpassung des Leibes und der Seele an die Naturkräfte, sondern weitaus eine fremde Verrichtung zum Zwecke des Lebens, eine Anpassung des Leibes und der Seele an den Mechanismus ... Die Arbeit ist nicht mehr ein Ringen mit der Natur, sie ist ein Kampf mit Menschen.«

Diesen Entfremdungsprozess durch die zunehmende Mechanisierung versuchte der Mensch dieser Zeit durch immer mehr Konsum zu kompensieren. »Der Geist, nachzitternd von den Erregungen des Tages, verlangt in Bewegung zu verharren und einen neuen Wettlauf der Eindrücke zu erleben, nur dass diese Eindrücke brennender und ätzender sein sollen als die überstandenen ... Es entstehen Vergnügungen sensationeller Art, hastig, banal, prunkhaft, unwahr, vergiftet. Diese Freuden grenzen an Verzweiflung ... Ein Sinnbild entarteter Naturbetrachtung ist die Kilometerjagd des Automobils ... Aber selbst in diesen Tollheiten und Überreizungen liegt etwas Maschinelles.«

In »Von kommenden Dingen« versuchte Rathenau zu skizzieren, wie dieser Entfremdungsprozess durch die Mechanisierung überwunden werden könnte. Das Buch schien wie eine beschwörende Utopie, eine essayistisch angelegte Prophezeiung voller ökonomisch-politischem Detailwissen. Er wolle »Fernziele« umreißen, merkte Rathenau anfangs recht unbescheiden an, und »einen künftigen Gesellschaftsaufbau in großen Zügen vorbereiten«. Gleichzeitig setzt er sich betont vom traditionellen Sozialismus ab. Schon in der Einleitung betonte er: »Dieses Buch trifft den dogmatischen Sozialismus ins Herz.«

Ganz unmarxistisch legte er sein Verfahren fest. »Ziele setzen heißt glauben …, der ›Glaube‹ schafft Gesinnung, und ihr folgt willenlos das Geschehen.«

Es war eine ganz andere Form von Staat und Gemein-wirtschaft als der Sozialismus, die Rathenau da entwarf, sie trug stark idealistische Züge. Der Staat, wie er ihn entwarf, sollte »höchstes Vorbild kollektiver Willensverschmelzung« sein, materiell üppig ausgestattet, sodass niemand soziale Not leiden müsse. Nach Rathenaus Berechnungen hätte schon ein Drittel der Kriegskosten genügt, um alle beteilig-ten Staaten für ein halbes Jahrhundert souverän zu machen und alles soziale Elend aus dem Weg zu räumen.

Das alles, so Rathenau, könne natürlich nur geschehen, wenn die bisherigen Privilegien der herrschenden Klassen radikal beschnitten werden würden. Vor allem das Erb-recht führe dazu, dass mit dem Besitz fortdauernd Macht und Bildungschancen bei den Privilegierten blieben. Die Gemeinschaft profitiere höchst selten von dieser unfairen Verteilung, weshalb in Rathenaus Staat Macht und Position nicht durch Geburt, sondern durch Leistung erworben wer-den sollten.

Rathenau plädierte für eine strenge Luxus- und Erbge-setzgebung – und auch bei größeren Unternehmen forderte er eine Entpersönlichung des Besitzes. Die Gier und Ego-ismen der Vergangenheit, die durch die Mechanisierung der Welt noch zusätzlich befeuert wurden, sollten, so Rathenaus Wunsch, überwunden werden.

»Wenn wir jedoch zwei bis drei Milliarden jährlich für berauschende Getränke ausgeben, wenn wir Hunderte von Millionen für Putz, Tand, Schaustellungen opfern, wenn zehntausende von kräftigen Männern hinter Ladentischen lauern, ... so handelt es sich nicht um einen bloßen Verlust an nationaler Ersparnis, sondern um eine Missleitung des gesamten Produktionsvorganges.«

Vor allem, und das ist die prophetische Note an »Von kommenden Dingen«, wollte Rathenau den geschundenen Seelen der mechanisierten Zivilisation etwas Gutes tun. Rathenaus Idealstaat sollte eine »Heimat der Seele« sein, sollte eine Transzendenz im Diesseits haben. Derart beglückt sollte dem Einzelnen die Überwindung seiner Egoismen nicht schwerfallen. Das gute Gefühl, altruistisch für die Gemeinschaft gehandelt zu haben, entschädige das Individuum großzügig für diesen Pseudoverlust.

Wegbereiter, Zentrum und Garant dieses glückseligen Zustandes auf Erden blieb für Rathenau, ganz in der Tradition des preußischen Großphilosophen Friedrich Hegel, der Staat. »Er wird zum bewegenden Mittelpunkt alles wirtschaftlichen Lebens; was die Gesellschaft treibt und schafft, geschieht durch ihn und seinetwillen; er verfügt über Kräfte und Mittel seiner Glieder mit größerer Freiheit als die alten Territorialherrschaften, der größte Teil des Wirtschaftsüberschusses fließt ihm zu, in ihm verkörpert sich der Wohlstand des Landes. Die wirtschaftlich-gesellschaftliche Schichtung ist aufgehoben, folglich übernimmt er die ganze Machtfülle der jetzt herrschenden Klassen.«

Von dieser verklärten Morgenröte der Gesellschaft wollte von Salomon dann doch nichts wissen.

Als der Morgen über Frankfurt graute, blickte er, nachdem er Rathenaus Buch in einer Nacht durchgelesen hatte, aus dem Fenster. Es war ein Blick der Ernüchterung, die Stadt und die Mietskasernen waren von Massen bevölkert, trostlos und für ihn bedrohlich.

»Denn die Nacht neigte sich ihrem Ende zu, und die Kerze verglomm, und die klotzigen Umrisse bis unter das Dach mit Menschen voll bepackter Mietskasernen, das Gewirr der Schlöte und Kamine, der brüchigen Linien der Dächer lösten sich gespenstisch vom samtenen Hintergrund. Da stand ich auf und lehnte mich hinaus und schaute in die Schluchten der Hinterhöfe, in denen der Lärm des nahenden Tages schon hallte, und fühlte mich siebzehnjährig genug, um zu wissen, dass dies hier gebändigt werden müsse und nicht beseelt.«

Gebändigt, nicht beseelt.

Mit einer Geheimorganisation, die vermeintliche Kollaborateure und andere Verräter ermordete, ebenso wie demokratisch gewählte Politiker.

»Volksstaat, Demokratie«, höhnte von Salomon. »Es wälzten sich die Worte lüstern lange schon in den Mündern der Pausbäckigen.«

»DIE ERSTEN ZWEI, DREI LEUTE KÖNNEN NUR DEN WEG WEISEN, DER VIERTE WIRD ES SCHAFFEN«

Natürlich machte der Schock über die Ermordung Erzbergers auch vor der schmalen und trotzdem herrschaftlichen Haustür von Walther Rathenaus Villa in Berlin-Grunewald nicht halt. Der Hausherr hatte das Portal ebenso entworfen wie den Rest des Anwesens. Preußische Schlichtheit sollten sich mit einer gewissen Großzügigkeit und Eleganz vereinen in dieser Villa an der Koenigsallee. Die Tür war schmal und hoch, eine Maßanfertigung für den groß gewachsenen Rathenau, wenn man so wollte. Wegducken, auch das sagte diese Tür, war nicht die Sache dieses vornehmen Bewohners. Er wollte preußisch aufrecht durchs Leben gehen.

Dass sein Leben in Gefahr war, nun gut, damit hatte Rathenau sich abgefunden, und die Bedrohung hatte sicher noch zugenommen, als er im Mai dieses Jahres 1921 das Angebot von Reichskanzler Joseph Wirth angenommen hatte: Er hielt nun in dessen Kabinett den Posten des Wiederaufbauministers.

Rathenau war unverheiratet, keine Lebensgefährtin, keine Kinder. Als einer der wohlhabendsten Junggesellen Berlins bewohnte er sein großes neoklassizistisches Haus, von ein paar Dienstboten abgesehen, alleine. Die Villa sollte ein Abbild von Rathenaus humanistischem Bildungsideal sein: Wandmalereien, Statuen, Bücherwände hinter Glas, ein schwarzer Flügel, auf dem der Hausherr brillant Beethoven huldigen konnte. Die Lunches verbrachte er, wann immer es ging, mit seiner Mutter Mathilde, einer sehr präsenten Persönlichkeit mit großen Augendeckeln, die sich ihrer gesellschaftlichen Stellung bewusst war. Dringend hatte sie, so Rathenau, den Sohn gebeten, auf jedes politische Amt in dieser gefährlichen Zeit zu verzichten.

Walther hatte ihr versprochen, seiner Ambition zu widerstehen. Aber seine Ambition war gewaltig. Als Jude hatte er im preußischen Staat und seiner Gesellschaft immer wieder Rückschläge erlebt. Beim Militär, während des Ersten Weltkriegs. Aber auch nach der Revolution waren seine Ambitionen, im politischen Deutschland ein hohes Amt zu bekleiden, nicht erhört, ja sogar verlacht worden. Wirklich ablehnen konnte er sein nun endlich in Reichweite gerücktes Ministeramt eigentlich nicht.

Am 27. Mai 1921 hatte er seiner Mutter noch leicht amüsiert über den Wirbel über seine mögliche Ernennung und seine standhafte Ablehnung geschrieben und dass man »selbst von schwerindustrieller Seite meinen Eintritt sehr gewünscht hätte, möglicherweise zum Teil aus Schadenfreude, zum Teil wohl auch ernstlich«.

Die Mutter war beruhigt. Dann entschied sich Rathenau, doch anzunehmen, legte innerhalb von 24 Stunden sein Amt als Präsident der AEG und sämtliche Aufsichtsratsstellen nieder und wurde Minister. Voll schlechten Gewissens schrieb er seiner Mutter ins mondäne Karlsbad: »Über die Vorgänge der letzten Tage kann ich nur mündlich erzählen. Die Dinge überstürzen sich gewaltig. Seit Sonntag bin ich ernannt, seit gestern im Amt eingeführt. Es ist mir lieb, dass Du all die Aufregung nicht mitzumachen hattest. Der Entschluss war schließlich doch recht schwer.«

Einen gewissen Fatalismus verriet auch sein Brief an seinen Bekannten Julius Frey drei Tage später. »Es war der schwerste Entschluss meines Lebens«, klagte Rathenau darin. »Nun stehe ich vor über- und unübersehbaren Problemen und Fragen. Der Einzelne vermag in diesem großen Getriebe so gut wie nichts. Es werden Mann für Mann in den Graben springen müssen, bis er überstiegen werden kann. Gleichviel er wird nie überstiegen werden, wenn nicht einer beginnt.«

Einen ähnlich Tenor schlug er in einem weiteren Brief an: »Ich fasse meine Aufgabe darin auf, den Weg für die Nachfolgenden zu ebnen. Die ersten zwei, drei Leute können nur den Weg weisen, der Vierte wird es schaffen. Aber ein Anfang muss gemacht werden.«

Natürlich war das Mitermöglichen der Rückkehr Deutschlands in die internationale Politik auf Augenhöhe mit England, Frankreich und den USA eine Aufgabe von Sisyphos'schen Dimensionen. Deutschland war geächtet seit dem verlorenen Krieg und dem Versailler Vertrag, und es stand unter Generalverdacht, vor allem vonseiten Frankreichs, die neuen und halsbrecherischen Forderungen hintertreiben zu wollen.

Im Vertrag von Versailles selbst war noch keine Summe genannt worden für die Kriegsschäden, die Deutschland begleichen sollte, aber das hatte sich seit Beginn des Jahres 1921 geändert. Im Januar hatte der Alliierte Oberste Kriegsrat die Rechnung präsentiert, und den Deutschen war schwindlig geworden: 226 Milliarden Goldmark, zahlbar in 42 Jahresraten, zuzüglich zwölf Prozent des Wertes der deutschen Exporte in diesem Zeitraum.

Den deutschen Gegenvorschlag von 30 Milliarden Goldmark zusätzlich zu den bereits bezahlten 20 Milliarden Goldmark beantworteten die Siegermächte mit der Besetzung Düsseldorfs und Duisburgs durch alliierte Truppen Anfang März.

In London setzten die Siegermächte dann am 5. Mai eine neue Summe fest, die Deutschland zu tilgen und zu verzinsen hatte: 132 Milliarden Goldmark, wovon 82 Milliarden Goldmark erst fällig würden, wenn Deutschland hinreichend zahlungsfähig wäre. Diese Summe ... würde wahrscheinlich bald annulliert, prognostizierte der britische Wirtschaftswissenschaftler John Maynard Keynes. Die 82 Milliarden sollten vor allem der französischen Nationalversammlung die Zustimmung zur neuen Abmachung der Siegermächte erleichtern.

Zudem war der Gestus gegenüber dem Reich herablassend und autoritär und mit einem Ultimatum verbunden. Wenn die deutsche Regierung diesen neuen Zahlungsplan nicht binnen weniger Tage akzeptiere, so das Ultimatum von London, würden Truppen das gesamte Ruhrgebiet besetzen.

Die Empörung in Deutschland war riesig. Selbst bei Rathenau, der noch ein Jahr zuvor bei der Konferenz von Spa besonnen und diplomatisch als Berater der deutschen Regierung versucht hatte, die Siegermächte mit Verständnis und Entgegenkommen zu befrieden. Ein Umgang, den Reichskanzler Wirth später als die Geburt der deutschen »Erfüllungspolitik« definieren sollte.

Aber nach den Ruppigkeiten der ersten Monate des Jahres 1921, diesem Festsetzen von Mondsummen, begleitet von Ultimaten, Besetzungen und angedrohten weiteren Besetzungen, war selbst bei Rathenau die Geduld am Ende.

Noch während des schwelenden Ultimatums zur Besetzung des Ruhrgebiets schrieb er am 10. Mai im »Berliner Tageblatt« empört: »Deutschland soll nie in der Lage sein zu leisten, was es versprochen hat. Es soll jedes Jahr winseln und betteln, entschuldigen und versprechen, und die anderen wollen je nach ihrer Interessenskonstellation barmherzig, schnöde, drohend und vernichtend auftreten und Recht zu jeder Repressalie und Folter haben. Das ist unmöglich, und deshalb dürfen wir nicht unterschreiben.«

Einen Tag später nahm der Reichstag auf Antrag der Regierung Wirth den Zahlungsplan der Alliierten trotzdem an.

Warum also tat Rathenau sich dieses Himmelfahrtskommando an? Warum trat er drei Wochen später als Minister für Wiederaufbau in eine Regierung ein, die mit dem Rücken zur Wand stand? Warum begab er sich darüber hinaus in Gefahr für Leib und Leben? Warum schlug er sogar den besorgten Rat seiner Mutter am Ende aus?

Es lag vor allem daran, dass Rathenau ein komplizierter Mann war. Die Widersprüche seiner Zeit bündelten sich in ihm. Da er im Gegensatz zu Männern wie Ehrhardt, Kern und von Salomon in der Gewalt keine Lösung für die Probleme Deutschlands und Europas sah, sondern nur in Kooperation, Verständigung und Frieden, blieb ihm am Ende nichts anderes übrig, als sich eben dafür einzusetzen.

In Rathenau wirkte ein geradezu preußisches Pflichtgefühl samt einem stählernen Ehrgeiz. Im Krieg zuständig für die Rohstoffversorgung des Landes, hatte er aber nie einem Regierungskabinett angehört und das ersehnte Licht der allerersten Reihe im Staat genossen.

Wiederaufbauminister. Das bedeutete: überaus sinnvolle Betätigung und Macht. Und es bedeutete Linderung für die Jahre des Hohns nach dem Krieg.

Aber dieser Rathenau hatte eben auch gute Verbindungen in die Welt, wo Entscheidungen getroffen wurden, und das auf globaler Ebene. Wenn man den Ersten Weltkrieg unter anderem auch als den Aufstand gegen die erste große Welle der Globalisierung begreift, dann war Rathenau in seiner Vielgestaltigkeit und multiplen Persönlichkeitsausbildung auch das: ein deutscher Großglobalisierer seiner Epoche. Einer, der an Firmen in vielen Ländern beteiligt war. Darunter so ferne wie Argentinien oder Bolivien. Einer, der gesagt hatte: »Dreihundert Männer, von denen jeder jeden kennt, leiten die wirtschaftlichen Geschicke des Kontinents und suchen sich ihre Nachfolger in ihrer Umgebung« – und der keinen Zweifel gelassen hatte, dass einer jener 300 Supermanager selbstverständlich er selbst war. Einer schließlich, der in seinem raunenden Zukunftsmanifest, das zum Bestseller wurde, die »kommenden Dinge« unter anderem so umriss: Im Zentrum aller Politik stünden wirtschaftliche Interessen, und es komme auf die ökonomischen Entscheider an, diese Interessen vernünftig und konstruktiv zu bündeln und zu steuern, anstatt sie kriegerisch gegeneinander auszuspielen.

Wenn man also etwas bewegen wollte zwischen dem revanchistischen Geschrei der vermeintlichen Vaterlandsliebhaber und den revolutionären Fantasien der Maximal-Linken, dann war der ein wenig unnahbar wirkende Mann mit der aristokratischen Ausstrahlung keine üble Wahl. Er sprach Französisch, Italienisch und Englisch fließend, er hatte Beziehungen in die Hinterzimmer der Macht von Paris, London und Moskau, er besaß neben tadellosen Manieren Intelligenz und Leidenschaftlichkeit und auch Verhandlungsgeschick – kurz: Er war genau derjenige, dem man zutraute, das Eis der Vergeltung auf der Seite der Alliierten allmählich zum Tauen zu bringen. Ihnen zu erklären, in welcher Lage man sich in Deutschland befand.

Verständnis aufzubauen – vielleicht sogar neues Vertrauen.

Rathenaus erstes großes Projekt war folgerichtig eines, das den toxischen Vertrag von Versailles links liegen ließ – und eine direkte Maßnahme sein sollte, die den Franzosen bewies, dass die Deutschen es wirklich ernst meinten mit der Wiedergutmachung. Bereits 1919 hatte Rathenau in einem Brief an den damaligen Finanzminister Erzberger gefordert, dass Deutschland die vom Krieg zerstörten Städte und Dörfer in Nordfrankreich und Belgien wiederaufbauen müsse, damit Deutschland eine »moralische Stellung« zurückgewinnt: »Erfordernis ist, dass wir den Wiederaufbau nicht als eine Verlegenheitsverpflichtung durchführen, sondern zu einem gewaltigen Zentralproblem erheben, zu einer Leistung von solcher Vollendung, dass sie dem Kriege gegenübergestellt, noch in Jahrhunderten als die größte positive Schöpfung Deutschlands gilt.«

Vom Pathos dieser Zeilen, von einer Wiederaufbauleistung, die noch in Jahrhunderten vom deutschen Anstand Zeugnis ablegen werde, war nicht mehr wirklich die Rede, als sich Rathenau mit seinem französischen Ministerkollegen Louis Loucheur, Elektroindustrieller wie er selbst, Anfang Juni in Wiesbaden für zwei Tage getroffen hatte.

Das Vorhaben war geschrumpft. Alles ein bis zwei Nummern kleiner. Trotzdem war das Treffen schon allein deshalb bemerkenswert, weil sich seit dem bitteren Krieg und seinem unversöhnlichen Frieden erstmals wieder ein französischer und ein deutscher Minister zu einer direkten Aussprache trafen. Auch Loucheur wusste um die Brüchigkeit dieser Initiative und hatte vorsichtshalber der französischen Öffentlichkeit mitteilen lassen, er komme nach Wiesbaden, um eine Kunstausstellung zu eröffnen.

Die Verhandlungen zogen sich über den Sommer hin. Es ging um privatwirtschaftliche deutsche Güter und Waren, die direkt an die Geschädigten auf der französischen Seite geliefert werden sollten. Von Werten bis zu sieben Milliarden Goldmark war die Rede, zu liefern von deutschen Unternehmen über vier Jahre, bezahlt von der deutschen Regierung in Reichsmark. Das alles sollte später gegen die Reparationssummen auf Grundlage des Versailler Vertrags gegengerechnet werden – ihn am besten so bald wie möglich überflüssig machen. Die Reparationsschuld sollte auf diese Weise entpolitisiert werden und in eine kommerzielle Schuld umgewandelt werden.

Ein hübscher, potenziell völkerversöhnlicher Plan. Das Problem war nur die Kritik vieler Unternehmer aus beiden Ländern. Die deutsche Schwerindustrie lästerte über den Wahnsinn, dass man zu den unerfüllbaren Zwangsleistungen nun auch noch freiwillige Vorleistungen bieten solle. Auch die französische Industrie zeigte sich alles andere als begeistert für das, was sie als Freifahrtschein für deutsche Unternehmen in ihr Land interpretierte. Man wollte lieber selbst wieder aufbauen – und die daraus resultierenden Gewinne einstecken. Und keine deutsche Wirtschaftsexpansion unter dem Mantel der Wiedergutmachung.

Das war natürlich altes, auf das Trennende und nicht auf das Gemeinsame gerichtetes Denken. Nicht mehr der Nationalstaat mit seinen egoistischen Machtinteressen sei die Zukunft, sondern eine weltweit verflochtene Politik, die sich wechselseitig an wirtschaftlichen Beziehungen und Interessen orientieren sollte. In München Ende 1921 gemahnte Rathenau an Napoleons Wort »Politik ist das Schicksal« und sagte: »Das große Wort ist hundert Jahre lang wahr geblieben, es ist in den letzten Jahren der Kriegsentscheidung auf seinen Gipfel gestiegen, und es lastet in seiner ganzen Schwere auf uns. Aber dieses Wort hat seine begrenzte Dauer. Es wird der Tag kommen, wo es sich wandelt und wo das Wort lautet: Die Wirtschaft ist das Schicksal. Schon in wenigen Jahren wird die Welt erkennen, dass die Politik nicht das Letzte entscheidet.«

Das war die Linie: die völlig verhärteten politischen Fronten, die durch den Vertrag von Versailles noch härter geworden waren, aufzuweichen – durch wirtschaftliche Zusammenarbeit.

Leider gab es außer Loucheur und Rathenau nicht viele Menschen in beiden Ländern, die sich für diese moderne und zukunftsweisende Linie wirklich begeistern konnten.

Dafür gab es viele, die diese Linie hassten.

Lieber untergehen wollten, als so zu leben.

Männer wie Ehrhardt, von Salomon, Heinz und Kern zum Beispiel.

»Die Welt ist derartig vereist, dass die ersten Spatenstiche von unendlicher Mühseligkeit sind«, hatte Rathenau einem Freund Ende August noch ins Engadin geschrieben, ehe er selbst dorthin, mit Zwischenstopp in Wiesbaden, aufgebrochen war. Etwas Leichtigkeit suchen, für ein paar Tage der

Berliner Schwere entrinnen und sich des schon italienisch eingefärbten tiefblauen Berglichts erfreuen, ehe die Finsternis des deutschen Herbstes und des Winters zuschlug. Ein Dunkel, das er hasste.

»Eine plötzliche, erschreckende, ungewohnte Freiheit« habe er dort oben gespürt, schrieb er Mitte September an eine seiner Verehrerinnen, die Brieffreundin, Pagenkopfträgerin und »Vorwärts«-Redakteurin Lore Karrenbrock, nach Duisburg.

Sie war eine jener Frauen, die sich wie seine Mutter um ihn sorgten. Rathenau saß nach der Rückkehr in seinem Arbeitszimmer in Berlin-Grunewald, er suchte die Sozialdemokratin zu beruhigen, aber in seinen beschwichtigenden Worten lag auch schon ein gewisser Fatalismus. Eine Ahnung, dass einer die Dinge, die geschehen sollen, nicht wirklich beeinflussen kann. So, als sei auch sein Schicksal schon festgeschrieben. Irgendwo jenseits des grauen Himmels über Berlin und der tiefblauen Durchsichtigkeit des Engadin.

»Sie sollen sich um meine Erhaltung keine Sorgen machen. Wenn ein unvergeudetes Leben enden soll, so geschieht es nicht aus Willkür, sondern weil es seinen Abschluss gefunden hat. Dankbar bin ich für jede Stunde, die mir zu wirken vergönnt ist, und welcher Satz, welcher Pinselstrich des Werkes letzter ist, ziemt nicht zu fragen. Noch weniger sollen sie sich kümmern und betrüben über schlimme Worte. Es gibt Menschen, die durch Leiden böse werden; doch auch sie müssen zur Heilung beitragen, freilich auf dem weitesten Umwege.«

Nicht die Gefahr oder den Tod schien Rathenau zu fürchten. Seine tiefe Angst war ein vergeudetes Leben.

Hinter alldem stand offensichtlich ein echter Glaube, dass die Welt besser würde, trotz Rückschlägen.

Selbst durch jene, die durch Leiden böse werden.

Einige von ihnen, mordlustig durch Leiden oder ohne, sangen jedenfalls seit diesem Sommer böse Lieder, wenn sie ihre Gewehre von Oberschlesien zurück in die großen Städte des Reichs schleppten.

Allen voran von Salomon, Heinz und die anderen Kämpfer der Organisation Consul.

Die Melodie des Liedes nahmen sie von »Lasst uns froh und munter sein«. Den Text hatten sie selbst verfasst:

»Auch Rathenau, der Walther,
erreicht kein hohes Alter
knallt ab den Walther Rathenau
die gottverdammte Judensau!«

»DIE NOBLESSE SEINER ERSCHEINUNG«

Im Oktober 1921 hörten Kern und von Salomon eine Rede von Rathenau im Frankfurter Volksbildungsheim. Es war eng und feucht, der Saal war überfüllt, Kern und von Salomon mussten stehen. Rathenau war für viele einer der wenigen Hoffnungsträger eines Politikbetriebs, der durch die Kriegsschulden und den damit einhergehenden Hass von einer Krise in die nächste geschleudert wurde.

Selbst Kern und von Salomon hatten das Gefühl, einer wirklich außergewöhnlichen Persönlichkeit zuzuhören. Von Salomon war überrascht.

»Gebändigt, nicht beseelt« müsste die Welt werden – das war ja sein vernichtendes Urteil über Rathenaus Schreiben gewesen, aber ihn nun als lebendigen Redner zu erleben, war etwas anderes. Von Salomon traf im Frankfurter Volksbildungsheim auf eine Lichtgestalt. Er war gebannt, zuerst. Die »Noblesse seiner Erscheinung« beeindruckte ihn. Der »schmale, edle Schädel mit der zwingend aufgebauten Stirn«. Das Gemurmel der Zuhörer verstummte, sobald sie Rathenau wahrnahmen. Allein Aussehen und Haltung genügten, um das Publikum in eine Art Bann zu schlagen, »unendlich gepflegt, mit dunklen, klugen Augen und einer leichten Lässigkeit der Haltung«, schwärmte von Salomon.

Auch als Rathenau mit seiner Rede begann, währte noch ein gewisser Zauber. Der Ton der Stimme sehr einnehmend, fand von Salomon in »Die Geächteten«, »kühl und warm zugleich«. Auch das Pathos vernahm der Agent der Organisation Consul als angenehm, »sehr eindringlich«, eine »tiefe Trauer« spürbar, die Worte leise und trotzdem sehr berührend. »Schmerzgebannt«, sagte der Minister, »stehen wir vor der Entwirrung des oberschlesischen Dramas.«

Das oberschlesische Drama, fand von Salomon, der dort noch ein paar Monate zuvor gegen polnische Freischärler gekämpft hatte, war, dass die deutsche Regierung Männern wie ihm, den Sieg quasi schon in den Händen, das »Kreuz« gebrochen hatte. Jene deutsche Regierung, die auch jetzt wieder sich den Beschlüssen der Alliierten aus Paris beugen und nach der verordneten Volksabstimmung den wichtigsten Teil Oberschlesiens, den industriellen, mit seinen wertvollen Kohle-, Eisenerz- und Zinkgruben, den Polen zuschanzen würde.

Die deutsche Regierung, so sah es von Salomon, türmte Verrat auf Verrat.

Und nun stand der äußerlich einnehmendste Teil dieser Regierung, Rathenau, vor ihm, von Salomon, und rechtfertigte diese Serientäterschaft des Verrats. Und die Bürger nahmen diese Ode an die Erfüllungspolitik hin, »aufmerksam und angenehm gefesselt«.

Um wieder in die Gemeinschaft der zivilisierten Völker zurückzukommen, müsste Deutschland das Spiel dieser zivilisierten Völker mitspielen, und dieses Spiel heiße: Erfüllung der Reparationen, jedenfalls fürs Erste. Durch das Erfüllen, das neue Vertrauen und das große Potenzial als Welthandelspartner würden allmählich die Reparationszahlungen in den Hintergrund treten und sie schließlich ganz verschwinden lassen.

Denn der Welthandel liege darnieder, so Rathenau, der Versailler Vertrag habe dessen Organismus zerschlagen. In Amerika wüte die Arbeitslosigkeit, Kohle, Baumwolle, Kupfer lagerten dort im Überfluss. In Russland herrschten Hunger und ein Verlangen nach Produkten, die andere nicht loswürden. Dabei seien die Völker voneinander abhängig, gefesselt durch eine »Kette materieller Verschuldung« und die allgemeine Entwertung des Geldes. Dieser Zustand, so Rathenau, müsse überwunden werden durch eine planmäßige Wiederherstellung des wirtschaftlichen Weltorganismus. Dies sei Deutschlands Chance, und es brauche Wirtschaftsexperten von allererster Klasse, die das Reich hier vertreten könnten. Experten, die sich nicht den rachsüchtigen Stimmungen deutscher Innenpolitik hingäben, sondern kaltblütig mit den Aufräumarbeiten begännen. So wie er, Rathenau, das getan hatte nach Explosionen in einer Chemikalienfabrik in Oppau, als unter den Trümmern noch Sprengstoff lag und immer neue Explosionen einkalkuliert werden mussten.

Opfer, Sühne, Glaube würden von den Deutschen gefordert – so hörte es von Salomon wütend, um dadurch mit neuer Würde belohnt zu werden.

Rathenau war ganz nah bei den Menschen, fand von Salomon. Rathenau sei gesegnet mit Geist, so mächtig, dass von Salomon die Namen der beiden Frankfurter Titanen einfielen, Rathenau im Olymp mit Goethe und Rothschild.

Von Salomon konnte den Glanz sogar anerkennen, Rathenaus Aussehen, den Auftritt, die Rhetorik, den Ton, die Stimme, den Geist – und trotzdem missfiel von Salomon, damals noch ein Teenager ohne zentrale Stellung in der OC, eigentlich nur ein eifriger Mitläufer, alles an dieser Veranstaltung.

Rathenau verkörperte in Perfektion all das, was von Salomon und Kern ablehnten, hassten und bekämpften.

Ausgleich.

Frieden.

Demokratie.

Gekonnte Ökonomie.

Verbindliche Bindung an den Westen.

Von Salomon war dann regelrecht angewidert, je länger die Veranstaltung im Volksbildungsheim dauerte. Er spürte, dass Rathenau genau aus diesen Gründen sein Gegner war. Jener charismatische Typ, der imstande war, dem Reich eine andere Richtung zu geben. Der die Krise nach Versailles überwinden könnte. Jene große Krise, die für von Salomon und seine Verschwörer die Chance sein sollte, das Reich in eine stramme rechte Diktatur zu verwandeln.

Rathenaus Ton, seine Stimme, die Gebärden seiner Hand, das Suchen seiner Augen – all das drückte Zivilität, Menschlichkeit, zurückhaltende Abwägung aus und war für von Salomon, der es gern zackig, laut, brachial und befehlend hatte, der Horror.

Rathenau, diagnostizierte von Salomon kühl, gehöre dem Typus des »Furchtmenschen« an.

Es war ein klares Urteil, das von Salomon über Rathenau an diesem Abend im Volksbildungsheim fällte, und es hatte in seiner Eindeutigkeit etwas Beruhigendes für den jungen Mann.

Er hatte mit Zweifeln und Widersprüchen gerungen, aber nun hatte er den Feind genau identifiziert.

Ein Furchtmensch.

Kurioserweise hatte ebendieser Rathenau den Gegensatz zwischen »Mutmensch« und »Furchtmensch« in seinem bereits 1912 erschienenen Buch »Zur Kritik der Zeit« entwickelt. Wo früher die Gesellschaft in Mitteleuropa von »Mutmenschen« beherrscht wurde, so Rathenau, würden nun »Zweckmenschen« und »Furchtmenschen« den Ton angeben.

Gefangen in »Ketten unablässiger Zweckgedanken«, seien diese stets nur kalkulierenden Furchtmenschen gesteuert von Intellekt und Vernunft. Verkümmern dagegen würden Instinkt und Seele, blühen dagegen Ehrgeiz und Eitelkeit. Als leuchtendes Beispiel glückselig dahinlebender Mutmenschen führte Rathenau tatsächlich die alten Germanen an. Aufgehoben in Kampf und Spiel, nicht niedergedrückt durch die Sorgen um die Zukunft. Zufrieden und zuversichtlich im Hier und Jetzt. Rathenau ließ sich bei der Entwicklung dieser gesellschaftlichen Archetypen von der konservativen Zivilisationskritik seiner Zeit treiben und inspirieren.

Rathenau hatte insgeheim und manchmal auch offen den arischen und blonden Menschen verklärt, diesen »Mutmenschen« setzte er als Kontrapunkt zur Dekadenz der mechanisierten vernunftgesteuerten »Furcht- und Zweckmenschen« der Gegenwart. Den Mutmenschen lud er mit utopischem Potenzial auf: Wollte die »Menschenheit Glück und Sinn«, führte an der Orientierung am seelenvollen Dasein dieser Mutmenschen kein Weg vorbei.

So seine antithetischen Kategorisierungen im Jahr 1912. Ein Krieg und drei bürgerkriegsähnliche Jahre danach teilte er seine Herablassung gegenüber der Banalität der Zweck- und Furchtmenschen immer noch. Damals aber hatten sich literarisch interessierte Zeitgenossen wie Ernst von Salomon diese polarisierende Zweiteilung der modernen Menschheit zu eigen gemacht und sich nun gegen den demokratisch gesinnten, ökonomisch versierten, an die Kraft der abwägenden Vernunft appellierenden Wiederaufbauminister Rathenau selbst gewendet.

Nun sei plötzlich jener selbst, so sahen sie es, ein verachtenswerter »Furchtmensch«, sie, die aus den primitiven Instinkten eines völkischen Putschterrorismus schöpfenden Waffenbrüder, dagegen waren nun die edlen Mutmenschen.

Man konnte gegen eine solche feindliche Übernahme von Begriffen und Archetypen auch Rathenaus eigene Bedenken in »Zur Kritik der Zeit« zitieren, wo es über die selbst gestellten Fallen des Zweckmenschen hieß: »… nun trachtet er das Verlorene mit List wieder zu gewinnen und pflanzt kleine Heiligtümer in seine mechanisierte Welt, wie man Dachgärten auf Fabrikgebäuden anlegt. Aus dem Inventar der Zeit wird hier ein Naturkult hervorgesucht, dort ein Aberglauben, ein Gemeinschaftsleben, eine *künstliche Naivität,* eine falsche Heiterkeit, ein Kraftideal, eine Zukunftskunst. *Halb gläubig, halb verlogen* wird eine Zeit lang die Andacht verrichtet, bis Mode und Langeweile den Götzen töten.«

Rathenaus hellsichtige Warnung vor repressiven, reaktionären Fluchten aus einer »entzauberten« Moderne in esoterische und rückwärtsgewandte Fantasiewelten gingen aber nicht so weit, sich vorzustellen, dass die neuen Anhänger der jüngsten Moden für ihre Götzen wirklich töten könnten.

Genau dies aber zogen Ehrhardts Männer und ihre Hintermänner aus Justiz, Adel und Militär seit einiger Zeit in Betracht.

Und Rathenau, einmal von ihnen als ein König der Furchtmenschen enttarnt, wurde für sie ein lohnendes Ziel.

Von Salomon erlebte diese zuckende Erkenntnis in diesem Moment im Volksbildungsheim. Ganz kurz, ganz schnell, ganz klar. »… jäh, aufreißend ein Tor zum Tode, von einem Blitzschlag erhellt, und schon vorbei. Vorbei, wie weggewischt, unwirklich nun und doch geschehen.«

Rathenau musste weg.

Für Kern, so erlebte es von Salomon, war Rathenau am Ende des Abends im Volksbildungsheim bereits ein Schatten im Jenseits.

Für Kern gab es Rathenau bereits nicht mehr.

Nach der Rede des Wiederaufbauministers standen noch einige zwanglos beisammen, unterhielten sich. Rathenau suchte wohl Blickkontakt zu Kern, aber der ging nur stumm an ihm vorbei.

Das Todesurteil schien gesprochen.

»Kern schob sich zögernd an ihm vorbei, und sein Gesicht schien augenlos«, beschrieb von Salomon die gespenstische Szene.

»BERAUSCHT VON DER UNHEMMBAREN KRAFT«

Für den Kaiser zu sterben, das war die tiefe Überzeugung von Salomons und vieler seiner Mitstreiter in der Organisation Consul, war ihre eigentliche Bestimmung – gewesen. Für diesen Kaiser und seinen Staat, Preußen, zu töten. In den Krieg zu marschieren.

Das war ihr Lebensziel gewesen.

»Alles Schöne ist von Anfang an schwer zu erringen, und zu sterben, als Soldat zu sterben, ist schön. Auch das Leben, wenn es so geführt wurde, dass ein anständiger Tod es bekräftigen kann«, sagte ein Leutnant in von Salomons autobiografischem Roman »Die Kadetten« zu ihm vor dem Einschlafen auf »Stube«. Der Erste Weltkrieg hatte gerade begonnen, eine seltsame, alles durchdringende Euphorie hatte sich damals in der Drillanstalt ausgebreitet.

Endlich.

Der Kampf stand vor der Tür. Und mit ihm der Ruhm, die Ehre, dem Schicksal endlich zu begegnen. Die lange, harte, oft auch quälende Vorbereitung zu vollenden. Sinnvoll zu siegen oder zu sterben.

Sinnvoll.

Die preußischen Kadettenanstalten waren die Koranschulen ihrer Zeit. Hochideologisch aufgeladene Institutionen, wo den Lernenden das Gehirn gewaschen und sie gedrillt wurden.

Damit deren Köpfe und Körper vollständig dem Kaiser und dem preußischen Staat gehörten, damit freie Entscheidung und Individualität ausgelöscht waren. Der Wille zerbrochen, aufgeteilt in Befehl und Gehorsam.

Mit der eigenen Person wurde auch das Umfeld, die Familie, quasi ausgelöscht. »Bleibt meine Mutter draußen?«, fragte von Salomon am ersten Tag in der Kadettenschule. Die Antwort kam sofort und unmissverständlich: »Was heißt da Mutter? Mutter gibt's nicht. Mutter ist zivil. Alte Dame heißt das.«

Die Jugendlichen gehörten nicht mehr zu ihrer Familie. Sie gehörten jetzt einer neuen, höheren, besseren Gemeinschaft an. Der weltlichen Religion des Wilhelmismus, dem Führer dieser Glaubensgemeinschaft, dem Kaiser.

Die Erwartungen des Kaisers an seine Soldaten waren klar, sie galten insbesondere für die junge Elite dieser Soldaten, den Kadetten.

»Ihr habt mir Treue geschworen«, so lautete das Credo des Kaisers gegenüber seinen nachrückenden Kämpfern bei Rekrutenvereidigungen, »das – Kinder meiner Garde – heißt, Ihr seid jetzt meine Soldaten. Ihr habt euch mir mit Leib und Seele ergeben, es gibt für euch nur einen Feind, und der ist mein Feind. Bei den jetzigen sozialistischen Umtrieben kann es vorkommen, dass ich euch befehle, eure eigenen Verwandten, Brüder, ja Eltern niederzuschießen – was ja Gott verhüten möge –, aber auch dann müsst ihr meine Befehle ohne Murren befolgen.«

Kadettenschulen waren ein Ort für die kommende Elite. Es gab keinen Beruf im Wilhelmismus, der dem des Offiziers an Sozialprestige nahekam. Die Uniform, die Schneidigkeit und Tapferkeit, die Opferbereitschaft, die Fähigkeit und Pflicht, das Reich und seine Menschen zu beschützen vor denen jenseits der Grenzen, die ihnen Böses wollten.

Spätestens seit den Reichseinigungskriegen bekam die ohnehin schon sehr hohe gesellschaftliche Wertschätzung des Militärischen in Preußen noch einmal einen Extraschub. Endlich war die Vereinigung der Deutschen vollbracht – und nun musste man das Reich verteidigen, und wenn es ging, vergrößern. Die anderen großen europäischen Nationen, England, Frankreich, waren in ihrem imperialistischen Streben weit voraus, sogar Länder wie Belgien bereicherten sich in Afrika in nie zuvor dokumentierter Brutalität. Die Deutschen waren spät dran.

Und wie, bitte schön, sollten sie bei diesem Wettrennen um die besten, gewinnträchtigsten Plätze an der Sonne den Rückstand aufholen ohne eine glänzende Flotte und furchteinflößende Truppen?

Unsere Soldaten, das war breiter Konsens, hielten ihre schützenden, schwer bewaffneten Hände über das Heil der Nation.

Dieser Konsens war überall spürbar. In den unzähligen Wehrvereinen, die gegründet wurden. In den Liedern, die in den Wirtshäusern gesungen wurden. In den sorgfältig geschneiderten Uniformen, die nun tief in das bürgerliche Leben eindrangen und den neuen Stil prägten. Schließlich im Öffnen des früher für den Adel reservierten Offizierskorps für die vermögende bürgerliche Klasse.

Der niedere Adel, dem auch die von Salomons angehörten, sah sich zusehends bedrängt. »Des Königs Rock wärmt, aber er ist eng«, hatte es lange geheißen, allein die adeligen Offiziere waren nicht auf die Idee gekommen, sich über die chronische Geldnot infolge der dürftigen Bezahlung zu beschweren. Man war stolz auf diesen kargen, spartanischen Stil. Waren nicht selbst militärische Tapferkeitsauszeichnungen aus einfachem Eisen gefertigt statt aus Silber oder Gold? Hatte Wilhelm I. nicht noch auf seinem eisernen Sterbebett klaglose Pflichterfüllung zelebriert mit seinem letzten Satz »Ich habe keine Zeit, müde zu sein«.

Aber nun drängten selbst verwöhnte hanseatische Kaufmannssöhne in das Offizierskorps, besonders erfolgreich in der Marine, und sie machten das Leben, in dem stets das preußische Diktum von »mehr Sein als Schein« gegolten hatte, immer kostspieliger.

Pferde, Garderobe, Achtzimmerwohnung mit einer Extratreppe für Dienstboten am Berliner Lietzensee, kostspielige Gesellschaft mit Kaviar im Eisblock, Mut, der in Friedenszeiten vor allen Dingen in Spielkasinos mit halsbrecherischem Zockertum bewiesen wurde, das alles ging ins Geld.

Ende des 19. Jahrhunderts war es deswegen in Mode gekommen, dass adelige Offiziere sich querfinanzieren ließen durch eine gute Partie aus dem aufstrebenden Bürgertum. Es kam vor, dass die unter akutem Geldmangel leidenden Herren sich dazu herablassen mussten, per Zeitungsannonce eine Dame zu suchen, die ihnen mittels Heirat den Zierrat ihres doch so männlichen Berufs finanzieren sollte. Die bürgerliche Klasse, eigentlich verachtenswert mit ihrem Krämer- und Sicherheitsdenken, aber nun gut, wenigstens waren ihre Töchter im Zweifelsfall als Geldschatulle zu gebrauchen.

Geld war auch bei den von Salomons stets ein Problem. Ende des 18. Jahrhunderts war die Familie aus dem Elsass nach Preußen übergesiedelt und hatte im Königreich mittlere Ämter in Justiz, Verwaltung und Militär bekleidet.

Man diente dem Staat, man war aufgehoben, aber sorgenfrei leben ließ sich davon nicht. Von Reichtum zu träumen verbot sich. Mehr Sein als Schein, dieser preußische Wert durchzog die Familie. Aber die Versuchung nach besseren Anwesen und schöneren Gespannen gab es trotzdem, vor allem, nachdem Ernst von Salomons Urgroßvater als Gutsherr verarmt war. Quasi wehrlos, einfach so. Als sei Armut eine Krankheit, gegen die noch keine Medizin erfunden sei.

Der Großvater versuchte, es besser zu machen, ging nach Liverpool, wo er als Kaufmann nun endlich den ewigen Geldsorgen ein Ende bereiten wollte. Aber nur um in der Hafenstadt in den Bankrott zu rasen. Eine Niederlage, von der er sich nicht mehr erholte, auch im preußischen Kiel nicht, wohin er sich zurückgezogen hatte. Die Söhne, Ernst von Salomons Vater Felix und Bruder Karl, versuchten Karrieren als Offiziere, nur um abermals am Geld zu scheitern. Sie mussten einsehen, dass sie sich unter dem protzenden Wilhelm II. den zunehmenden Luxus der preußischen Armee nicht leisten konnten. Felix sattelte nun um, wurde Kriminalinspektor, sein Bruder fand stark verschuldet in der französischen Fremdenlegion Aufnahme. Im Jahr 1909 wurde Felix zum Abteilungsleiter in Frankfurt am Main befördert, wohin die Familie umzog.

Dieser Statusverlust, nicht mehr dem »edelsten Berufe« anzugehören, wie Ernst das Militär später nennen würde, kränkte die Familie und ließ gleichzeitig eine Verachtung für die bürgerliche Klasse bei ihnen wachsen, als einer Schicht von Parvenüs und Protzern. Verweichlichte Genussmenschen, denen der heilige Ernst für den Geist der Armee fehlte, verfluchte Mitläufer, die sich nur in die Armee drängten, weil es als chic galt. Ekelhafte Verschwender, die sich nur deshalb in den Offiziersberuf hineingeschummelt hatten, weil dieser für sie ein idealer Ort war, um auf frisch gestriegelten Rassepferden den teuer aufgeputzten Damen der Berliner Gesellschaft im Tiergarten entgegenzudefilieren.

Ernst von Salomon entwickelte aus diesen Erfahrungen und Beobachtungen eine tiefe Verachtung für alles Bürgerliche, die ihn zeit seines Lebens nicht mehr verlassen würde.

»Nun war ich in einem Beamten-Haushalt aufgewachsen und erinnerte mich wohl des ständigen Unbehagens, welches durch die Diskrepanz zwischen einem schmalen Einkommen und dem Zwang zu einem standesgemäßen Auftreten verursacht wurde«, schrieb von Salomon später in seinem Buch »Der Fragebogen«. »Mehr noch, ich erinnere mich mancher sehr unwirscher Aussprüche meines Vaters, der ein moralisch ungewöhnlich gefestigter Mann war und der nichts mehr hasste, als den immer stärker spürbaren Zwang ›über seine Verhältnisse zu leben‹, einen Zwang, der notwendig zum Selbstbetrug führte und über diesen hinaus mit Leichtigkeit zum Betrug an anderen. So lernte ich schon frühzeitig verachten, was mein Vater bitter ›die bürgerliche Fassade‹ nannte und späterhin das ›Bürgerliche‹ überhaupt, als ich zu erkennen glaubte, dass es überhaupt nur noch durch die Fassade zu wirken verstand.«

Die Wohnung der von Salomons lag in der gutbürgerlichen Rothschild-Allee, Sohn Ernst besuchte das humanistische Lessing-Gymnasium, die Institution, aus der die zukünftige Elite der Stadt hervorgehen sollte.

Ernst war kein guter Schüler. Besonders Latein bereitete ihm Schwierigkeiten. »Non scholae, sed vitae discimus« stand über der Pforte der Schule in Stein gemeißelt.

Aber auch wenn man, wie dort oben ausgebreitet, nicht für die Schule, sondern für das Leben lernte, waren doch auch dafür gute Noten wichtig. Von Salomon hatte diese Noten nicht – und um nicht beim Wettrennen um seinen Berufswunsch, Professor der Medizin, mit der kindlichen Abenteueroption auf »Schiffsarzt« schon jetzt abgehängt zu werden, fälschte er eine Unterschrift der Mutter unter eine Lateinarbeit, die wieder einmal katastrophal verlaufen war. Der Vater zog drastische Konsequenzen. Er schickte den erst zwölf Jahre alten Sohn in eine der berühmten Kadettenschulen nach Karlsruhe.

Die Welt, auf die von Salomon traf, war hart. Als Neuling stand er ganz unten in der Hackordnung, und gehackt wurde rund um die Uhr. Strammes Treten nach unten, das war die Mechanik des Prozederes – und wer nicht nach unten trat, galt als Weichei, das damit rechnen musste, aus der Kadettenanstalt zu fliegen.

Als Neuling war von Salomon der »Sack« oder auch der »Schlappsack«.

»Bist du ein Nachtschiffer?«, hieß eine der ersten Fragen, die ihm ein Vorgesetzter stellte. Wehe, wenn er nachts ins Bett pinkle. Man war zu acht auf »Stube«, acht geschorene Köpfe, eine Uhr, ein Kaiserbild, ein Spucknapf. »Wir fangen ganz von vorne an«, erklärte ein Vorgesetzter die systematische Gehirnwäsche zum Sterben- und Tötenlernen. »Alles, was Sie bisher erlebten, sahen und begriffen, haben Sie zu vergessen. Alles, was Sie nun erleben, sehen und begreifen, geschieht, um Sie würdig zu machen für das Ziel, das Sie sich vorgesetzt. Sie haben von nun an keinen freien Willen mehr; denn Sie haben gehorchen zu lernen, um später befehlen zu können. Sie haben von nun an nichts anderes zu wollen, als was Sie zu wollen haben. Wenn Sie aber nicht wollen, meine Herren, dann fress' ich Sie auf mit Haut und Haaren und spucke Sie wieder an die Wand, dass Sie kleben bleiben. Stillgestanden.«

Die Angst, unterzugehen in diesem Kosmos von Befehl und Härte, ließ von Salomon zu einem willfährigen Werkzeug seiner Vorgesetzten werden, zu einem winzigen Teil der Maschine. Er selbst empfand diese Instrumentalisierung anders – als Selbstermächtigung. Er hatte das Gefühl, besser zu werden – zäher, schneller, härter, gewissenloser, kälter. Das Gewissen war jetzt der Kaiser, und er hatte nur noch zu tun, was der Kaiser wollte oder was der Kaiser wollen würde.

Wer einen Befehl verweigerte, zum Beispiel als Nichtschwimmer nicht in ein eiskaltes Becken sprang, um unterzugehen, der geriet in »Verschiß« – jenen Zustand, den die meisten Kadetten weit mehr fürchteten als den Tod. »Verschiß«, das war so, als hätte man Lepra oder eine andere ansteckende tödliche Krankheit. Niemand sprach mehr mit dem Ausgestoßenen oder würdigte ihn auch nur eines Blickes – bis irgendwann ein Angehöriger aus der Welt draußen kam und den Schandfleck entfernte, den in Verschiss Geratenen zurückholte ins Zivilleben.

Die Gefühle, die von Salomon beim Strammstehen, Absaufen, Untergehen und Fast-Ertrinken, beim Durch-den-Dreck-Robben und Marschieren bis zur Bewusstlosigkeit empfand, kennt man von Langstreckenläufern und Radrennfahrern, die Bergpässe mit hohem Tempo überqueren müssen. »Schwer atmet die Lunge«, »alle Adern füllen sich mit brennendem Saft«, aber diese Qual, das Adrenalin, die Zucht, das »zerfetzte Keuchen« wichen zuverlässig und, von den Vorgesetzten ideologisiert, dem seltsamen Rausch in der Gruppe, als große Maschine über etwas herzufallen, den imaginären Feind zu vernichten.

»… aus dem Blut, aus den Knochen platzt das Hurra, steigert sich im Anprall mit der Luft zum gellen Heulen, nun sind wir selber Sturm, sind selber Gewalt, unaufhaltbar, zermalmend, Stoß und Kraft, brechen in den Waldrand, trampeln über Gebüsch und Wurzeln, uns berstend auf den Gegner zu werfen. Weit rennen wir ohne Widerstand, taumeln über das Ziel hinaus, lachend und besessen und berauscht von der unhemmbaren Kraft …«

Es sind Erfahrungen wie diese, wiedergegeben in exaltiertem, verquerem Expressionistendeutsch, in einer Sprache, hinter deren quasireligiösen Beschwörungsformeln noch ein verlorener Junge zu spüren ist, der seine Angst übertönt, die von Salomon zum Überzeugungstäter hochschrumpfen lassen. »Sport?«, fragte er angeekelt. Nein, dieses Rennen, Schießen, Sich-im-Dreck-Wälzen, Vor-Angst-zitternde-Nichtschwimmer-ins-eiskalte-tiefe-Wasser-Stoßen, das war kein Sport.

»Unser Tun«, sagte von Salomon weihevoll, »war Dienst.«

Dienst wurde eine Droge. Hineinzupassen in die Maschine, eine pervertierte Zugehörigkeit zu spüren, einen Heimatersatz. Es sollte Schluss sein mit eigenen Gedanken und Träumereien. Von Salomon betete jetzt die Mantras des preußischen Militarismus. »Das tun zu können, was befohlen war, seht, das wog jede Freude am ungebundenen Schweifen doppelt auf. Der Dienst ging weiter, er füllte mehr als den Tag. So gab es kein graues Einerlei, das Leben war bunt wie die Uniformen, bunt und barbarisch wie der Waffenrock.«

Die »Kadetten«, schwärmt er, »Seminaristen der Armee, wurden weltlichen Exerzitien unterworfen, nicht anders als die Seminaristen der Kirche geistlichen«.

Es war also mehr als nur »sterben lernen«, was von Salomon in der Kadettenschule erfuhr. Es war eine vollkommene Gehirnwäsche. Der Waffengang, der Krieg, bekam eine metaphysische Dimension.

»Wer kann da widerstehen?«, fragte von Salomon. Und dann sang er seinen Psalm, im Stil des überall verbreiteten romantischen Soldatenkitschs, der eine ganze Generation in die Schützengräben des Ersten Weltkriegs getrieben hatte: »Wer setzt sich entgegen der Gewalt, der Jugend und der Disziplin, der breiten Tausendfalt, geformt zu einem Willen? … So marschiert das Regiment, in Tempo hundertvierzehn, zwölf Kompanien, kriegsstark, todbereit, neunzig Schuss jedermann in der Patronentasche, im Tornister Munition und harten Zwieback, Mantel gerollt und Stiefel neu. Muskeln wie Stränge, breite Brust und hartes Gelenk, und die Mauer dieser an Zucht geborenen Körper, das ist die Front, das ist die Grenze, der Angriff, Element des Sturmes und des Widerstandes, und hinter ihr bleibt Deutschland, das Heer zu speisen mit Mann und Brust und Munition.«

»GEWALTSAME BESCHRÄNKUNG
AUF DAS MECHANISCHE«

Man kann sagen, dass der Erfinder Thomas Alva Edison ein durchaus fleißiger Mensch war. Er hat 1093 Patente eingereicht, darunter den Phonographen, die erste Filmkamera, die Schreibmaschine, den elektrischen Stuhl und, seine wohl größte Erfindung, die Glühbirne. Edison schlug mit diesen Patenten großflächige Schneisen in jene Zukunft, aus der sich später einmal die Kultur des 20. Jahrhunderts formen sollte, wegen der prägenden Kraft der USA auch das »amerikanische Jahrhundert« genannt.

»Genie«, pflegte Edison zu sagen, »is one percent inspiration and ninety-nine percent perspiration« – und wenn man Perspiration mit der Verdunstung von menschlichem Schweiß übersetzt, wird klar, was Edison mit Genie meinte: jemand, der mit einem Funken Verstand und harter menschlicher Arbeit in der Lage ist, große Dinge zu vollbringen.

Walther Rathenaus Vater Emil wäre nie auf den Gedanken gekommen, sich als Genie zu bezeichnen, er war viel zu beschäftigt, im ruppigen Norden Berlins das auf industriellem Niveau voranzutreiben, was man unter technischem Fortschritt verstand.

Nach dem Sieg gegen Frankreich im Jahr 1871 hatte das neu entstandene Deutsche Reich zu einer rasanten Aufholjagd angesetzt, die Einwohnerzahl Berlins vervierfachte sich in nur vier Jahrzehnten auf 3,7 Millionen, und das Tempo, das die Metropole erfasst hatte, trieb auch Emil Rathenau. Mit 37 Jahren hatte er die Anteile seiner Dampfmaschinenfabrik in der Berliner Chausseestraße gut abgestoßen und hätte danach ein ehrenwertes Leben als Rentier führen können.

Aber Ruhe lag Rathenau nicht.

Er wollte die Speerspitze des technischen Fortschritts, dem er sich mit Haut und wucherndem Backenbart verschrieben hatte, weiter behämmern. Formen. Zuspitzen.

Um Geld ging es dabei nur am Rande. Zwar lebten seine Eltern – der Vater war Getreidehändler – bereits früh als Rentiers ein behagliches Leben in einem geräumigen Anwesen samt großzügig bestückter Dienerschaft im Berliner Tiergartenviertel, aber Geld war für Emil nur ein Mittel zum wirklichen Zweck seines Daseins: ein Unternehmer und Fabrikant zu sein, der die Zukunft formte und sich dadurch Respekt erwarb.

Großen Respekt.

Wäre schon schön, wenn der Kaiser einmal zum Tee vorbeikäme.

Der Berliner Bankier Carl Fürstenberg sagte über Emil Rathenau: »Er begreift und billigt alles bis zum Betrag von 300 Mark, dann kommt eine Lücke, innerhalb derer er finanzblind ist. Erst bei 3 Millionen fängt das Verständnis wieder an.«

Auf der Suche nach dem nächsten großen Ding war Emil jahrelang von Weltausstellung zu Weltausstellung gefahren. 1873 nach Wien. 1876 Philadelphia. 1878 Paris. Es war nicht wirklich etwas dabei, was er für wirtschaftlich verwertbar hielt. Das änderte sich drei Jahre später auf der »Internationalen Elektrizitätsausstellung«, ebenfalls in Paris, wo Emil buchstäblich ein Licht aufging, in Form eines Glaskolbens, in dem ein Glühfaden aus verkohlten Bambusfasern eingeschlossen war. Das Patent darauf hatte Thomas Alva Edison. Emil schlug dem Gründer Werner von Siemens eine Kooperation vor, aber der winkte ab. Also blieb Emil wenig anderes übrig, als die europäischen Rechte auf Edisons Patent alleine zu erwerben.

Die massenhafte Nutzung von elektrischem Licht, das dämmerte Emil, war etwas Ungeheueres, die Welt Veränderndes. Eine Revolution der Wohnzimmer, Häuser, Kneipen, Theater. Licht dorthin bringen, wo es sonst dunkel war. So ähnlich wie Gott. Nur per Knopfdruck. Auch an Orte, wo die Sünde herrschte. Vor der Glühbirne waren alle Menschen gleich.

Für so etwas Großes musste sich Emil Geld leihen. Die Banken fassten Vertrauen in sein Projekt, und mit fünf Millionen Mark Kapital gründete er im April 1883 die »Deutsche Edison Gesellschaft für Angewandte Elektrizität«, aus der sich die AEG entwickelte.

Ein Jahr später kam Edison auf einer Art Inspektionsreise in Berlin vorbei. Rathenau zeigte ihm die Anlagen, bekam anerkennende Worte, und abends gab es ein Souper bei Rathenaus zu Hause, bei dem auch der 17-jährige Walther und sein Bruder Erich, Lieblingssohn des Vaters und technisches Großtalent, zugegen waren. Scherzhaft fragte Emils Frau Mathilde, ob es denn stimme, dass Edison aus den Gesichtern der Menschen deren Eigenschaften und besondere Fähigkeiten lesen könne.

Der Erfinder bejahte.

Wie es denn um Erich bestellt sei, wollte die ambitionierte Mutter wissen. »Er ist der geborene Techniker«, antwortete Edison.

Wohlgefälliges Schmunzeln in der Runde.

Und Walther?

Edison zögerte und sagte dann den für ein allwissendes Genie besonders schönen Satz: »He knows things I have no idea of.«

In der Tat haftete Walther von Anfang an etwas Mysteriöses an. Er war ein Vielbegabter, hatte von seiner Mutter, die im Frankfurter Großbürgertum groß geworden war, die südlichen Züge und eine Vorliebe für die Musen geerbt, für Theater, Musik, Literatur, dazu war er ein begnadeter Zeichner. Nur, dieser Teil des Lebens interessierte den technikbesessenen Unternehmer Emil überhaupt nicht. Theater vielleicht gerade noch, weil man dort eine Menge Glühbirnen installieren könnte. Die Firma, das war Emils großes und einziges Thema, und es wurde wieder aufgewärmt bei jeder Mahlzeit, auch sonntags. Erich, der mit schweren gesundheitlichen Problemen zur Welt gekommen war, galt als Emils Liebling, blindes Verständnis, der angestammte Thronfolger. Walther, der Vielbegabte, blieb Emil lange fremd, die Liebe des Vaters, wenn es sie denn gab, erlebte er als kühl und distanziert. In jedem Lob schwang auch Kritik mit. Stets spürte Walther, dass er nicht Erich war, der Abgott von Emil, deshalb in der Familie bald »Gold« genannt.

Im Gegensatz zum tatkräftigen glücklichen Erich schien Walther der Suchende, Wartende, Unerlöste zu sein. Die vermeintliche Knickrigkeit des Vaters, der fast alles Geld in die Firma steckte, der die Familie karg hielt, erzürnte den Erstgeborenen. Mit 13 Jahren schrieb er sein erstes Gedicht, ein Geburtstagsgeschenk an die Mutter. Auf einem Blatt Papier war ein Geldsack zu sehen, den Walther gemalt hatte, dazu die Zeilen

»Stirb Ungeheuer!
Du aller Sorgen
Du allen Kummers
drückende Last.«

Das Ungeheuer – das war auch Emil, der die gesamte Aufmerksamkeit der Familie für sich und seine Firma beanspruchte und alles, was nicht AEG war, als überflüssig behandelte, als nicht existent.

Emil, ganz dem Diesseits verhaftet. Stämmig, energisch, sich seinen Weg bahnend mit seinen Zahlen und Glühbirnen.

Widerspruch zweck- bis sinnlos gegenüber einem Weltgeist, der Emil mit dicken Backen in den Rücken blies. Der hämmernd, walzend die zweite Welle der Industrialisierung vorantrieb und den Komfort für jene in die Höhe schraubte, die die Maschinen beherrschten. Wasserklosetts in ihre luxuriösen Wohnungen pflanzte und Automobile in prunkvoll ausgestattete Garagen. Das eiserne Soldatenbett von Wilhelm I., dieses Symbol preußischen Spartanismus, es rostete dahin, irgendwo auf dem Dachboden der Geschichte.

Dagegen Walther, der Feine. Stets mit langen Wimpern in die Ferne blickend. Ein wenig verpeilt, aber gerne ein Buch zum Lesen dabei, wenn er wieder einmal zur Strafe in der Ecke stehen musste.

Nur, was erblickte er, wenn er in die Ferne schaute? Etwas Seltsames, Metaphysisches, Göttliches?

Es war jedenfalls ganz und gar nichts Religiöses. Im Leben der Familie Rathenau spielte die prachtvolle 1866 fertiggestellte Synagoge in der Oranienburger Straße keine nennenswerte Rolle, weder für Erich noch für Walther wurde eine Bar-Mizwa gefeiert, Walthers Hebräisch war bestenfalls rudimentär und fehlerhaft.

Emil galt als »liberaler Jude«, und die Verfassung des Reichs von 1871 hatte die Juden formal gleichgestellt. Trotzdem konnte von Gleichstellung, wenn es um wichtige Ämter innerhalb des Staates ging, nicht die Rede sein. Eine Karriere als Offizier oder Reserveoffizier der Armee war einem Juden versperrt, ebenso eine Laufbahn im höheren Beamtentum. Verglichen mit Ländern wie Frankreich oder Russland, fühlten sich die meisten Juden in Deutschland jedoch trotzdem einigermaßen sicher und so gut aufgehoben, dass sie Vertrauen in ihre Zukunft und die ihrer Kinder hatten.

Trotz dieser formalen Gleichberechtigung war der Antisemitismus im Deutschen Reich nie weg – und das Tempo der zweiten industriellen Revolution ließ ihn sogar stärker werden. »Der jüdische Geist« wurde für viele Zumutungen der kapitalistischen Modernisierung und Ausbeutung verantwortlich gemacht, ein böses Phantom, das angeblich auch hinter den Gegenprogrammen zum Kapitalismus stand, hinter Sozialismus und Marxismus.

Nicht besonders verwunderlich also, dass in diesem gesellschaftlichen Klima von Aufbruch, Umbruch, aber auch Zusammenbruch die Juden als Sündenböcke für viele Zukurz-Gekommene und Verlierer herangezogen wurden. Wenn es ungemütlich wurde im Reich, war dies selten den rechtschaffenen Germanen zuzuschreiben, sondern jenen

»fremdartigen Elementen«, zu denen die Juden trotz der Verfassung weiterhin gezählt wurden.

Durch die jahrhundertelange Ausgrenzung waren einige von ihnen gezwungen, sich mit den Risiken in Handel und Bankenwesen auseinanderzusetzen. Risiken, die wehtun konnten und die jene Menschen, die über andere gesellschaftliche Aufstiegswege verfügten, dankend zurückwiesen. Nach dem Börsenkrach von 1870 hieß es prompt, er sei herbeigeführt worden durch schmutzige jüdische Geschäftspraktiken und wilde Börsenspekulationen. Ein wohlfeiles Stereotyp, das auch der bekannte Historiker Heinrich Treitschke aufgriff, als er von einer »schweren Mitschuld« schrieb, die das »Semitentum« an »Lug und Trug, an der frechen Gier des Gründer-Unwesens« gehabt habe.

Zwar war es möglich, durch Taufe und Konvertieren die jüdische Identität ganz aufzugeben, aber die meisten deutschen Juden lehnten jenes »Entreebillet«, das beispielsweise der Dichter Heinrich Heine gewählt hatte, ab. Auch Walther Rathenau scheint es für anbiedernd gehalten zu haben. An der Straßburger Universität, schrieb er an seine Eltern, könne man hin und wieder getauften Juden begegnen, Christen »aus Überzeugung«, wie er voller Sarkasmus bemerkte. Wenn sie sich wenigstens »aus politischen Rücksichten, aus Vorsicht, aus sozialen Gründen« hätten taufen lassen, »aber aus Überzeugung, das ist unserer Epoche nicht würdig«.

Das »Entreebillett« – es war ein Phänomen, an dem sich Walther Rathenau immer wieder gerne rieb. Und an seiner Geringschätzung des Konvertierens ließ er keinen Zweifel aufkommen. »Ein getaufter Jude ist immer noch kein getaufter Christ«, sagte er einem Freund, der diese Mühe auf sich nehmen wollte, um beim Militär bessere Aufstiegsmöglichkeiten zu haben. Dazu erklärte er dem Freund, dass er nach der Taufe auf eine reiche Heirat nicht mehr zu hoffen brauche. Ein Konvertierter sei weder für eine hübsche reiche Jüdin ein interessanter Heiratskandidat noch für eine hübsche standesgemäße Christin.

Rathenau betonte sein Jüdischsein ungern, aber er war viel zu stolz und selbstbewusst, um es gegenüber seiner Umwelt zu verbergen. Als in einer Gaststätte während seines Studiums jemand lästerte, »seitdem die Juden in dem Lokal verkehrten, wäre es dort nicht mehr zum Aushalten«, forderte einer von Rathenaus Freunden »Satisfaktion«. Die anderen unterstützten ihn, der Druck auf den Beleidiger wirkte. Am nächsten Morgen habe jener, wie Rathenau befriedigt bemerkte, »feierlichst revoziert«.

Als Angehöriger der obersten Schicht des Industriebürgertums war sich Walther seiner privilegierten Stellung wohl bewusst. Klar, in seinem ersten Gedicht hatte er dem Geld in Form eines Sacks als »Ungeheuer« Tod und Teufel gewünscht, aber bald wurde ihm während seines Heranwachsens deutlich, dass materieller Wohlstand ihm Freiheit und Unabhängigkeit sichern könnte. Ihn zudem auch antisemitischen Heimsuchungen gegenüber nicht schutzlos dastehen lassen würde. Geld – das war für den jungen Rathenau auch ein Abwehrschild und die gleichzeitige Garantie, dass ihm niemand so schnell würde auf der Nase herumtanzen können.

Ein Herr sein, unabhängig, selbstbewusst, dieses preußische Ideal beanspruchte auch Walther für sich, und Geld würde ihm dabei helfen.

Im Berliner Wilhelm-Gymnasium im Tiergarten wurde

die herrschende Klasse von morgen herangezogen – und genau hier schliff man wieder und wieder Walther den feinen Unterschied ein, die Gewissheit, dass er in diesem Establishment des Wilhelmismus womöglich verdammt war, ein doppelter Außenseiter zu bleiben.

Als Kind eines Unternehmers, geprägt von materiellen Werten wie Gewinn und Nutzen im Gegensatz zu den vermeintlich ewigen höheren Werten des preußischen Adels, Militärs und höheren Beamtentums. Und als Kind einer jüdischen Dynastie, die genau aus dieser Sphäre ferngehalten wurde. Später, im Jahr 1909, würde Rathenau über diese Zeit bitter schreiben: »Noch 1880 wagte der werdende Bürger nicht, sich menschlich frei zu fühlen. Der Krieg hatte alle Kränze dem Heer zugesprochen, Bismarck hatte den bürgerlichen Liberalismus besiegt und den Besiegten verächtlich gemacht; eine Generation verließ die Schule entweder konservativ oder von Phraseologien verärgert und sozial rebellisch.«

Im Jüdischsein potenzierte sich Walthers Entfremdung. Eine Karriere, wie sie seine Klassenkameraden anstrebten, an die Schalthebel der politischen, exekutiven und militärischen Macht, blieb ihm als Juden verstellt, und diese Apartheid deutscher Prägung brannte sich dem begütert Heranwachsenden fest ein. Das Geld war sein Schicksal, es war Sicherheitsrelais und Garant einer gewissen bürgerlichen Freiheit. Aber als Jude stigmatisierte einen Geld auch. Er war gefangen in einem gut ausgestatteten Käfig.

»In den Jugendjahren eines jeden deutschen Juden«, schrieb er 1911 rückblickend auf diese Zeit, »gibt es einen schmerzlichen Augenblick, an den er sich zeitlebens erinnert: wenn ihm zum ersten Mal voll bewusst wird, dass er als Bürger zweiter Klasse in diese Welt getreten ist und keine Tüchtigkeit und kein Verdienst ihn aus dieser Lage befreien kann.«

Seine früh erwachte Sehnsucht nach höheren »Werten« jenseits von Handel und Gewinn trieb nicht Walther allein, sie wurde von einigen der hochbegabten Söhne des jüdischen Großbürgertums geteilt. Manche suchten die höheren Weihen in Kunst und Kultur, wie zum Beispiel die Bankierssöhne Carl Sternheim oder Hugo von Hofmannsthal oder der Fabrikantensohn Stefan Zweig, der schrieb: »Unbewusst sucht etwas in dem jüdischen Menschen, dem moralisch Dubiosen, dem Widrigen, Kleinlichen und Ungeistigen, das allem Handel, allem bloß Geschäftlichen anhaftet, zu entrinnen und sich in die reinere, die geldlose Sphäre des Geistigen zu erheben, als wollte er – Wagnerisch gesprochen – sich und seine ganze Rasse vom Fluch des Geldes erlösen … Gerade die mächtigsten Dynastien finden ihre Söhne unwillig, die Banken, die Fabriken, die ausgebauten und warmen Geschäfte ihrer Väter zu übernehmen.«

Bei aller Zerrissenheit entschied sich Rathenau doch nicht, auszubrechen, sondern das Bewährte, in der Familie Angelegte zu verfolgen: Er begann ein Studium der Physik, Chemie und Mathematik in Straßburg. Aber schon bald ging ihm die Materie auf die Nerven, und er beklagte sich in Briefen an die Mutter. Er blieb ein durchschnittlicher Student, andere zogen an ihm vorbei, er flüchtete abermals. Nicht in die Zeichenkunst, wo er sich schon bewährt hatte, sondern in das Schreiben. Mit »Blanche Trocard« verfasste er ein Ehedrama in zwei Akten. Er ließ es auf eigene Kosten drucken, das Staatstheater Frankfurt lehnte ab. Eine

Niederlage, die er für sich behielt und die er tilgen wollte, indem er alle Exemplare verbrannte bis auf jenes in Frankfurt, das seine Mutter nach seiner Ermordung zugeschickt bekam. Entmutigt brach er seinen Fluchtversuch ab und zog sein Studium lustlos, aber jetzt auch klaglos durch. Als er im Herbst 1889 zu spät zu einem Abendessen bei seinen Eltern erschien, entschuldigte er sich damit, dass er gerade seinen Doktortitel bekommen habe. Titel seiner Dissertation: »Die Absorption des Lichts in Metallen«.

Zum nächsten Fluchtversuch geriet Rathenau ausgerechnet seine Militärzeit. Er diente bei den Pasewalker Gardekürassieren, einer besonders kostspieligen Garnison, wo die jungen Rekruten, meist adelige, einen luxuriösen Lebensstil pflegten. Ein Foto aus der Dienstzeit zeigt Rathenau als einen jungen Dandy, der mit hohen schwarzen Schaftstiefeln, blitzendem Degen, schneeweißer Uniform und penibel poliertem Harnisch ohne jede Ironie und scheinbar frei von jedem Zweifel der Kamera entgegenschmachtet. Endlich scheint er den richtigen Rahmen für sich gefunden zu haben. Tiefe, stille Zufriedenheit im Blick.

Mehrmals gab er Vertrauten zu verstehen, dass es sein »Herzenswunsch« sei, Offizier zu werden.

Wie in der Schule wurde ihm auch in der Armee wieder vorgeführt, dass ein Jude selbst im vermeintlich aufgeklärten Preußen ein Mensch zweiter Klasse blieb. Nicht einmal zu einem Bier wollte sich ein Offizier von ihm bei einem Trinkgelage einladen lassen. Misstrauen auf der ganzen Linie. Der Offizier bestand darauf zu bezahlen. Denn ein Jude, so das Vorurteil der preußischen Offiziersklasse, gibt nur etwas, wenn er Geld dafür bekommt.

Trotz dieser Ablehnung träumte Walther davon, dazuzugehören. Die Armee, dieser Hort gleichaltriger Männer, schien ihm ein höherer, besserer Ort. Keine Klagen mehr Richtung zu Hause. Kein Selbstmitleid. Keine endlosen Briefe mehr an die Mutter über geschmackvolle Innen-einrichtungen, speziell Tapeten! Nicht mehr wie noch in Studentenzeiten: »Vor den Tapeten fürchte ich mich sehr. Ich bin sicher, sie haben große Muster oder Rokoko-Me-daillons. In Papas Zimmer wäre Ledertapete ganz gut. Aber man muss mit Muster und Ton sehr vorsichtig sein. Nur keine japanische!«

Ein deutscher Offizier werden, das war nun Rathenaus große Sehnsucht. Rein äußerlich erfüllte er alle Vorausset-zungen: Gardemaß, sportlich, dazu geschmeidig, geschickt und wohlhabend. Aber das große Hindernis »Jude« konnte all diese Pluspunkte nicht eliminieren. Wenn es um wirkli-che Verlässlichkeit und Loyalität ging, um wahre Ritterlich-keit für den Kaiser und das Heilige Reich, dann, so war der bittere Subtext dieser Tradition, dann konnte man auf den Juden nicht zählen. So kam Rathenau bei allem Sich-beru-fen-Fühlen, bei allem brennenden Ehrgeiz, bei den Garde-kürassieren über den Dienstgrad eines »Vizewachtmeisters« nicht hinaus.

Die Tür zu einem deutschen Paradies verriegelt – wieder einmal.

»Es kam die Zeit«, schrieb Rathenaus späterer guter Freund, der Theaterkritiker Alfred Kerr, über diesen Sehn-suchtsort, »da Walther für etwas gedankenlose Söhne hol-steinischer Bauern eine Bewunderung an den Tag legte, die für sich betrachtet hübsch, doch in ihrem Grad und ihrer Absicht befremdlich war. Wenn Sie beim Militär möglichst unbekümmert und inhaltslos aufs Pferd stiegen: das fand er nicht nur herrlich, sondern darin lag für ihn ein tiefes Symbol, ein erstrebenswertes Ideal irdischen Daseins.«

Trotzdem: Er gehörte nicht dazu. Die von ihm angehimmelten Junggermanen und Parade-Arier blieben in ihrer Welt und er in seiner. Zwar würde das Rathenaus wohl lebenslange Sehnsucht nach den blonden, blauäugigen Siegfried-Typen nicht schrumpfen lassen. Im Gegenteil: Eine seiner späteren Grundhaltungen, die Einteilung der Welt in »Furcht-« und »Mut-Menschen«, fand in seiner Militärerfahrung ihren Ursprung. Aber die Monate bei den Gardekürassieren meißelten auch die Gewissheit bei Rathenau heraus, als Jude auf Dauer ein Deutscher zweiter Klasse zu sein.

Nicht selten hatte er sich während seines Studiums bei seiner spottlustigen Mutter Mathilde über einige seiner jüdischen Kommilitonen beschwert, sich selbst stellte er dabei als besonders kultivierten deutschen Juden heraus. Aber bei den Gardekürassieren spielte das keine Rolle. In den Augen der unbekümmerten Bauernbubenreiter und auch Herrenreiter war und blieb er einer von »denen«, den Juden.

Mit dieser Erfahrung im Gepäck wurde Rathenau klar, dass er seine Karrierevorteile nicht aufgeben, sondern umarmen musste, indem er sie in der elektrotechnischen Industrie ausbaute.

Aber wenn er gehofft haben sollte, dass er in einer Sänfte auf einen hohen Posten in der AEG getragen werden würde, wurde er enttäuscht. Sein Vater, der harte Ausbildungs- und Praxisjahre in Polen und England absolviert hatte, wollte, dass der schwierige Vielbegabte sich bewährte.

Ein Ort, an den es den jungen Metropolbewohner Walther verschlug, hieß Schaffhausen, ein eigentlich idyllisches Schweizer Städtchen am idyllischen Rheinfall. Aber Walther hatte keine Antenne für die Reize der Provinz, dafür jede Menge Verachtung. Wenn er sich an seine Mutter wandte, goss er den Spott literweise aus über die in seinen Augen dürftigen Veranstaltungen, denen er in dieser Diaspora des Geistes ausgesetzt war.

Nicht einmal das gesellschaftliche Ereignis der Saison in Schaffhausen, der Kasinoball, vermochte es, das anspruchsvolle Großstadtgemüt Walthers zu amüsieren. In knappen, aber gnadenlosen Worten schilderte er seinem Vater die festive Vollpleite. »Es gab einen Prolog, eine kleine Vorstellung, Gesang, Abendbrot und Tanz. Trotzdem ich mich langweilte, ich kann nur sagen zum Bersten, musste ich bis um halb 6 Uhr früh dableiben, denn ich fuhr mit den Wegensteins nach Hause.«

Vier Tage später beschrieb er seiner Mutter Mathilde noch einmal, aber mit spottlustiger Liebe zum Detail, warum der Kasinoball so grandios unter dem Niveau des in kulturellen und gesellschaftlichen Fragen durchaus hochmütigen Sohnes geblieben war.

»Nun ging ein rosa geblümter Bettvorhang, der eine Ecke des Saales abschnitt, in der Mitte auseinander, und es wurde ein gemütliches kleines Stück gespielt. Leider fing dieses immer wieder von vorne an, wenn man anfing, sich auf den Schluss zu freuen. Es wurde aber ganz nett gespielt, der Dialekt ersetzt einen gut Teil Komik. Sobald wir über die glückliche Vereinigung der Liebenden in Sicherheit waren, dachte jeder an seinen Magen. Man stürzte in die Nebenzimmer, wo zwischen langen bleichen Tischen und engen Stuhlreihen ein halb Dutzend Kellnerinnen mit verstörten Gesichtern wie die sieben Todsünden herumfuhren und sich in die Ohren tuschelten. Es dauerte auch wirklich fast drei Viertel Stunden, bis der erste Gang uns über die Kleider geschüttet wurde ... Ich saß an der Tête eines langen Tisches und sah zwei endlose Reihen von rosa Kleidern und weißen Atlascravatten zu beiden Seiten, aber kein einziges hübsches Gesicht.«

Er litt – vor allem auch unter den Männern, denen er in seinem Betrieb, der »Aluminium-Industrie AG«, und in der Gesellschaft begegnete, »rohen Kerlen, instinktwilden Typen aus der Unterschicht, sich tröstend mit zielbewussten Don Juanesken Unternehmungen, mehr aus Hass als Liebe, lüstern, grausam, nicht liebenswürdig wie Casanova«.

Dazu die »gewaltsame Beschränkung auf das Mechanische« seiner Arbeit, die er als »Hölle der Verzweiflung« verfluchte; einsam, nachts ein, wie er klagte, »sibirisches Hundeleben«.

Schließlich hatte seine Mutter ein Einsehen. Sie wollte ihren Erstgeborenen nicht sang- und klanglos in der vermeintlichen Techno-Einöde zugrunde gehen lassen. »Um mich nicht weiter aufzuregen, will ich dir nur mitteilen, was Papas und unser aller Ansicht ist. Deine Tätigkeit befriedigt dich nicht, gib sie auf, werde Professor oder Maler, was dir gut scheint ... Also überlege und bedenke, und sei überzeugt, dass dir nicht der geringsten Widerstand entgegen gesetzt wird.«

Die nachgiebige Großzügigkeit der Eltern gefiel Walther nun auch wieder nicht. Sich wie einige andere aus der Sohn-Generation des jüdischen Großbürgertums so einfach davonzustehlen in das Reich der Dichtung und der Musen, das schien ihm zu einfach und auch nicht wirklich lohnend. Denn es ging ja immer noch um die fehlende Anerkennung vonseiten des Vaters. Eines Industriekapitäns auf dem Weg in die Liga der Siemens und Carnegies. Emil träumte von einer Art elektrotechnischem Weltreich mit Niederlassungen in Asien und Südamerika. Wie groß wäre wohl seine Achtung für einen Sohn gewesen, der Gedichte schrieb und im Kaffeehaus saß?

Oder malte? Und außerdem: Was war eigentlich wirklich für ihn, Walther, drin, wenn er die Kommandobrücke, die sein Vater von Tag zu Tag verbreiterte, auch bestieg und jenen eines Tages beerbte?

Die Welle der zweiten Industrialisierung stieg und stieg, und Emil thronte darüber.

Was für eine Vorarbeit.

Wäre doch sehr unklug, das alles aufzugeben.

Wer weiß, vielleicht könnte er in diesem tosenden Aufbruch in eine neue Epoche eine ganz neue Rolle finden. Ein Lenker, mit einem Fuß in der Wirtschaft und einem in den politischen Machtzentren. Es war ja auch die erste Welle der Globalisierung, Kupfer, Kobalt und Salpeter aus fernen Erdteilen, und er würde dazugehören, zu den Wichtigen, jenen, die das alles steuerten und übersahen.

Ein Metternich des aufkommenden Konzernzeitalters? Ein Bismarck?

Irgendetwas in dieser Richtung.

Das ihm in die Wiege gelegte Schicksal, später einmal ein bedeutender Herr zu sein, das wollte er auf gar keinen Fall aufgeben.

Die Arbeit, schrieb er seinem Vater, sei ihm eigentlich gleichgültig, auf die Stellung, die er in einer Hackordnung einnehme, komme es ihm an. Und dort, fand er, je weiter oben, desto besser.

»Meine eigentliche Tätigkeit, also die, für welche man mich bezahlt, nicht die, für welche ich herkam, ist mir nicht unangenehm und nicht angenehm. Sie ist mir gleichgültig ... Weniger behagt mir meine Stellung. Du kennst mich genug zu beurteilen, wie ich unter subalternen Positionen leide. Niemals würde ich in irgendeinem Betrieb ein abhängiger Beamter sein. Es ist mir über die Maßen verhasst, von einem Vorgesetzten jeden Tag meine Arbeit zuerteilt zu bekommen, der gelegentlich kommt und nachsieht, ob ich meine Pflicht tue, und dem ich über alles Rechenschaft schulde. Der mir Befehle geben kann, mich lobt und mich tadelt, dem ich antworten muss, wenn er mich anredet, und der mich stehen lässt, wenn er von mir genug hat.«

Ein Mann sein, der die großen Weichen stellt. Darin erkannte Walther immer mehr seine Rolle, auch hier in Schaffhausen. Es gefiel ihm, die Mitarbeiter zu dirigieren, ihnen Vorbild zu sein, jemand, zu dem sie aufschauen konnten. Nicht, weil es ihnen befohlen war, wie beim Militär, sondern weil er glaubte, eine geistige Autorität zu haben, ein Mann mit Ideen, einer, der inspirierte. Diese Anerkennung der anderen, sie befriedigte den jungen Rathenau zusätzlich.

»Merkwürdig!«, schrieb er fühlbar begeistert von sich selbst. »Wenn ich längere Zeit mit jemandem verkehre, irre ich mich, oder es ist so! Ich glaube dann immer, dass sie sich nach mir transformieren. Sie sehen mit meinen Augen und sprechen meine Sprache und haben alle das Gefühl, dass ich durch sie durchsehe.«

Seine erste wirklich selbstständige Stellung allerdings war mit einem weiteren Opfer verbunden. Er musste erneut umziehen, ausgerechnet nach Bitterfeld, einen tristen Flecken südlich von Berlin. Rathenau wurde Geschäftsführer der »Elektrochemischen Werke« dort, eine erneute Bewährungsprobe für höhere Aufgaben später.

»Walther hat mir zuweilen erzählt«, schrieb Alfred Kerr über die Gemütsverfassung seines Freundes in diesen fünf langen Bitterfelder Jahren, »dass er, der Sohn, in dem trostlosen Nest Bitterfeld schlaflose Nächte verbracht hat, weil das ihm anvertraute Fabrikunternehmen dort auf der Kippe stand. Dass es die schlimmste Zeit seiner frühen Jahre gewesen ist. Und dass die Schlaflosigkeit vorwiegend von Gedanken an seinen Vater kam.«

Allem Ehrgeiz zum Trotz misslang das Bitterfelder Unternehmen. Der Laden raste in die roten Zahlen, und um einen Konkurs zu umgehen, mussten die »Elektrochemischen Werke« an die Konkurrenz abgegeben werden. Das Scheitern traf Rathenau hart, wurde aber ein wenig abgefedert durch eine neue Bekanntschaft und eine neue Tätigkeit, die Rathenau die Bitterfelder Einöde zu ertragen geholfen hat.

Die Bekanntschaft, das war Maximilian Harden, ein genialischer Wüterich, der mit seiner Zeitschrift »Die Zukunft« eine Art Ein-Mann-Stoßtrupp gegen die selbstgefällige Großmannspolitik Wilhelms II. bildete. Walthers Entdeckung war, dass ein gar nicht so übler Autor in ihm selbst stecke. Jemand, der nicht nur spöttisch-brillante Briefe an seine Mama schreiben konnte. Jemand, dessen Zeilen die Transformation durch die Druckmaschine aushielten und durch diese nicht in völlige Belanglosigkeit zerfielen. Zuerst hatte Rathenau einen Text über Elektrotechnik verfasst, dabei sichtlich Gefallen am Gedrucktwerden in einem wichtigen Medium gefunden und dann richtig ausgeholt – der Text, den er schrieb, trug den Titel »Höre, Israel!« und war publizistischer Sprengstoff pur. So pur, dass Rathenau ihn mit dem Pseudonym »W. Hartenau« unterzeichnete.

»Höre, Israel!« war in seiner Polemik gegen jene Juden in Deutschland, die sich aus seiner Sicht keine große Mühe gaben, sich kulturell und gesellschaftlich mit den Deutschen zu assimilieren, sehr spöttisch und scharf, manchmal offen antisemitisch. Rathenau machte aus seiner Verachtung für jene Juden, die gerne unter sich blieben, keinen Hehl. Er brachte sein Missfallen mit klaren, unmissverständlichen Worten zum Ausdruck.

»Von vornherein will ich bekennen, dass ich Jude bin«, identifizierte er sich am Anfang seines Textes, aber so klar dieses Statement zur Einleitung diente, so klar setzte er sich darin von vielen Juden ab.

»Wer ihre Sprache vernehmen will, mag an Sonntagen mittags um zwölf durch die Tiergartenstraße gehen oder abends in den Vorraum eines Theaters blicken. Seltsame Vision! Inmitten deutschen Lebens ein abgesonderter fremdartiger Menschenstamm, glänzend und auffallend staffiert, von heißblütig beweglichem Gebaren. Auf märkischem Sande eine asiatische Horde … Kein lebendes Glied des Volkes, sondern ein fremdartiger Organismus in seinem Leib.«

In diesem abfälligen Ton ging es weiter. Sogar den Wohlgefallen Gottes an seinem angeblich auserwählten Volk zweifelte Rathenau an. Er behauptete schlicht, dass Gott diese Juden nicht gefallen könnten. So stark sei Gottes Abneigung gegen sie, dass sie noch sehr lange auf den Messias warten dürften – der käme nämlich nicht mehr.

»Meint ihr, der alte Stammesgott werde seinen König Messias senden, um Euch zu helfen? Es ist euch nicht aufgefallen, dass er seit ein paar tausend Jahren sich mit euch nichts mehr zu schaffen gemacht hat! Der Herr des Zornes und des Sieges hätte an einem Volk von Kriegern Gefallen; für ein Volk von Krämern und Maklern interessierte er sich nicht …«

Auch den Wohlstand, das Geld und andere Reichtümer, die einige seiner Glaubensgenossen angehäuft hatten, so Rathenau, hätten die Juden vor Gott nicht besser werden lassen. Der Besitz habe sie nicht humanistischer, sondern außengesteuerter werden lassen. »Nun habt Ihr den Reichtum«, schrieb Rathenau, »und Eure Reichen sind weniger geachtet als Eure Armen. Eure Redekunst war eitel und Eure Agitation war umsonst. Vereine habt ihr gegründet zur Abwehr statt zur Einkehr.«

All diese Vorwürfe machten sich mit den Stereotypen bereits damals bestehender antisemitischer Strömungen gemein, aber noch einmal krasser und primitiver wurde Rathenau, als er sogar begann, in seinem Aufsatz die Körper und das Erscheinungsbild seiner Glaubensgenossen zu verhöhnen.

»Habt ihr erst euren unkonstruktiven Bau, die hohen Schultern, die ungelenken Füße, die weichliche Rundlichkeit der Formen als Zeichen körperlichen Verfalls erkannt, so werdet ihr einmal ein paar Generationen lang an eurer Wiedergeburt arbeiten …«, schrieb Rathenau. »Aber so viel ist gewiss, daß zweitausend Jahre Elend ihre Spuren zu tief einbrennen, als dass sie sich mit Eau de Cologne abwaschen lassen. Haben doch in jener Zeit die Weiber das Lächeln verlernt, ihr Lachen ist grell und unfroh und ihre Schönheit schwermütig geworden.«

Unkonstruktiver Bau, ungelenke Füße, weichliche Rundlichkeit der Formen, 2000 Jahre Elend, das seine Spuren zu tief eingebrannt habe, als dass sie sich mit Eau de Cologne abwaschen lassen!

Die Herablassung und Bösartigkeit, die Rathenau hier zu Papier und in die Öffentlichkeit brachte, waren tief und völlig ernst gemeint. Sie bezeugten, wie sehr er sich danach sehnte, als deutscher Großbürger anerkannt zu sein.

Großbürgertum, Patriziertum des Geistes und der Seele, das war es denn auch, was er den Juden wünschte, um den unbefriedigenden Status quo zu verbessern. »Ein Ende der Judenfrage ist die Taufe gewiss nicht«, schrieb Rathenau, »das Ziel des Prozesses sollen nicht imitierte Germanen, sondern deutschgeartete und -erzogene Juden sein. Und zwar wird sich zunächst ein Zwischenstand bilden müssen, der, von beiden Seiten anerkannt, ein Trennungs- und Verbindungsglied zwischen Deutschtum und Stockjudentum vorstellt: ein jüdisches Patriziertum – nicht des Besitzes, sondern der geistigen und körperlichen Kultur.«

Es klang wie ein Entwurf eines idealen Selbst.

Ein solches idealisiertes jüdisch-deutsches Milieu, das Rathenau in »Höre, Israel!« herbeisehnte, es existierte tatsächlich – für einige wenige und vor allem in Berlin –, und Rathenau gehörte dieser schmalen Elite an. Man fand Einlass in diese Zirkel entweder durch gediegenen verantwortungsvollen Reichtum oder durch besondere kulturelle

Leistungen. Hugo von Hofmannsthal und Harry Graf Kessler gehörten dazu, ebenso wie Frank Wedekind und Gerhart Hauptmann. Es war in diesem aufgeklärten Milieu kein Makel, Jude zu sein. Im Gegenteil, die beliebtesten Salons des Berliner Westens wurden von den Ehefrauen reicher jüdischer Geschäftsleute geführt, darunter Lili Deutsch.

Rathenau wurde zu einer herausragenden Figur dieser Szene, weil er Geschäft und Geist repräsentierte und dabei war, in dieser rasch fortschreitenden Welle der zweiten Industrialisierung Welten kennenzulernen, die es so vorher noch nicht gegeben hatte.

Er entwickelte nun seine mysteriösen nachdenklichen Gesichtszüge, und sobald ein Fotograf zugegen war, schien er aufzuhören zu lächeln. Leicht entrückt und trotzdem die schweren Fragen seiner Zeit auf den in makellosen Zwirn gekleideten Schultern zu tragen, so trat er auf in der Berliner Gesellschaftswelt. Diese Doppelrolle als Großkapitalist und Schriftsteller genoss er einerseits, aber sie gab ihm auch etwas Suchendes und Unfertiges, denn weder in der Gesellschaftswelt noch in der Welt des Geistes gelang es ihm, ganz nach oben zu kommen. Sein Ehrgeiz blieb es weiterhin, aber es war schwierig. »Es ist mir nicht oft passiert, dass eine so starke schriftstellerische Begabung mir entgegentrat«, gratulierte ihm Harden nach der Veröffentlichung von »Höre, Israel!«.

Weitere Aufsätze folgten, sie hatten nicht mehr die Wucht des Skandaltextes. Es gab Anflüge von Brillanz, aber von der Klasse eines von Hofmannsthal oder Wedekind blieb Rathenau weit entfernt.

Trotzdem, dieses stete Ringen um Bedeutung und Anerkennung wuchs. Den Kaiser Wilhelm II. hatte er höchstpersönlich adressiert: »Majestät, von unseren deutschen

Fabriken können die Engländer was lernen. Die stoppeln immer eine Anlage auf die andere. Bei uns wird die ganze Sache einheitlich durchdacht und projektiert. Und dann der deutsche Beamte mit seiner Gewissenhaftigkeit und Bescheidenheit, der immer hinter seiner Aufgabe zurücktritt … Und zuletzt die Organisation, da sehen wir uns den preußischen Staat an und suchen das im Kleinen zu kopieren.«

Er machte sich mit diesem überehrgeizigen Streben nach immer größerer Verzahnung – sowohl innerhalb der Industrie als auch mit dem Staat – nicht nur Freunde und schied im Mai 1902 aus dem Direktorium der AEG aus. Er wechselte ins Bankgeschäft, als ihn Carl Fürstenberg in den Vorstand der Berliner Handelsgesellschaft berief. Hier betrieb er weiter eifrig Verzahnungspläne, aber als ein Jahr später sein Bruder Erich während einer Nilreise mit dem Vater unerwartet verstarb, näherte er sich wieder der AEG an.

Der Posten des Kronprinzen war frei – und dazu brauchte der Vater, so tief erschüttert vom Tode seines Lieblingssohnes, dass er kaum noch geschäftsfähig war, die Unterstützung seines Nicht-Lieblingssohnes. Ein Vertrauensverhältnis wuchs, das bis zum Tod des Vaters zwölf Jahre später währte, aber Kronprinz blieb er. Die Leitung des Konzerns bekam Felix Deutsch, der Ehemann jener Lili, in deren Salon Walther so bevorzugt verkehrte.

Als Trostpreis winkte der Aufsichtsrat der AEG, in den Walther 1904 berufen wurde. Eine Funktion, in der er sich gut machte und der bald viele Aufsichtsratsmandate folgen sollten.

Der »Aufsichtsrathenau« – das war bald sein Spitzname. In Wirtschaft, Politik und den Salons der Berliner Elite, die eigentlich sein angestammter Boden waren.

Der Aufsichtsrathenau.

Klang spöttisch.

Aber auch wichtig.

Aber längst nicht so wichtig, wie es Walther gerne gehabt hätte.

BEFREIUNG EINES
KRIEGSVERBRECHERS

Zu den großen Helden des Ersten Weltkriegs gehörte für Ernst von Salomon und seine Verschwörer der Wachoffizier Ludwig Dithmar.

Dithmar war Mitglied der Besatzung des deutschen U-Boots U 86 gewesen und in führender Position beteiligt an einem Massaker, das als eines der schlimmsten deutschen Kriegsverbrechen des Ersten Weltkriegs den Ruf der Deutschen vor allem auf britischer Seite zusätzlich ruinieren half. Dithmar und John Boldt waren mit einem Oberbootsmannsmaaten an Deck, als der Kommandant der U 86, ein Kapitänleutnant namens Helmut Patzig, den Befehl zum Feuern gab.

Ziel der deutschen Schüsse waren über hundert kanadische Krankenschwestern und Ärzte. Sie trieben schiffbrüchig in der See vor Irland, hielten sich an Schwimmwesten, Rettungsbooten oder einfach aneinander fest. Patzig beschloss, nicht zu helfen, er beschloss, sie zu töten. Er hatte mit der Versenkung ihres Schiffs ein Verbrechen begangen, und nun wollte er mit einem zweiten, noch viel schlimmeren Verbrechen die Überlebenden und Zeugen seines ersten Verbrechens aus der Welt schaffen. Feuer frei auf Schutz- und Wehrlose, auf Krankenschwestern und Ärzte, die Hilfe suchend im kalten offenen Atlantik um ihr Leben strampelten.

Patzig ließ schießen, bis sich nichts mehr regte. Bis kein Laut mehr zu vernehmen war.

Dann beschwor er sowohl seine Mannschaft, die er vor dem Massaker unter Deck geschickt hatte, und die drei Führungskräfte, die an Deck mit ihm für den hundertfachen Mord gesorgt hatten, über den Tathergang nie ein Wort verlauten zu lassen.

Er fälschte die Logbucheinträge und trug den Kurs seines Bootes weit von der Stelle des Massakers ein.

Kein Wort, kein Eintrag, keine überlebende Krankenschwester, kein überlebender Arzt vor Ort – ein echtes Zeugnis deutscher Gründlichkeit.

Das britische Hospitalschiff »Llandovery Castle«, ausgestattet mit 622 Krankenbetten, hatte am 7. Juni 1918 noch 644 verwundete kanadische Soldaten in Halifax, Nova Scotia, Richtung Heimat abgesetzt. Das Schiff hatte sich danach auf der Rückfahrt nach Liverpool befunden, als Patzig 20 Tage später, am 27. Juni um 21.30 Uhr, das Kommando zum Versenken gegeben hatte. Die Torpedos schlugen ohne Vorwarnung in einem Gebiet außerhalb jener Zone ein, die nach der Erklärung der Deutschen zum »uneingeschränkten U-Boot-Krieg« für derart hinterhältige Attacken noch notfalls zu rechtfertigen gewesen wäre. 116 Seemeilen südwestlich der Fastnet-Felsen im Nordatlantik aber gab es keinen »Uneingeschränkten U-Boot-Krieg«. Was es aber gab, war ein fanatisierter Killer in Uniform, der bereits über 20 Schiffe samt Besatzung für den Kaiser ausgelöscht hatte und nun unbedingt einen weiteren Eintrag ins Poesiealbum teutonischer Vernichtungsverdienste erzwingen wollte, zumal die Reichsmarineleitung solches Verhalten ausdrücklich gutgeheißen und regelrecht gefordert hatte.

Die »Llandovery Castle«, ein Hospitalschiff. Rot beleuchtet in der Nacht für das Rote Kreuz. Unübersehbar.

Nur nicht für einen, der auf dem Auge der Menschlichkeit blind war.

Das Rot sei Tarnung für ein ganz normales Kriegsschiff, hatte er seinen Leuten gesagt. Und als Patzig dann an den Trümmern, die im Wasser trieben, erkennen musste, dass er sich geirrt hatte, beschloss er, die Sache zu Ende zu bringen.

Keine Gefangenen, keine Überlebenden. Falscher Eintrag ins Logbuch.

Und weil derartige Feigheit eine Charaktereigenschaft ist, die sich tief eingräbt, war es nicht wirklich ein Wunder, dass Patzig sich zur Flucht entschloss, als er in Leipzig im Jahr 1921 wegen seines schweren Kriegsverbrechens tatsächlich angeklagt wurde.

Sein Name stand ganz oben auf der Liste, die deutsche Demokraten den Alliierten als Zeichen ihres Willens, das Reich zu demokratisieren, ausgehändigt hatten.

Nur fehlte von Patzig jede Spur.

Statt seiner saßen nun Ludwig Dithmar und John Boldt auf der Anklagebank und schwiegen.

Vorbildlich fanden das von Salomon und seine Verschwörer.

Strammer Gehorsam gegenüber den Befehlen eines Vorgesetzten.

Zwar hatte das Deutsche Reich lange vor dem Krieg, im Jahr 1907, die Haager Landkriegskonvention unterzeichnet, aber die alten Eliten hielten nichts von diesen Regeln, die die schlimmsten Kriegsgräuel unterbinden sollten. Für sie waren diese Regeln nichts als »Sentimentalität und weichliche Gefühlsschwärmerei«.

Für die Angeklagten galt ganz im Gegenteil eine roboterhafte Überkonformität, die von Salomon zur Heiligsprechung veranlasste. Sie hatten, so schrieb er bewundernd, »vor dem Feinde dem Befehl ihres Vorgesetzten bedingungslos gehorcht«.

Schande auf sich geladen hatten in seinen Augen und in denen seiner Mitverschwörer dagegen die Demokraten von Weimar. Diese Verräter hätten sich erst den Forderungen der Alliierten gebeugt, deutsche Kriegsverbrecher auszuliefern. Und es dann, nach laut anhaltender Empörung in großen Teilen der Presse, als Großleistung verkauft, dass nicht fremde Richter über deutsche Soldaten urteilten, sondern deutsche.

Diese Prozesse, es waren sehr wenige, fanden in Leipzig statt. Boldt und Dithmar bekamen, ihr Schweigen eisern durchhaltend, vier Jahre Gefängnis. Die Verschwörerzelle von Salomons fand ihren wütenden Nihilismus gegenüber Weimar bestätigt.

Nichts anderes hatte man erwartet von diesem Demokratenpack.

Oder wie es der Mitverschwörer Wilhelm Friedrich Heinz ausdrückte: »Das deutschen Reichsgericht gab sich dazu her, die hohe Gefängnisstrafe von je vier Jahren über die Oberleutnants Boldt und Dithmar zu verhängen, weil der stiefelschmatzende Kurs der deutschen Außenpolitik einen solchen Beweis verbrecherischer Objektivität verlangte.«

Das Gericht von Leipzig sei eine Farce. Eine Verschwörung von oben. Wo nun völlig zu Unrecht die Schlimmsten von allen, die Demokraten, saßen.

Widerstand war vaterländische Pflicht, so sahen sie es. Die Gefangenen Dithmar und Boldt mussten befreit werden. Es konnte nicht schnell genug gehen. Eine regelrechte Panik, dass andere rechte Rebellengruppen schneller sein könnten, breitete sich in der Zelle von Salomons aus.

»Da anzunehmen war, dass in diesem Augenblick die Putschisten aller Städte über den gleichen Plänen brüteten, schien Eile geboten«, schrieb von Salomon.

Jeder wollte der Erste sein.

Tatsächlich hatten Kern und Fischer bereits in Leipzig versucht, die beiden Offiziere aus dem Gefängnis zu holen. Sie waren in Schupo-Uniformen vorgefahren, hatten ein gefälschtes Schreiben vorgelegt, in dem stand, dass Dithmar und Boldt ihnen zu übergeben seien, weil die Gefangenen verlegt werden sollten. Die Organisation Consul plane eine Befreiung. Das Gefängnis des Reichsgerichts sei nicht mehr sicher. Die sächsischen Wärter gingen scheinbar auf die Überführung ein, alarmierten aber heimlich die Polizei. Lichter wurden angedreht, der Platz war plötzlich taghell erleuchtet. Verrat fluchend flüchteten Kern und Fischer in ihr Auto und rasten davon.

In der Nacht vom 28. auf den 29. Januar 1922 sollte es besser laufen. Nachdem Boldt ohne größere Probleme von Gefängnisbeamten, die Mitglieder der Brigade Ehrhardt gewesen waren, in Hamburg befreit worden war, war nun nur noch Dithmar in der Gewalt des »Unrechtsstaates«.

Ein Kommando, bestehend aus Fischer, Kern, Karl Tillessen, Dithmars Ehefrau und einem Fahrer namens Erich Wagner, machte sich auf nach Naumburg an der Saale, wo Dithmar im dritten Stock des dortigen Gefängnisses einsaß.

Man hatte Dithmar eine Säge zukommen lassen, aus seinem blau karierten Betttuch hatte er sich ein Seil geflochten, das er an den Gitterstäben befestigte. Das Seil begann zu pendeln, Dithmars Körper schlug gegen die Mauer, und während er versuchte, sich von ihr abzustemmen, zertrümmerte er die Fensterscheibe eines Mitgefangenen.

Nun spätestens waren alle wach.

Mittlerweile hatten sich Fischer, Kern, Tillessen und Dithmars Ehefrau vonseiten einer benachbarten Gärtnerei mit einer Strickleiter zur Gefängnismauer begeben. Von dort hatte sich Kern in den Gefängnishof abgeseilt, mit einer Pistole bewaffnet. Kern war schwierige Situationen gewöhnt, aber was er da an der Mauer mit einem Seil herumzappeln sah, gefiel ihm nicht besonders.

Noch weniger mochte er das Geschrei, das nun aus dem hell erleuchteten Gefängnis erklang. Das alles erinnerte an den Knast des Reichsgerichts in Leipzig, wo sie mit knapper Not davongekommen waren.

Noch einmal durfte die Sache nicht schiefgehen.

»Der Kriegsverbrecher flieht«, riefen einige Mithäftlinge.

Dithmar baumelte, taumelte, versuchte, sich weiter abzuseilen.

Er war jetzt auf der Höhe des ersten Stocks.

Plötzlich ein Sturz, ein dumpfer Aufprall.

Das Seil war gerissen. Dithmar lag im Gefängnishof. Er stöhnte, konnte nicht aufstehen.

Kern eilte zu ihm, packte ihn auf die Schulter. Zurück auf die Gefängnismauer, irgendwie. Dort warteten bereits die anderen. Mit vereinten Kräften schleppten, stützten, trugen sie Dithmar zum bereitgestellten Fluchtauto, wo Wagner hinterm Steuer wartete. Es ging um Sekunden, das Gefängnis brodelte. Gleich mussten die Wachen bei ihnen sein.

Starten, jetzt.

Wagner sagte, der Wagen habe Probleme. Der Motor leierte, sprang nicht an.

Fischer holte seine Pistole aus der Tasche. Er hielt sie Wagner an die Schläfe. Er begann zu zählen: »Eins, zwei …« Der Wagen sprang an. Die Verfolger schossen hinterher.

Eine Großfahndung wurde ausgelöst, aber Dithmar und die Verschwörer saßen bereits im Warmen. Standesgemäß, sozusagen, auf der Burg eines Mitverschwörers. Burg Saaleck. Man stellte fest, dass sich Dithmar beim Aufprall auf dem Gefängnishof am Rücken verletzt hatte. Es würde einige Wochen dauern, bis die Flucht fortgesetzt werden konnte. Aber man war hier oben in Sicherheit, vorerst.

Denn im ganzen Reich wurden Steckbriefe mit Dithmars Bild geklebt. 25.000 Mark Belohnung für Hinweise, die zur Ergreifung des Flüchtigen führen würden. Die Verschwörer waren empört, wütend.

25.000 Mark für diesen Oberleutnant, der in einem Krieg, in dem es für das Vaterland um Sein oder Nichtsein ging, vorbildlich seine Pflicht getan und gehorcht hatte.

2000 Mark dagegen für einen Doppelraubmörder, der in Frankfurt einen Zahnarzt erdrosselt und die Nacht schlafend neben der Leiche zugebracht hatte.

So ehrte Deutschland seine Helden aus dem großen Krieg.

Dithmar, so viel stand fest, musste raus aus diesem verkommenen Sumpf, in das Weimar das heilige Deutschland verwandelt hatte.

Im Zug wurde Dithmar über Heidelberg, Karlsruhe, Freiburg nach Basel in die Schweiz befördert. Jeder passierte Bahnhof wurde von den Mitverschwörern wie ein Triumph in die Geldwechselstube von Salomons in Frankfurt gemeldet. Hier saßen Fischer, Kern, Heinz und von Salomon beisammen und tranken Schnaps.

Von Salomon erinnert sich: Mit jedem Bahnhof wuchs der Rausch.

Weitete sich die Zuversicht wie der Himmel an einem blauen Tag.

Es war finstere Nacht, als Dithmar sich mit einem Anruf aus Basel meldete. In der kleinen Geldwechselstube in Frankfurt flogen die Becher an die Wand.

Wölfisches Geheul.

»DIE FRONT WAR DEREN HEIMAT«

Wenn von Salomon, Kern, Heinz, Fischer und die anderen Verschwörer nüchtern waren, dann mussten sie zugeben, dass es das Deutsche Reich nur noch dem Namen nach gab. Alles, was ein konservativer Deutscher mit dem Deutschen Reich verband, Begriffe wie Heimat, Vaterland oder Nation, hatte für die Desperados der Organisation Consul aufgehört zu existieren. Für sie war das Deutsche Reich ein besetzter Staat, dem die Feinde der Deutschen, also Frankreich, England, die USA, nach einem Krieg, der durch heimischen Verrat verloren worden war, ein undeutsches System auferlegten – die Demokratie.

Gegen diese Demokratie, beobachtete von Salomon triumphierend, »wuchsen patriotische Verbände wie Pilze aus der Erde«. In ihnen sammelten sich Menschen, »die sich von der Zeit verraten und betrogen fühlten«.

Das »Reich«, so empfanden es von Salomon und seine Mitstreiter, »stand dicht vor dem völligen Zerbröckeln«.

Dagegen waren sie zutiefst entschlossen vorzugehen. Nicht wie die anderen, die Militärmusikhörer, Sonnenmystiker und Biertrinker, nur mit Gerede und Empörung. Sondern mit Waffen und Handgranaten.

Es war still gewesen wie in einem Sarg, als die ersten Heimkehrer des Krieges, der vermeintliche Stolz der Nation, zurückgekommen waren nach Frankfurt. Die Division hatte in Verdun gekämpft, dem Menschen verzehrenden Höllenschlund des Krieges.

Die da zurück nach Frankfurt kamen, hatten überlebt.

Aber die Freude über dieses Schicksal war nicht zu spüren gewesen, als sie durch die Straßen von Frankfurt zogen.

Keine Ansprache. Keine Fahne. Keine Musik.

Stattdessen einzelne Schreie aus »verrosteten Kehlen«, wie von Salomon schrieb. Und »wie aus Holz zurechtgehackte Gesichter«. »Augen, die fremd an der Menge vorbeisahen, fremd, unverbunden, feindlich, ja feindlich.«

Es war ein Schock für beide Seiten. Die Soldaten und die Zu-Hause-Gebliebenen.

Vor allem aber für die Zu-Hause-Gebliebenen. Der Tod kam nach Hause in Form der Überlebenden.

»Sie marschierten, als seien sie Abgesandte des Todes, des Grauens, der tödlichsten, einsamsten, eisigsten Kälte. Hier war doch die Heimat«, so empfand es von Salomon.

Der Glaube an diese Begriffe war erschüttert oder zerstört wie die Erde von Verdun. »Volk, Vaterland, Heimat, Pflicht. Ja, das haben wir gesagt, diese Worte standen im Kurs – und glaubten wir nicht an sie? Wir glaubten an sie! Aber diese? Die Front, die da vorüberzog?« So sah sie aus, die Erschütterung von Salomons.

»Die Heimat«, raunte von Salomon, »war bei ihnen (den Frontsoldaten). Bei ihnen war die Nation. Das was wir marktschreierisch in die Welt hinaus prahlten, das hatte bei ihnen seinen geheimen Sinn erfahren, dem hatten sie gelebt ...«

Was folgte daraus? Konnte einer, der diese unaufhebbare Verknüpfung von Vaterland und Heimat mit der Idee des Soldatischen und der Schlachtfelder vollzogen hatte, auch zurückkehren in das kleine Dachzimmer und Bücher lesen?

Schwierig.

Es war nur konsequent für eine solche Geisteshaltung, dass sich von Salomon nur einen Tag nach der gespenstischen Heimkehr der Verdun-Division nach Frankfurt dem Freikorps unter General Georg Maercker anschloss, einer verkniffenen Gestalt aus Westpommern, auch er hatte sich bei der Vernichtung der Herero in Südwestafrika in Sachen Gnadenlosigkeit hervorgetan. Von Salomon war erlöst. »Ich wurde genommen, ich wurde eingekleidet, ich war Soldat«, schrieb er, man liest den stillen Stoßseufzer darin.

Von Salomon hatte seinen Platz gefunden. Zwar wurde auch das Freikorps Maercker während des Spartakus-Aufstands in Berlin und später in Weimar von der Regierung Ebert bezahlt, aber das hieß noch lange nicht, dass die Freischärler auch nur den geringsten Respekt für die demokratisch gewählte Regierung aufbrachten.

In Weimar, wo von Salomon und seine Kollegen die verfassungsgebende Versammlung schützen sollten, empfanden sie nur Spott und Abscheu für ihre Auftraggeber. In einem Lokal hatte von Salomon den Abgeordneten Erzberger erblickt, klein, rundlich, schwarzer Rock, Hornbrille, Aktentasche. »Ein tüchtiger Mann«, flüsterte von Salomons Vorgesetzter höhnisch. »Was meinen Sie, wie würde das Hühnervolk gackern, wenn der eines Tages mal gehörig verprügelt würde. Machen Sie mit?«

»Jawohl, Herr Leutnant!«

Als sie dann das Unternehmen umzusetzen versuchten, flüchtete Erzberger durchs Fenster. Zwei Jahre später war er tot.

Der Geist von Weimar wurde zum Schimpfwort für die, die ihn bewachen sollten.

»Viel trinken, das wollten wir, viel tanzen, das wollten wir auch, und vor allen Dingen wollten wir nichts davon hören, was in der Nationalversammlung besprochen und beraten wurde«, schrieb von Salomon über diese schöne Zeit.

Statt im Dienst frommer Demokraten ihre Berufung zu erkennen, romantisierten von Salomon und Gesinnungsgenossen das Dasein der Landsknechte des Dreißigjährigen Krieges – gewissenlos metzelnde Söldner, die auch vor Plünderungen nicht zurückschreckten.

Außerhalb der Gesellschaft.

Ohne Vaterland.

Versprengte, die ihre Heimat im Kampf suchten.

Aber: »Wo war das Land, dem sie Knechte waren?«, fragte von Salomon beschwörend.

Und gab die Antwort wenig später selbst.

»Deutschland.«

Nur wo lag es?

Jedenfalls weit weg von Berlin und Weimar.

Irgendwo zwischen der Nibelungensage und nebligen Landser-Fieberträumen.

»In tiefer Dumpfe eingehüllt stand das Wort, verwittert, lockend, geheimnisreich, magische Kräfte strahlend, gespürt und doch nicht erkannt, geliebt und doch nicht geboten«, fantasierte von Salomon und spürte benommen dem vermeintlichen Zauber des Wortes »Deutschland« nach. »Es tönte in Lied und Rede, aber der Ton war falsch. Man sprach von Vater- und Mutterland, aber das hatte der Neger auch. Wo war Deutschland? War es beim Volk? Aber das schrie nach Brot und wählte seine dicken Bäuche. War es der Staat? Doch der Staat suchte geschwätzig seine Form und fand sie im Verzicht. Deutschland brannte dunkel in verwegenen Hirnen.«

Diesen vermeintlich verlorenen Ort Deutschland hatten die verwegenen Hirne, die Freischärler, in ihrer nächsten Station – dem Baltikum – gesucht. Hier galt es wiederum zuerst, mit Billigung und Bezahlung der deutschen Regierung die aus Russland herüberschwappende Bolschewisierung zu stoppen. Von Salomon stilisierte diesen Auftrag zu einer heiligen Mission, das sumpfige, neblige Baltikum wurde bei ihm zu einem märchenhaften Ideal.

Der Krieg im Baltikum geriet zu einem Blutbad jenseits von Weimarer oder von Genfer Konventionen – zu einem primitiv-anarchischen Gemetzel ohne Regeln und andere Rücksichten, die die lästige Zivilisation dem Rausch des Mordens im Lauf der Zeiten auferlegt hatte.

»Ich weiß nicht, ob wir es wollten, wir taten es. Und die Frage nach dem Warum verblasste unter dem Schatten immer währender Gefechte«, beschrieb von Salomon den ekstatischen Blutrausch der Mission.

Ist solch ein Zustand steigerbar? Anscheinend, denn als die deutsche Regierung von den Siegermächten gezwungen wurde, die Soldzahlungen an die Freikorps zu stoppen, der Winter kam und die Gegner wiedererstarkten, flippten von Salomon und seine Kollegen völlig aus. Das Neu-Deutschland im Baltikum, es ging ihnen verloren, und diese Niederlage quittierten sie mit der bestmöglichen Zerstörung ihrer Traumdestination.

»Wir schmissen die Leichen in Brunnen und warfen Handgranaten hintendrein. Wir erschlugen, was uns in die Hände fiel, wir verbrannten, was brennbar war …«

Ein Feldzug wie ein Amoklauf – und wie bei jedem Amoklauf dröhnte gewichtiges Selbstmitleid als Begleitmusik über den feierlich gurgelnden Worten.

»NATÜRLICH SÄSSE ICH LIEBER
IN DER DOWNING STREET ALS IN
DER WILHELMSTRASSE«

Anfang April 1922, es war abends noch ein Hauch von den heller werdenden Tagen in der Luft, bekam Rathenau bedeutenden Besuch in seiner Villa in der Koenigsallee.

Nicht, dass dies etwas Ungewöhnliches gewesen wäre.

Bedeutende Zeitgenossen zu kennen, mit ihnen zu verkehren, jene angeblich 300 Großmanager, die die Geschicke Europas und der Welt lenkten, gehörte zum Selbstverständnis Rathenaus. Aber dieses Mal bei ihm zu Hause war es doch anders. Denn die Gäste hießen Kurt Blumfeld, einer der bedeutendsten deutschen Zionisten, und Albert Einstein, im schwäbischen Ulm aufgewachsen, aber doch bald in der Schweiz heimisch geworden. Einem Land, wo man bei aller konservativer Bodenständigkeit nicht auf die Idee gekommen wäre, eine der leuchtenden, bahnbrechenden Gedankenfolgen in der Geschichte der Menschheit, die Relativitätstheorie, als schlichten Betrug abzutun. Als »jüdischen Schwindel«, wie der Heidelberger Fachkollege Philipp Lenard unter der wohlwollenden Zustimmung vieler deutscher Physiker formulierte.

Und dass bei dieser Gemengelage ein Jude wie Rathenau jetzt sogar als Außenminister das gedemütigte, nach ungeheurer Selbstüberschätzung sich nun im Selbstmitleid wälzende, auf Rache und Revanche sinnende Deutsch-

land in ebendieser als sehr feindlich und ungerecht wahr-
genommenen Welt vertreten sollte, schien Blumfeld und
Einstein keine gute, sondern für Rathenau eine lebens-
gefährliche Idee.

Das Treffen dauerte fünf Stunden, von 7 Uhr abends bis
1 Uhr nachts. Blumfeld und Einstein hatten sich vorgenommen, Rathenau dazu zu bewegen, vom Gipfel seiner Karriere, dem Außenministeramt, zurückzutreten.

Weil Rathenau Jude war.

Einstein, der von Elementen und Systemen etwas verstand, hielt es für schlecht möglich, dass dieses Gemisch
auf die Dauer ohne größere Katastrophen funktionieren
könnte.

Über 100.000 Juden hatten für »ihr« Deutschland im
Krieg gekämpft, die meisten an der Front. Über 12.000 hatten den Tod gefunden.

Was bewies das?

Nichts, fanden jene, die den Juden einen großen Teil
der Schuld an Deutschlands Niederlage gaben. Das waren nicht nur ein paar versprengte Spinner und Verschwö-
rungstheoretiker. Es waren viele, und sie wurden immer
mehr.

Blumfeld, der Zionist, war der Meinung, dass Juden in
Deutschland ohnehin auf Dauer nichts verloren hätten.
Einstein, der Bewegliche, ein Meister der Perspektiven und
der Wechsel, bezeichnete sich als Ferment dieses Abends.
Seine Aufgabe war es unter anderem, die Unterhaltung
im Fluss zu halten. »Wir sind gekommen, um Sie auf die
Schwierigkeit ihrer eigenen Position hinzuweisen«, sagte
Blumfeld. »Nach meiner Meinung haben Sie kein Recht, als

Minister des Äußeren die Angelegenheiten des deutschen Volkes zu leiten.«

»Warum nicht?«, verteidigte sich Rathenau. »Ich bin der geeignete Mann für mein Amt. Ich erfülle meine Pflicht gegenüber dem deutschen Volk, in dem ich meine Fähigkeiten und meine Kraft zur Verfügung stelle. Im Übrigen, was wollen Sie? Warum soll ich nicht wiederholen, was Disraeli getan hat.«

Nun war es heraus.

Einstein lächelte.

Disraeli, Benjamin Disraeli, war in seinem Leben tatsächlich etwas wirklich Unglaubliches gelungen. Erst als Romanschriftsteller erfolgreich im England des frühen 19. Jahrhunderts, schaffte er es trotz der Diskriminierungen gegen Juden in der britischen Politik, ins Unterhaus einzuziehen, zweimal Premierminister zu werden, schließlich von Königin Viktoria geadelt zu werden und den erblichen Titel des Earl of Beaconsfield zu erhalten.

Ein großer Unterschied zwischen Rathenau und Disraeli war, dass sich die eher pragmatische englische Gesellschaft Außenseitern nicht auf Dauer verschloss, wenn sie nur Erfolg hatten. Allerdings war England im 19. Jahrhundert endgültig dabei, ein Weltreich zu begründen, Deutschland Anfang des 20. Jahrhunderts, nach einem verlorenen Ersten Weltkrieg, drohte in Bürgerkrieg und Chaos zu zerfallen. Einstein lächelte, weil er ahnte, dass sich Rathenau mit dem Disraeli-Vergleich nicht unbedingt einen Gefallen getan hatte. Blumfeld beließ es nicht bei der lächelnden Zurückhaltung.

Er sah die Zeit gekommen, Rathenau zu packen und zur Umkehr zu bewegen.

»Im Erfolg ist manches möglich«, sagte er. »Disraeli brachte England den Suez-Kanal und machte seine Königin zur Kaiserin von Indien. In schwerer Zeit zeigt sich deutlicher, wer dazugehört und wer als fremd empfunden wird. Ich glaube übrigens, dass ein Jude unter keinen Umständen das Recht hat, die Angelegenheit eines anderen Volkes zu repräsentieren.«

Blumfeld sprach jetzt mit Rückenwind. Es war seine volle Überzeugung, dass Rathenau seinen Leuten, den Juden, keinen guten Dienst erwiese, sondern einen schlechten, wenn er Außenminister bliebe.

»Sie sehen nur sich und ahnen nicht, dass jeder Jude, nicht nur in Deutschland, sondern in der ganzen Welt für Ihr Tun verantwortlich gemacht wird. Sie lehnen es ab, sich mit dem jüdischen Volk zu identifizieren, aber es gibt eine objektive Judenfrage, der Sie durch kein Argument entgehen können. Sie erfüllen nur eine Funktion und sind in Wahrheit nicht eins mit dem deutschen Volk, das Sie zu repräsentieren versuchen.«

Rathenau hielt dagegen. Er wollte sich nicht zum Rückzug zwingen lassen, schon gar nicht durch einen Zionisten wie Blumfeld. Selbst wenn Rathenau oft zweifelte, ob er Erfolg haben könnte für Deutschland in seiner Funktion als Außenminister, war das nicht der Zeitpunkt, seine Zweifel offenzulegen. Nicht mit Blumfeld, der, so sah es Rathenau, eine weltfremde Ideologie vertrat, die ökonomisch nicht funktionieren würde.

Auf diesen entscheidenden Makel des Zionismus hatte Rathenau Blumfeld und Einstein bereits früher am Abend aufmerksam gemacht. Und Sachen, die ökonomisch nicht funktionierten, davon war dieser mit allen Deals der modernen Wirtschaft vertraute Konzernherr überzeugt, haben keine Zukunft. »Die Zionisten sprechen gern von Selbsthilfe und Autoemanzipation, aber das zionistische Palästina wird immer auf das Wohlwollen der nicht-zionistischen Juden angewiesen sein. Eine Sache, die nicht self-supporting werden kann, ist auch als Idee nicht interessant. Die Idealisten aus Palästina, auch wenn sie bereit sind, für ihre Sache zu sterben, bleiben für die anderen Juden doch nur eine durch Wohltätigkeit erhaltene Gruppe«, sagte Rathenau.

Dann doch lieber in Deutschland, ein Land, das man wenigstens kennt und in dem ein großes Geschäft, die AEG, ausgezeichnet funktioniert, versuchen, das Beste zu tun.

Die Vorurteile?

Der wachsende Antisemitismus?

Einen Teil des Problems wollte Rathenau jetzt mit Blumfeld nicht erörtern, einen anderen Teil des Problems hatte er ein Leben lang gekannt.

»Damit müssen Menschen wie ich durch ihre Leistung fertig werden,« sagte Rathenau. »Ich durchbreche die Barrieren, mit denen die Antisemiten uns isolieren wollen.« Dann fügte er hinzu:

»Natürlich säße ich lieber in der Downing Street als in der Wilhelmstraße.«

Es war still im Raum. Einstein lächelte erneut und sagte: »Nun sind Sie aber reingefallen. Das gerade hatte doch Blumfeld versucht auseinanderzusetzen.«

Aber Rathenau gab nicht klein bei.

Nicht einmal, als ihn Einstein, ein Mann auf dem Weg zum Genie und der selbst ernannte Schiedsrichter dieses langen Abends, in der Grunewald-Villa anzählte.

Rathenau hatte sehr geduldig und fleißig seine Chance

gesucht, ganz oben im Machtgewölbe der deutschen Politik – und er war nicht bereit, sich aus dieser Position freiwillig zurückzuziehen.

Eine Stunde nach Mitternacht verabschiedeten sich Blumfeld und Einstein, wie sie später sagten, »sehr nachdenklich«. Sie würden einander zu dritt nie wiedersehen.

Rathenau und Deutschland, das war eine lange und sehr komplizierte Geschichte. Eine Geschichte von unerwidertem Patriotismus und Sehnsucht nach Zugehörigkeit, von verstecktem Stolz und aristokratischer Eitelkeit, von der Überzeugung, dass die alten preußischen Eliten unfähig seien, die neuen Kader aus der Arbeiterbewegung überfordert.

Eine Geschichte, die auf ihn zulief, auf ihn, Rathenau, der ein Leben lang danach gestrebt hatte, seine Kenntnisse im Bereich der Wirtschaft, Diplomatie, sein globales Vernetztsein und seine Weltläufigkeit in den Dienst des deutschen Vaterlandes zu stellen – und zwar dort, wo er auch Wichtiges bewegen könnte.

Gab es für einen wie ihn einen besseren, passenderen Ort in diesem Winter 1922 als das Außenministerium des Deutschen Reichs?

Selbst wenn es ein Posten war, der nicht nur mit Einträgen in den Geschichtsbüchern belohnt werden würde, sondern möglicherweise mit dem eigenen Leben bezahlt werden musste?

Möglicherweise gelang es Rathenau, sei es aus Ehrgeiz, Vaterlandsliebe oder Eitelkeit, die Gefahr zu verdrängen. Die treueste, lebenslange Frau an seiner Seite, seine Mutter Mathilde, schaffte das nicht.

Sie hatte schon vor seiner Ernennung zum Wiederaufbauminister gestreikt. Ein halbes Jahr nach der Ermordung Erzbergers war sie nicht mehr bereit gewesen, einen hinhaltenden Kompromiss zu ertragen. Mathilde hatte ihrem Sohn das Versprechen abgenommen, auf gar keinen Fall in der gegenwärtigen hochexplosiven Lage das Außenministeramt anzunehmen.

Egal, wie sehr man ihn darum bat.

Egal, wie viele Anwärter schon abgesagt hätten.

Egal, ob nur noch er übrig wäre, um den für Deutschland lebenswichtigen Job zu erledigen.

Aber Rathenau hatte es trotzdem geschafft, die Ernennungsurkunde von Reichskanzler Wirth am 31. Januar entgegenzunehmen. Er hatte seiner Mutter, mit der er fast täglich zu Mittag aß, wieder einmal nichts gesagt. Er hatte sich nicht getraut, weil er keine wirklich überzeugenden Argumente hatte.

Also hatte es die Mutter aus der Zeitung am 1. Februar erfahren, und als der Sohn an diesem Tag zum Lunch erschien, hatte es heftig gekracht.

»Walther, warum hast du mir das angetan?«, fragte Mathilde wütend.

Rathenau druckste rum. Der sonst so Geschliffene, Eloquente stocherte im Leeren. Schließlich antwortete er, schuldbewusst wie ein Schulkind, das sich von seinen Kumpels zum Ladendiebstahl hatte verleiten lassen: »Mama, ich musste ja, weil sie keinen anderen gefunden haben.«

Er war nicht in der Lage, seine Zweifel, die er durchaus hatte, mit seiner Mutter zu teilen, schließlich war jene so etwas wie die Chefzweiflerin in dieser Angelegenheit.

Aber anderen Damen, mit denen er sein Innenleben bisweilen teilte, offenbarte er durchaus, dass ihm mehr als nur ein wenig flau war vor dem, was da vor ihm lag.

»Mit tiefem und ernstem Zweifel stehe ich vor dieser Aufgabe«, schrieb er an Lili Deutsch, die Ehefrau seines ewigen AEG-Konkurrenten Felix Deutsch. »Was vermag ein Einzelner gegen diese erstarrte Welt mit Feinden im Rücken, dem Bewusstsein seiner Grenzen und Schwächen? Ich will allen guten Willen daran setzen, und wenn es nicht ausreicht, so werden Sie mich nicht mit den anderen verlassen.«

An Lore Karrenbrock, die Vertraute und Redakteurin des sozialdemokratischen »Vorwärts«, schrieb er: »Einen schweren Entschluss musste ich fassen. Ich will noch einmal versuchen, alle Kräfte zu fassen und in den Dienst zu stellen. Es sind Stunden der Sorge und des Zweifels.«

Briefe wie diese waren Teil seiner Psychohygiene. Es waren auch in gewisser Weise Briefe an sich selbst. Indem er seine Zweifel adressierte, konnte er besser mit ihnen umgehen. Briefe, die klangen wie Entschuldigungsschreiben von Walther Rathenau an Walther Rathenau in schweren Zeiten.

Aber Rathenau war kein Hasardeur, der sehenden Auges ins Unglück rannte. Gewiss, es waren schwere Zeiten.

Aber er hatte einen Plan.

Und, fast noch wichtiger – er hatte gute Verbindungen. Das war in einem Land, das nach dem verlorenen Krieg wie ein Paria durch die zivilisierte Welt schipperte und von den wirklich wichtigen Verhandlungstischen ausgeschlossen war und immer neue Zahlungsbefehle entgegennehmen musste, eine Menge wert.

Der Plan war: Wiederherstellung eines funktionierenden weltwirtschaftlichen Gefüges. Entschuldung, auch der überlasteten Länder England und Frankreich, Märkte, die sich allmählich erholen, Aufbau eines mitteleuropäischen Zollvereins- und Wirtschaftsraums, eine Mini-EU, wenn man so will. Aber so klar das Vorhaben dem Primat des Ökonomischen gehorchte, so schwierig war es umzusetzen, was vor allem an Frankreich lag, jenem Land, das den höchsten Preis in diesem Krieg gezahlt und die meisten Toten zu beklagen gehabt hatte.

Allein schon der Verdacht, dass die Deutschen die volle Härte des Versailler Diktats hintertreiben wollten, führte im französischen Parlament zu Tumulten und zum Sturz des Regierungschefs Aristide Briand.

In einer Konferenz zum Thema Reparationen in Cannes hatte mit Rathenau als Unterhändler im Januar 1922 erstmals ein Deutscher am Tisch der Sieger gesprochen und dargelegt, dass Deutschland alles wirtschaftlich Erdenkliche im Rahmen seiner Möglichkeiten tun werde, um die Forderungen des Vertrages von Versailles zu erfüllen.

Aber er ließ auch durchblicken, dass die Forderungen, so wie sie nach wie vor bestanden, Deutschland würden zerbrechen lassen.

Es müssten sich also beide Seiten bewegen. Die Deutschen, indem sie ihre Schuld wirklich anerkannten und bereit waren, heftig für sie zu bezahlen. Die Entente, indem sie den Deutschen wenigstens einen Rahmen ließ, so zu wirtschaften, dass sie überhaupt in der Lage waren, auf Dauer zu zahlen.

Lloyd George, der britische Premier, hielt es pragmatisch und lud Deutschland daraufhin zur Weltwirtschaftskonferenz nach Genua ein, die dort im Frühjahr stattfinden sollte. Die Franzosen aber stürzten ihren Premier. Vor diesem Scherbenhaufen also stand Rathenau, als er Ende Januar das Amt des Außenministers übernahm – schon allein dieser Haufen hätte genügt, um die Sorgen seiner Mutter Mathilde zu rechtfertigen.

Aber dieser Scherbenhaufen bot auch Chancen. Die Briten um Lloyd George hatten begriffen, dass es keinen Sinn hatte, Deutschland weiter verelenden zu lassen – sodass es am Ende Gefahr laufen könnte, doch noch sein Heil in den Ideen des Bolschewismus zu suchen. Dazu hatten die Deutschen dank des geschickten Rathenau wieder einen Weg an den Tisch der großen Staaten gefunden, nicht mit einem Mitspracherecht, aber es wurde zumindest gehört. Und Deutschland hatte in Rathenau mit seiner enormen Wirtschaftskompetenz, aber auch mit seiner Fähigkeit zur fließenden Verständigung in Französisch, Italienisch und Englisch eine potenzielle Spitzenkraft für den Wiederaufbau Europas.

Andererseits war Rathenau, als Europa in Schutt und Asche versunken war, keiner von denen gewesen, die zum Frieden gemahnt hatten. Gewiss, er hatte, als die Schüsse in Sarajevo fielen, in seinem Schloss in Freienwalde gesessen und an einem Buch geschrieben, das er später »Von kommenden Dingen« nennen sollte, und war von der Aussicht auf einen Krieg niedergeschlagen gewesen.

Rathenau hatte damals ein starkes Deutschland durch weitere Entfesselung seiner Ökonomie gewollt. Was er nicht geglaubt hatte, war, dass ein Krieg Deutschland bei dieser Entwicklung behilflich sein könne. Nur als der Krieg vom Reich dann erklärt worden war, Anfang August, erbot Rathenau in einem persönlichen Billet an Reichskanzler

Bethmann Hollweg, selbst an diesem Krieg teilnehmen zu dürfen. Er war 47 Jahre alt, aber er wollte seinem Land an wichtiger Stelle zum Sieg verhelfen.

Schnell hatte er vor einer Rohstoffknappheit gewarnt und Kriegsminister von Falkenhayn die Errichtung eines »Rohmaterial-Amts« vorgeschlagen. Binnen einer Woche wurde er zum Leiter einer solchen Abteilung ernannt. Rathenau ging mit ungeheurem Eifer ans Werk, arbeitete Tag und Nacht, nicht zimperlich, wenn es um die Methoden ging, die Feuerkraft des Reichs zu steigern. In Belgien, Nordfrankreich und im russischen Polen ließ er sogar plündern. Rathenau arbeitete mit vollem Einsatz für den schnellen Sieg. Am 1. November schrieb er an seine Freundin Fanny Künster: »Wir müssen siegen, wir müssen! Und haben keinen reinen, ewigen Anspruch. Dies köstlich wahnhafte Volk hat keinen entscheidenen Freiheitssinn. Es liebt die Autorität, es will regiert sein, es gibt sich hin und will gehorchen. Diese halbe Tugend aber ist im Sinne der ewigen Geschichte ein Vergehen. Eine Kaste, tüchtig, selbstbewusst, aber der Initiative unfähig, regiert uns ... hätte ich nie hinter die Kulisse dieser Bühne gesehen.«

Es war ein Brief wie ein gewaltiger Seufzer. Rathenau bekannte sich zum Wir, und er wollte den Sieg unbedingt, aber sein Blick auf das Volk, dem er den Sieg wünschte, seine geliebten Deutschen, war nicht verklärt, sondern reflektiert und klarsichtig. Die Einsichten und Erfahrungen, die er in mehr als vier Jahrzehnten als deutscher Jude unter Deutschen gewonnen hatte, wurden nicht von einem plötzlichen kriegsbedingten Hurra-Patriotismus überrollt. Sie wiesen die Richtung für eine ätzende Analyse. »Köstlich wahnhaft«, »autoritätsliebend«, »gehorchen wollend«,

»regiert von einer unfähigen Kaste«, das waren die Charakteristika, die Rathenau seinen Landsleuten zuwies. Er skizzierte damit mitten in der allgemeinen Kriegseuphorie das autoritäre, zur Unterwürfigkeit neigende deutsche Wesen, das Heinrich Manns vier Jahre später erscheinender Roman »Der Untertan« ebenso prägen würde wie die Theorie des autoritären Charakters, wie sie der Sozialpsychologe Erich Fromm in den 30er-Jahren beschrieben hat.

Rathenau machte sich wenig Illusionen darüber, dass sein Deutschland trotz Säbelrasselns, Tschingderassabums und Auf-an-die-Front-Gebrülls auf einem wirklich guten Weg war. Der Krieg würde teuer werden und viel länger dauern, als seine Landsleute glaubten, das war seine Überzeugung. Was nach dem Krieg kam, wusste niemand. Rathenau aber ahnte, dass die Welt danach schwieriger und mühevoller sein würde.

»Wenn ich tief in mich hineinhöre«, hatte Rathenau am 14. August 1914 an Hermann Stehr geschrieben, »weiß ich, dass ich mich selbst zu einem Werkzeug einer Entwicklung mache, durch die ich dazu beitrage, die Götter zu stürzen, welche die Welt vor dem August 1914 anbetete, eine Welt, der ich angehöre und durch die ich wurde, was ich bin, ein Individualist.«

Jene alte Welt, so formuliert er weiter in diesem Brief, »die bunter, vielfältiger und alles in allem wohl reicher war und glücklicher als die, die nun anbricht«. Eine neue Welt, so schrieb er, des »europäischen Niedergangs«. Eine neue Welt »materieller und intellektueller Umschichtungen«. Rathenau warnte und tröstete zugleich, als er abschließend formulierte: »Doch nur wo Altes stürzt, kann Neues werden, und Menschen- wie Völkergeschicke haben sich noch nie aus Anfängen, immer nur aus Erschütterungen ergeben.«

Keine Morgenröte, stattdessen das Grau des Sterbens und der Maschinengewehre. Es gab keine frohe Botschaft für das, was kommen würde. Trotzdem hatte Rathenau keine Alternative zum großen Töten gesehen, auch wenn er versuchte, dem Krieg die Emotion zu nehmen und ihn als nüchternen Wirtschaftskrieg zu betrachten.

Seine Leitung der Kriegsrohstoffabteilung hatte den Krieg effizienter gemacht und vor allem verlängert. Rathenau arbeitete fieberhaft für den Erfolg des Reichs.

Das ging so weit, dass er mehr Luftkrieg forderte, »als systematische Einwirkung auf die Nerven der Städte«.

Endlich konnte Rathenau wie ein General an großen Hebeln drehen, endlich hatte er eine Tätigkeit, die nicht nur wirtschaftlich relevant war, sondern extrem wichtig für Staat und Krieg. Später räumte er manchmal ein, diese Zeit sei die schönste seines Lebens gewesen.

Trotzdem blieb er nur ein besserer Handlanger. Ein Beschaffer. Die wirklichen Entscheidungen wurden an anderen Orten getroffen. Von Leuten, die zur alten Elite gehörten und für die er nur ein jüdischer Händler war, dessen Job es nun eben war, Salpeter und Baumwolle herbeizuschaffen. Damit die Maschine gefüttert werden konnte.

Ihre Maschine.

Wieder einmal hatte er Deutschland einen wichtigen Dienst erwiesen, wieder einmal blieb die Anerkennung in Form eines Aufstiegs in diese alte Elite aus. Gekränkt war Rathenau nach nur acht Monaten von seinem Amt zurückgetreten. Der Tod seines Vaters 1915 ließ ihn trotzdem aufsteigen, nicht im Staat, dafür in der AEG. Er war jetzt immerhin Präsident des Ladens. Ein Titel, wenn auch nur ein dekorativer. Aber als vorher der Posten des Staatssekretärs im Reichsschatzamt vakant wurde, hatte er keine Chance gehabt. Der Posten ging an seinen Konkurrenten, den sich in greller Deutschtümelei wälzenden Karl Helfferich, den Super-Untertan.

Trotzdem suchte Rathenau weiterhin das Ohr der Macht, und er glaubte es zu finden bei Erich Ludendorff, der zusammen mit Paul von Hindenburg die Oberste Heeresleitung bildete. Rathenau beriet Ludendorff brieflich intensiv. Als Hauptfeind betrachtete Rathenau England. Ziel müsse eine Aufspaltung der Entente sein, England müsse isoliert, eine Annäherung an Frankreich versucht und Russland niedergerungen werden. Auf Russland blickte Rathenau mit der Attitüde eines Herrenmenschen hinab. Schließlich, schrieb er, habe Russland »all seine Eroberer geliebt, so wie die russische Bäuerin Schläge verlangt«.

In der Zwischenzeit verdiente die AEG prächtig am Krieg, speziell an der Ausstattung der U-Boote. Nur, als sich bei der Befehlsführung durchsetzte, dass England mit einem »uneingeschränkten U-Boot-Krieg« in die Knie gezwungen werden könnte, war Rathenau gegen diese Entfesselung. Wieder aber waren es nicht moralische Überlegungen wie die damit einhergehende Vernichtung von Zivil- und Hospitalschiffen, die ihn bei seiner Warnung leiteten. Es ging ihm darum, dass sein Deutschland es sich mit einer solchen Maßnahme mit dem Rest der Welt verscherzen würde und darüber hinaus die USA in den Krieg aufseiten der Entente treiben würde.

Es entstehe, so schrieb Rathenau im November an General von Seeckt, eine Situation, in der »die ganze Welt gegen uns ist«.

Aber selbst diese Gefahr schien er in Kauf zu nehmen, wenn nur wirklich gesichert wäre, dass dann England resigniere. Dieses »letzte Aushilfsmittel«, schrieb er von Seeckt im selben Brief, würde er befürworten, aber nur wenn es eine »einigermaßen sichere Aussicht« gebe, dass England dann die Kampfhandlungen einstelle. Rathenau wollte den deutschen Sieg unbedingt – und er war bereit, einen hohen Preis dafür zu zahlen. Einen moralischen Preis, der mit der Dauer des Krieges stieg. Ein Preis, der zivile Bedenken opferte. Für eine dramatische Steigerung der Kriegsproduktion wurden zusätzliche Arbeitskräfte benötigt. Rathenau unterstützte dafür einen Plan des Kriegsministeriums, belgische Arbeitslose nach Deutschland zu deportieren und als Zwangsarbeiter auszubeuten. Ein klarer Bruch internationalen Rechts. Ein weiterer innerer Damm war geborsten, als Rathenau schrieb, die Deportation von Hunderttausenden müsse »ohne Rücksicht auf internationale Prestigefragen« ausgeführt werden.

Rathenau radikalisierte sich. Aber selbst die Verhärtung führte nicht dazu, dass die Militärs nun auf ihn gehört hätten.

Trotzdem gab er weiter Ratschläge.

Im Februar 1917 war er dann wieder gegen den unbegrenzten U-Boot-Krieg. Die USA waren seit einem Monat in den Krieg eingetreten, und Rathenau rechnete jetzt nicht mehr mit Verkürzung, sondern mit unabsehbarer Verlängerung des Desasters.

Auch wenn seine eifrigen Ratschläge von den Mächtigen im Reich immer weniger gehört wurden, blieb Rathenau doch mit voller Emphase Deutscher. Alles andere empfand er für sich als Farce oder Zumutung. »Selbstverständlich«

stehe für ihn fest, schrieb er im Oktober 1917, dass »ein anderes Nationalgefühl als das deutsche für einen gebildeten und gesitteten Juden nicht bestehen kann. Ich wüsste keinen, der mir begegnet wäre, der seine Staatsangehörigkeit anders empfunden hätte als ein Bayer, Sachse oder Ostpreuße. Wir alle wissen, dass die deutschen Stämme nicht einheitlichen Blutes sind, dass sie noch weniger die Nachkommen der Taciteischen Germanen darstellen. Dass die Blutmischung der Juden eine ältere ist, hat für mich keine Bedeutung für ihre nationale Eingliederung: Ich halte alle Rassetheorien für Zeitspielerei und kenne nur eins, was Völker zu Nationen und Nationen zu Staaten macht: die Gemeinsamkeit des Bodens, des Erlebnisses und des Geistes.«

Je länger der Krieg gedauert hatte, desto einsamer war es um Rathenau geworden. Mitteilen musste er sich trotzdem, er ging damit Militärs und Industriellen auf die Nerven. Sein nervöses Außenseitertum suchte Anschluss. Er gab nicht auf. Schließlich wandte er sich in einem Aufsatz an die nachwachsende Generation. »An Deutschlands Jugend« nannte er diesen Aufruf. »Ich bin ein Deutscher jüdischen Stammes«, bekannte er auch hier wieder. »Mein Volk ist das deutsche Volk, meine Heimat ist das deutsche Land, mein Glaube ist der deutsche Glaube, der über den Bekenntnissen steht.« Der Aufsatz verpuffte ebenfalls. Deutschlands Jugend hatte andere Probleme.

War es nicht langsam auch für Rathenau an der Zeit einzusehen, dass dieser Krieg nicht zu gewinnen war?

Nicht wirklich.

Als sogar Ludendorff im Herbst 1918 resignierte und einige Offiziere bei den Sitzungen der Obersten Heeresleitung Tränen der Verzweiflung vergossen, blieb Rathenau entschlossen, den Krieg fortzusetzen, um die Verhandlungsposition für Waffenstillstandsbedingungen zu verbessern. Im »Berliner Tageblatt« vom 2. Oktober veröffentlichte er einen Aufruf zum Durchhalten.

Die Zeitgenossen rieben sich die Augen.

Was folgte, war ein Showdown ganz eigener Art.

Ludendorff forderte bald den sofortigen und vollständigen Waffenstillstand. Rathenau forderte in der »Vossischen Zeitung« die sofortige Ablösung von Ludendorff: »Wer die Nerven verloren hat, muss ersetzt werden.«

Statt einem Waffenstillstand verlangte Rathenau jetzt die Mobilisierung der letzten verbliebenen Kräfte. Einen Aufstand der Massen. In diesem ausgezehrten Land, Deutschland, sollte nun im Herbst 1918 jeder zu den Waffen. Es war bizarr. Ein deutsch-jüdischer Zivilist gab den Hardliner. Ein Mann ohne Mandat rief zum letzten großen Aufstand gegen die Entente auf. Ein aristokratischer Großstadtkapitalist suchte das Heil in den Massen.

Sein Ehrgeiz, ganz oben zu glänzen, sein endloses Mitteilungsbedürfnis, seine bisweilen schwülstig raunende Art, die Welt zu betrachten, sein Schloss, seine Fabrik, seine Villa im Grunewald, das hatte nicht mehr gepasst, als der Waffenstillstand unterschrieben wurde und die Räte die Revolution in Deutschland wollten. Es wurde still um Rathenau. In Mitte und im Osten Berlins wurden die Menschen auf der Straße erschossen, im Grunewald zogen die stillen Winternebel durch die feudalen Gärten. Manchmal zeigte sich ein Fuchs.

Was tat Rathenau?

Er schrieb einen weiteren Aufsatz. Ausgerechnet über jenen Kaiser, der sich eilig nach Holland ins Exil verzogen hatte.

Aber irgendwie war es immer noch sein Kaiser, so lasen es jedenfalls die Zeitgenossen.

Der Kaiser, Witzfigur für die einen, Fahnenflüchtiger für die anderen, diesem Kaiser, hatte man das Gefühl, stand Rathenau immer noch näher als den aufständischen Arbeitern und Soldaten, die gerade von den Freikorps massakriert wurden.

Rathenau schwärmte in seinem Aufsatz von der Güte des Kaisers, seiner »geistigen Spannkraft und Spannweite«, was den Kaiser noch mehr aufbrachte.

Wo lebte dieser Mensch, Rathenau? Und wann, in welcher Zeit?

Vor allem aber, zu wem sprach er?

Die AEG hatte an diesem Krieg viel Geld verdient, ihn reich gemacht, und Rathenau gab nun vor, einen dritten Weg jenseits vom Kapitalismus und Kommunismus zu suchen.

Und seinen Kaiser.

Bizarr.

Kurt Tucholsky brachte auf den Punkt, was das denkende Deutschland, eigentlich Rathenaus Zielgruppe, inzwischen über ihn, den »Jesus im Frack«, dachte.

»Nicht das ist eine Schande, im Krieg geirrt zu haben und für den Pangermanismus eingetreten zu sein«, schrieb Tucholsky. »Aber es ist eine Schmach und eine Charakterlosigkeit, nun hinterher, wenn diese Gesinnung nichts mehr trägt ... sofort eine neue Melodie mitzublasen.«

Dann zählte Tucholsky auf, wie oft Rathenau im Krieg seine Meinungen geändert hatte, und beschied dem Großkapitalisten mit vielen Drähten zur Macht, am totalen Zusammenbruch mitschuldig zu sein.

Gewiss, Rathenau hatte überlebt.

Aber, wie Tucholsky vernichtend schloss, ohne »männliches Rückgrat«.

Rathenau hatte sich auf eine sehr eifrige Weise mit den Schlachtenlenkern der Deutschen gemeingemacht. Er hatte mit den von ihm im großen Stil beschafften Rohstoffen ihre tödliche Maschine effizient und vorbildlich geölt – so, dass das große Sterben zwischen Granaten und Giftgas weiter und weiter gehen konnte.

Rathenau waren die Maßstäbe abhandengekommen. Geopfert dem Ehrgeiz und dem Willen, ein guter Deutscher zu sein.

Auch bei den Siegern, den Franzosen, den Engländern, den Belgiern, war sein Name nicht mehr das, was er vor dem Krieg gewesen war.

Der gute Klang war weg.

Der Krieg war aus, Walther Rathenau musste Angst haben, als Kriegsverbrecher angeklagt zu werden.

So wie Ludwig Dithmar, jener mörderische Marineoffizier, den die Terroristen der Gruppe Ehrhardt in jener eisigen Nacht im Januar 1922 aus dem Gefängnis befreiten.

»VERRÄTER VERFALLEN DER FEME«

Einer der wichtigsten Paragrafen in der geheimen Organisation Consul war nur einen Satz lang, aber dieser genügte, bei den eigenen Mitgliedern Angst und Schrecken zu verbreiten.

Dieser Satz lautete: »Verräter verfallen der Feme.«

Die Feme, das kam von den sagenumwobenen Femegerichten des späten Mittelalters, als ertappte Verbrecher nach angeblich altgermanischem Recht von einer Art Geheimgericht sofort zur Rechenschaft gezogen wurden. Selbst ernannt, unabhängig vom Staat, verurteilten diese Richter die Schuldigen zum Tode. Der Vollzug folgte unmittelbar nach dem Urteil.

Keine Fragen, kein Abwägen, der Tod kam schnell, und es gefiel den Richtern, wenn dieser Tod grausam war.

Schließlich sollte er abschrecken.

Der Verräter war im Selbstverständnis der Terroristen in der Organisation Consul das verachtenswerteste Geschöpf überhaupt. Schlimmer als der politische Gegner allemal, hassenswerter als die eigentlichen Ziele der Organisation Consul, die hochrangigen demokratischen Politiker der Weimarer Republik.

»Eine Wanze, die im geeigneten Augenblick zertreten werden musste«, charakterisierte von Salomon diese Art Menschen.

Die Herabwürdigung zum kriechenden Ungeziefer, das

von germanischen Kriegerstiefeln zermalmt wurde, hatte System und Notwendigkeit. Durch die martialische Vernichtung des Abtrünnigen sollte die eigene Terrororganisation stabilisiert werden. Die Angst, selber in Verdacht zu geraten, schwor Schwankende schnell auf stärkere Linientreue ein. Gleichzeitig steigerte die drastische Verachtung des Abtrünnigen die Anerkennung des Schimpfenden in der Gruppe.

Die Feme war die ultimative Form der sozialpsychologischen Selbstreinigung und Selbsterhöhung.

Für die Richter und Henker, oft in Personalunion, und für die Gruppe.

Bereits bei der Befreiung des Kriegsverbrechers Dithmar war der Fahrer des Fluchtautos, Erich Wagner, bei Kern, von Salomon, Fischer und Heinz in Ungnade gefallen. Der Motor des Fluchtautos war in der Kälte nicht angesprungen, die ganze Haltung von Wagner schien schlapp, und als der Motor dann losratterte, nachdem Fischer Wagner die Pistole an die Schläfe gehalten hatte, machte das die Sache für Wagner nicht unbedingt besser.

Kern, von Salomon und die anderen hielten Wagner für eine windige Gestalt, und sein Verhalten nach dem Gefängnisausbruch bestätigte den Zorn der Gruppe und fachte ihn zusätzlich an. Wagner gab den Fluchtwagen nicht zurück, er verkehrte in Bordellen und trank. Wenn er voll war, prahlte er bei den Damen mit dem Gefängnisausbruch. Vor Kern, hieß es, sei Wagner mit Pelzmantel und Monokel erschienen und habe gedroht, Informationen an die Polizei weiterzugeben, falls ihn Kern nicht finanziell besser versorge.

Heinz schrieb in seinem Buch »Sprengstoff«, dass er Wagner nie getraut habe. Dieser sei bei dem bayerischen Freikorps »Organisation Escherich«, kurz »Orgesch«, unangenehm aufgefallen. »Warum wurde kein Fahrer von meinen Leuten genommen«, schimpfte Heinz. »Ich hatte genügend viele vorgeschlagen. Diese verlogenen Nachrichtenoffiziere von der Orgesch sind doch alle gleich. Sie schwindeln sich wöchentlich ihre Berichte über kommunistische Rüstungen und rote Waffenlager zusammen, um der Industrie das Geld aus der Tasche zu ziehen.«

Kern, von Salomon und Heinz beschlossen, Wagner »unschädlich« zu machen. Scheinheilig schlug Kern Wagner vor, diesen auf einem Überseedampfer unterzubringen. »Aber der Kerl hat Angst, unterwegs an die Haifische verfüttert zu werden.« Ein Duell wurde ebenfalls ausgeschlagen, da Wagner »Ungeziefer« sei und Duelle Offizieren und anderen Menschen mit »Ehre« vorbehalten seien. Dann erwog man noch kurz, Wagner nach Art der italienischen Faschisten zu bestrafen: den Verräter auf dem Marktplatz ausstellen, ihn fesseln, ihm die Hosenbeine zusammenbinden und dann Rizinusöl verabreichen.

Zu human, hieß es dazu in der Verschwörerrunde. Außerdem: Das deutsche Schamgefühl sei nicht entwickelt genug, damit diese Form der öffentlichen Demütigung wirklich beim Delinquenten eine Besserung verspräche.

Blieb also das, was Heinz »killen«, »knacken«, »prosten« nannte. Also den Verräter erst brutal zusammenschlagen und ihn dann erschießen oder erdrosseln. Im Anschluss dann die Leiche für immer verschwinden lassen.

Von Salomon lockte Wagner am 4. März 1922 in ein Animierlokal in Bad Nauheim und lud ihn zu einigen Flaschen Wein und Sekt ein. Draußen war es neblig, Tropfen fielen von den Bäumen, Femewetter, wenn man so will. Und sie wollten, von Salomon, Kern und ein Nauheimer

Verbindungsmann der Organisation Consul namens Ernst Schwing. Sie hatten alles sorgfältig geplant. Das Betrunken- und Sorglosmachen durch von Salomon. Sie hatten den Weg zum See durch den Kurpark inspiziert, sogar die Tiefe des Sees hatten sie gemessen, da sie Wagners Leiche dort später versenken wollten.

Nach dem Strafgesetzbuch war das Ergebnis, das sich die Frankfurter Zelle für einen gelungenen Ausklang dieses Vorfrühlingabends wünschte, nichts weniger als kaltblütiger Mord. Darauf stand in der Weimarer Republik die Todes-strafe.

Von Salomon lockte Wagner in den Park. Ein paar Schritte gehen. Der Verschwörer ließ es sich gefallen, als Wagner sagte, ihm sei kalt, und den Arm fröstelnd unter seinen schob.

Von Salomon bekam Skrupel. Aber nur kurz. So lange, bis ihm einfiel, dass sie, die Terroristen, Auserwählte seien, die ein höheres Ziel verfolgten und deshalb über der Rest-gesellschaft stünden, samt deren Gesetzbüchern. »Denn wir, verhaftet nur der engsten Gemeinschaft, durften nicht Ent-schuldigung suchen der Gesamtheit gegenüber, wenn wir den Willen der Gesamtheit nicht anerkennen wollten. Der Teufel hole das Grübeln. Was ginge die anderen an, was hier geschehen sollte?«, beschrieb von Salomon später die Über-windung seiner Zweifel an diesem Abend.

Kalt und schneidend und ohne jede Empathie war der Blick, den von Salomon nun auf Wagner warf.

»Da schritt er schnatternd neben mir, unwürdig, seicht, wie Ungeziefer lästig«, würde von Salomon später seine Ge-fühle beschreiben.

Es war in seinen Augen weniger ein Mord, den er hier

gleich begehen würde, er sah sich eher als Kammerjäger, der seiner Arbeit nachging.

Eine Arbeit, manchmal mühsam, aber eben notwendig, um Schaden von Volk und Staat abzuwenden, wie der deutsche Rechtsanwalt Walter Luetgebrune später über diese Form der deutschen »Rechtsprechung« in einer Verteidigungsschrift formulieren würde.

Der Mond stand in Bad Nauheim als kleine Sichel am Himmel. Wagner begann, im Park zu singen, betrunken und ängstlich. Am See angekommen, hob er den Finger und sprach: »Ach wenn das Mädchen mit den roten …« Weiter kam er nicht. Kerns Faust, schrieb von Salomon später, »sauste mit der Wucht eines Hammers« auf Wagners Schädel hinunter.

Ein wilder Kampf folgte. Ein Totschläger traf Wagner am Kopf. Er ging mit einer schweren Gehirnerschütterung zu Boden. Der scheinbar Getötete sollte nun mit einem Stein beschwert im See verschwinden, die Feme ihren Abschluss finden.

Aber einmal im Wasser, kam Wagner wieder zu sich. Er schwamm ans Ufer, wo von Salomon mit einer Pistole wartete.

Der Plan war klar.

Wagner musste weg.

Jetzt erst recht.

»Bitte, bitte, bitte, bitte, Gnade, Erbarmen, Leben, Leben«, schrieb von Salomon, habe Wagner gerufen. »Du Hund, du Schwein, du Verräter«, rief von Salomon.

»Ich will nichts mehr verraten. Ich will nie mehr verraten. Ich will alles tun, was ihr wollt. Lasst mich leben, leben«, rief Wagner.

Plötzlich wurde von Salomon von einer seltsamen Müdigkeit gepackt. Er ließ Wagner entkommen.

Ein Anflug von Schwäche, den ihm Kern nie verziehen hat. Dass Wagner nicht durch die Feme seine gerechte Strafe erhielt, war für Kern nichts weniger, so ließ er es von Salomon immer wieder spüren, als ein Versagen.

Fortan war von Salomon in Kerns Augen nur noch ein Terrorist zweiter Klasse.

Einer, der nicht wirklich als Killer in vorderster Reihe bestehen konnte.

Wenn es wirklich darauf ankam.

»BIN ICH NICHT EINS
MIT DEM MASCHINENGEWEHR?«

Die Frankfurter Zelle der Organisation Consul bestand durchweg aus gebildeten Menschen des Bürgertums, jenen Kreisen, die man als Stützen der Gesellschaft zu betrachten pflegte. Und jetzt sägten und sprengten und schossen die Nachkommen dieser Stützen um sich. Sie wollten etwas erneuern, indem sie die Machthaber der Gegenwart vernichteten. Was genau werden sollte danach, wussten sie nicht. Dem aufgeklärten Staatswesen der Demokratie setzten sie ihr Gefühl und eine Mythologie des Blutes entgegen. Wenn es deutsch war, dieses Blut, würde es schon seinen Weg in eine bessere Zukunft finden.

Zwischen einer verklärten Vergangenheit und einem ebenso verklärten Morgen stand die verrottete Gegenwart.

Zum Selbstverständnis dieser guten Familien hatte gern eine vorzeigbare, einigermaßen gründliche Bildung gehört. Literatur und Musik, vor allem die Klassiker, gehörten zum guten Ton, und so war es nur folgerichtig, dass es in den Freikorps einige gab, die lasen – und auch schrieben. Oder versuchten, das, was sie erlebt und gefühlt hatten, auf Papier zu bringen. Der Ehrgeiz und die Eitelkeit mancher gingen so weit, dass sie sogar die Buchform wählten.

Rudolf Manns »Mit Ehrhardt durch Deutschland« ist so ein Buch. Friedrich Freskas »Kapitän Ehrhardt. Abenteuer und Schicksale«, Friedrich Wilhelm Heinz' »Sprengstoff«

oder auch »Durchbruch ins Reich«. Sogar der Grausam-keits-Ekstatiker Manfred von Killinger sah sich mit Bü-chern wie »Ernstes und Heiteres aus dem Putschleben« zur Feder gedrängt. Es war fast immer schriftstellerisch biedere Ware, die sie da zu Papier brachten. In der ideologischen Soße starr gewordenes Zeug. Mal las es sich wie bei Mann wie ein Wandervogel auf Stereoiden, mal, zum Beispiel bei Heinz, wie ein Bewerbungsschreiben um einen Gauleiter-posten, wenn das Reich endlich eine autobahnharte Dikta-tur geworden sein würde.

Von Salomon gehörte zu dieser Sorte Freikorpsliteraten. Aber er transzendierte das Genre auch. Er war expressiver, beweglicher. Ernst Rowohlt, der von Salomons Bücher Anfang der 30er-Jahre verlegte, nannte ihn gerne »meinen Bombenleger«. Beide verband eine Trinkerfreundschaft mit fast homoerotischen Anklängen. Von Salomons Bücher »Die Geächteten«, »Die Kadetten« und »Die Stadt« fanden zwar ins Verlagsprogramm und in die Läden, aber die Be-zeichnung »Literatur« verweigerten die beiden jüdischen Hauptlektoren Rowohlts, Paul Meyer und Franz Hessel, von Salomons Büchern hartnäckig. »Beide Lektoren wa-ren sehr unglücklich über mein Manuskript. Es war keine ›Literatur‹. Aber als ›Dokument‹ mochte es gerade noch hingehen«, schrieb von Salomon später in seinem 1951 er-schienenen Buch »Der Fragebogen«. Ein Bestseller der noch sehr jungen Bundesrepublik, auch weil dort ein alter rechter Kämpfer launig über sein Leben schrieb, sogar Fehler und Irrtümer einräumte, aber weiterhin konsequent Verachtung zeigte für die Demokratien des Westens, die für ihn gipfel-ten in einem völlig hinfälligen und lächerlichen *American way of life*. Dann doch lieber die kommunistisch gefärbten

Diktaturen des Ostens. Wenigstens war dort eines der wichtigsten Ideale von Salomons verwirklicht, ein starker, straffer Staat.

Ernst von Salomon und seine schreibenden Kameraden standen mit ihrem Weltbild nicht allein, sie waren Teil einer breiten, höchst einflussreichen politisch-ideologischen Bewegung, die man in der Bundesrepublik im Nachhinein unter dem umstrittenen Begriff der »Konservativen Revolution« zusammengefasst hat – so der Titel des (apologetischen) Standardwerks von Armin Mohler, einem Schweizer SS-Mitglied und späteren Redenschreiber von Franz-Josef Strauß. Mohlers Absicht war es, unter diesem Namen hauptsächlich Vertreter der antidemokratischen, aber nicht nationalsozialistischen Rechten der Weimarer Republik zusammenzufassen, um diese (gegen sein besseres Wissen) von ihrer Nähe zur späteren Naziherrschaft reinzuwaschen. Zu diesen zählte er die unterschiedlichsten Personen (Moeller van den Bruck, Ernst und Friedrich Georg Jünger, Carl Schmitt, Oswald Spengler, Martin Heidegger, Ernst Niekisch und andere) und unterschiedlichsten Unterströmungen (die »Völkischen«, die »Jungkonservativen«, die »Nationalrevolutionäre«, die »Bündischen« oder das »Landvolk«). Dabei war der Nationalsozialismus Adolf Hitlers von den frühen Jahren der Bewegung ein Teil dieses Ganzen, und alle diese unterschiedlichen Gruppen und Individuen bereiteten mit ihren Büchern, Zeitschriften, Kampfschriften, Versammlungen und Aufrufen zumindest objektiv die Machtergreifung der Nazis durch ihren gemeinsamen fanatischen Kampf gegen die Republik von Weimar vor und waren so Steigbügelhalter des Faschismus in Deutschland.

Zwischen ihren akademischen Vertretern, den nationalistischen Parteien, den Hugenberg-Medien und den Stimmen aus der Literatur und Kunst gab es zahlreiche Verbindungen untereinander, die der gemeinsame Hauptfeind verband: der Liberalismus (nach Oswald Spengler »die Selbstauflösung der Menschheit«). Liberalismus, das hieß: Demokratie, Humanismus, universelle Menschenrechte, Toleranz gegenüber Minderheiten, Aufklärung und die Politik der Verständigung und des Friedens von Staaten untereinander.

Der Kampf gegen »links«, gegen Kommunisten und Sozialisten, war dem auch deswegen oft nachgeordnet und bisweilen nur rhetorisch, weil sich ein Teil dieser Welt als nationalbolschewistisch verstand, mit Sowjetrussland sympathisierte und die kapitalistische Marktwirtschaft »des Westens« genauso bekämpfte, wie dies die Linksradikalen von Weimar taten. Frühe Querdenker …

Diese rechten Totengräber der Demokratie hatten auch nicht das Ziel, die Welt des wilhelminischen Kaiserreichs vor 1914 wiederherzustellen, die Privilegien des Adels, die geordneten Hierarchien in Kirche, Staat und Familie, sie waren selbst eine Bewegung der Moderne. Die meisten von ihnen akzeptierten und bewunderten die Umwälzungen der zeitgenössischen modernen Welt, der revolutionären Technik und Industrie, der entstehenden Massengesellschaft und der Massenmedien. Diese Moderne war ja auch entstanden in den Schützengräben des Ersten Weltkriegs, der durch seine industrielle Kriegsführung selbst ein enormer Beschleuniger der gesellschaftlichen Modernisierung war. Im Mittelpunkt all ihrer Gesellschafts- und Staatstheorien stand der Krieg als ein ewiges Naturereignis, als unabwendbare Realität »des Lebens« und »des Seins«, der ewige Kampf von Kollektiven, von Völkern und Staaten gegeneinander, die Unterordnung und Einordnung des Einzelnen in naturgegebene Hierarchien und unhintergehbare Schicksalszugehörigkeiten zu Volk und Nation (mal biologisch begründet, mal kulturell-traditional). Eine weitere Klammer dieser Strömungen war von Anfang an der Antisemitismus in all seinen Schattierungen. Bei Ernst Jünger klang das so: »Die Erkenntnis und Verwirklichung der eigentümlichen deutschen Gestalt scheidet die Gestalt des Juden ebenso sichtbar und deutlich von sich ab wie das klare und unbewegte Wasser, das Öl als eine besondere Schicht sichtbar macht ... Im gleichen Maße jedoch, in dem der deutsche Wille an Schärfe und Gestalt gewinnt, wird für den Juden auch der leiseste Wahn, in Deutschland Deutscher sein zu können, unvollziehbarer werden, und er wird sich vor seiner letzten Alternative sehen, die lautet: In Deutschland entweder Jude zu sein oder nicht zu sein.«

Der Mythos siegte bei diesen Philosophen, Dichtern, Staatsrechtlern, Historikern über das sogenannte »schematische, zersetzende« Denken der Aufklärung, die Gemeinschaft siegte über die Gesellschaft als lediglich Summe von Einzelnen, bei ihnen siegte das ewige Gesetz von »Freund und Feind« (als das Wesen von Politik schlechthin bei Carl Schmitt) über Friedenspolitik, die Tat siegte über das Denken, die Kultur über die Zivilisation. Fast alle waren Nationalisten. Die selbstverständliche Überlegenheit der eigenen Nation war oft bereits rassisch-biologisch begründet, ansonsten historisch oder mythisch-irrational, durch Traditionen, Religion oder heldenhafte Leistungen großer Männer in der Geschichte.

Wie stark und einflussreich dieses Denken bis in die

Kreise der Hochkultur hineinwirkte, erkennt man an Thomas Manns frühen »Betrachtungen eines Unpolitischen« aus dem Jahr 1918. Das Buch enthält viele dieser Motive auf höchstem gedanklichen Niveau und war eine regelrechte Kampfschrift, in der sich Thomas Mann im Krieg auf die Seite des Deutschtums als überlegene Kultur der »Tiefe« stellt – und gegen die »Flachheit« der Zivilisation und der Kommerzwelt »des Westens«, insbesondere Frankreichs und der angloamerikanischen Welt. Thomas Mann war sogar einer der Ersten, der den Begriff der »Konservativen Revolution« benutzte.

Aus der Menge dieser Autoren ragt bis heute Ernst Jünger wegen seines unbestrittenen literarischen Glanzes heraus. Ernst von Salomon lernte Ernst Jünger Mitte der 20er-Jahre kennen, auch Ernst Jünger hatte eine Freikorpsvergangenheit als Landesführer Sachsen des Freikorps Rossbach. Im Gegensatz zu den meisten Schriften aus dem Umkreis der konservativen Revolution wie etwa Oswald Spenglers »Untergang des Abendlandes« ist zum Beispiel Ernst Jüngers »In Stahlgewittern« aus dem Jahr 1920 bis zum heutigen Tag ein kanonisierter Text, in dem Jünger den Krieg zum Transzendenzereignis macht, eine Art Hochamt des männlichen Soldatentums, des Landknechtswesens, des Nahkampfs Mann gegen Mann. Die unfassbaren Grausamkeiten, Todesorgien und Metzeleien werden dort im Stil der sogenannten Neuen Sachlichkeit mit scharfem Blick und sprachlicher Brillanz dargestellt. Die nationalistische Identifikation mit dem eigenen Volk (trotz aller späteren Überschreibungen Jüngers bei Neuausgaben) wird als naturgegeben nicht hinterfragt und im Übrigen auch dem zu besiegenden »Feind« als angemessenem Kriegsgegner ohne Weiteres attestiert.

Immer wieder wurden hier zwischen den Schlachten mit ihren zahllosen Gefallenen, den Lazarettaufenthalten nach Verwundungen, der stolzen Entgegennahme von Orden romantische Momente von Naturschönheit oder von Liebeserlebnissen im besetzten Frankreich als Idyllen geschildert und in das »innere Erlebnis« des Krieges eingewoben. Und auch die klare Wahrnehmung der unübersehbaren technischen und quantitativen Überlegenheit der Heere der Entente gegen Ende des Krieges und der nicht zu verhindernden Niederlage, die Ernst Jünger als Schriftsteller in den »Stahlgewittern« eindrücklich schildert, hinderte den nationalistischen Kriegsheimkehrer Ernst Jünger danach nicht, in das Lügenlied von der Dolchstoßlegende einzustimmen. Die Ästhetisierung der militaristischen Gewalt und die Heroisierung des »Soldaten« als eine Art Idealmodell menschlicher Existenz machten das Buch zu einem geistigen Vademecum der Kreise, die den Kampf gegen den Friedensvertrag von Versailles und die Republik als Fortsetzung des Kriegs an der Front betrachteten, auch wenn Jüngers elitär-anarchistische Haltung als Schriftsteller nicht übereinstimmte etwa mit dem Massenkult und den Massenstrategien der Nationalsozialisten.

Ein interessanter Gegenpol zu »In Stahlgewittern« war im Übrigen ein zweites großes Buch der 20er-Jahre über den Krieg an der Westfront, Erich Maria Remarques Roman »Im Westen nichts Neues« von 1929, in dem der Autor ganz ähnlich wie Ernst Jünger auf den Krieg durch die Augen seines Romanprotagonisten zurückblickt. Und obwohl auch Remarque die Realität des Krieges mit großer Genauigkeit und Härte schildert, ohne diese Schilderungen durch explizite moralische oder pädagogische Bewertungen zusätzlich zu unterstreichen, war die pazifistische Wirkung des Romans unübersehbar und der Grund für seinen überwältigenden Erfolg bis in unsere Tage. Sein inneres Thema war die Unübersetzbarkeit und Unaussprechbarkeit der Fronterfahrungen für viele seiner Teilnehmer in den Jahren danach, die diese zu Fremden in ihrem eigenen Land machten.

Millionen von Kriegsteilnehmern und Kriegsheimkehrern konnten sich mit den Schilderungen in diesem Roman identifizieren und diese in Verbindung bringen mit ihrer oft miserablen wirtschaftlichen Lebenssituation infolge des Krieges und der Inflation. Bei Lesungen aus dem Roman wurden die Räume folglich von Nazianhängern gestürmt, schon 1931 ordnete der Unterrichtsausschuss des Preußischen Landtags die Entfernung des Buchs aus allen Schulbüchereien an, und bei der historischen Bücherverbrennung am 10. Mai 1933 auf dem Berliner Bebelplatz rangierte das Buch weit vorne auf der Liste der Hassobjekte der Nazis.

Obwohl Ernst von Salomon später als Autor und Drehbuchschreiber sogar von seiner Arbeit lebte, hatte er in seinen jüngeren Jahren ein schwieriges Verhältnis zur Literatur und zu seinem Talent, weil trotz allen nationalistischen Schrifttums den Militarismus eine generelle Kultur- und Geistesfeindschaft auszeichnete.

Lesen und Bücher galten zum Beispiel auf der Kadettenschule als unmännlich und peinlich. An seinem ersten Tag in der Anstalt fragte er verschämt, wo er ein paar Bücher, die er dabeihabe, hinstellen könne. Man spürt den Hohn der anderen Kadetten förmlich. Man fragte ihn ungläubig, ob er mit Büchern Lehrbücher meine. Wenigstens Karl

May. Als von Salomon dann entschuldigend »Sven Hedin und so« murmelte, bekam er ein verächtliches »Streber« entgegengeschleudert. Nicht einmal der schwedische Parade-Arier, Entdeckungsreisende und die Deutschen verehrende Hedin fand in der Anstalt Gnade. Bücher waren ein Makel.

Das Gegenteil von Zucht.

Denn das war ja mit Zucht auch immer gemeint. Nicht nur Disziplin und Gehorsam. Sondern auch herangezogen werden zu Höherem. »Dem ersten Stand des Soldaten angehören, des Königs Rock zu tragen«, beschrieb von Salomon sein Lebensgefühl und das seiner Gesinnungsfreunde. Das Höchste im ersten Stand war der Tod auf dem Schlachtfeld, nicht etwa »Kultur«. So wollte es die Ideologie der Anstalten.

»Wir suchten den Krieg, der unserem Tun den Sinn gab«, hatte von Salomon, als der Erste Weltkrieg sich abzeichnete, geschmachtet. Als er dann ausbrach und die älteren Jahrgänge aus der Anstalt in den Schützengräben ums Leben kamen, fasste von Salomon den Stoßseufzer der Zurückgebliebenen zusammen. »Es war selbstverständlich, dass sie fielen, und wir neideten es ihnen.«

Agonie breitete sich aus, eine stille Verzweiflung, zu verpassen, was das Ziel, der Höhepunkt, das Weihefest dieser Zucht sein sollte. Eine Art Bluttaufe. »Mit Ungeduld den Tag zu erwarten, da auch wir mit eigenen Augen und im eigenen Einsatz preisgegeben sein sollten einer Gewalt, die uns so wild und schrecklich und schön mit ihrem heißen, geheimnisvollen Atem schien.«

Trotzdem gab sich von Salomon auch dem Schreiben hin, wenn er konnte. Er war sich im Klaren, dass er eine, wie er es nannte, »gebildete und gezierte Sprache« bedienen könnte.

Mit Leidenschaft und, wie er prahlte, »heimlichem Stolz« verfasste er zum Beispiel die »Ober-Tertianer«-Zeitung seiner Kadettenschule. Er las auch Nietzsches »Also sprach Zarathustra«, hing dem Geraune vom Neuen Menschen an, der die Dekadenz des 19. Jahrhunderts hinwegfegen würde. Aber all diese gelegentlichen schöngeistigen Beschäftigungen konnten doch nicht darüber hinwegtäuschen, dass die Waffe das angebetete Instrument der Identitätsstiftung war. Der Neue Mensch sollte in diesem Krieg geboren werden, so die Überzeugung der Offiziere von morgen. Oder eben sterben. Was er auf keinen Fall sollte, dieser Neue Mensch: sich um Brot in einer langen Schlange anstellen, Lebensmittelmarken sortieren und besorgt auf die dahinschwindenden Ersparnisse blicken. Schon gar nicht sollte dieser Neue Mensch in einer Demokratie seine Volksvertreter wählen.

Vor Ekel wanden sich die Kadetten, als sich einmal eine Ausgabe des sozialdemokratischen »Vorwärts« in die Anstalt verirrte. Eine Ausgabe der »Berliner Illustrierten« mit dem Cover des Republikverkünders Philipp Scheidemann wurde wie das Zeugnis eines jämmerlichen Unfalls ungläubig beäugt.

»Es langte nur zu einigen Witzchen über sein Vorhemd und den Schnallenschlips, und dies Bild brachte höchstens die Gewissheit, dass es keine Brücke gab zwischen dem, was uns bewegte, und der Welt dieses behäbig aus triumphierend funkelnden Äugelchen lächelnden Bürgers mit seiner goldenen Uhrkette und der Haltung eines missglückten Cäsaren«, schrieb von Salomon.

Die Anstalten wurden geschlossen von den Scheidemanns dieser neuen Republik. Das ganze Treiben dieser Demokraten schien wie ein unfassbarer Betrug an allen

Werten, die den Zöglingen in den Anstalten ins Gehirn gedrückt wurden. Jetzt, in der neuen Zeit, waren sie plötzlich nicht mehr die Auserlesenen, nicht mehr die unzweifelhaften Empfänger allerhöchsten Respekts. Man lachte über sie, als seien sie Narren. Oder Aufständische und Kriegsgegner verprügelten sie einfach und rissen ihnen die Epauletten ab.

Die Freikorps wurden so ein Sammelbecken dieser Jugend aus guten Familien, die sich um ihre Zukunft betrogen fühlten. Der Wunsch nach Rache, nach Wiederherstellung einer autoritären Ordnung, ganz einfach auch nach Lohn und Verpflegung und der Gesellschaft von Menschen, die einen nicht für eine Null hielten – es gab viele Gründe, den verlorenen Krieg jetzt in den Freikorps weiterzuführen. Für Kern, Fischer, Heinz und von Salomon trafen eigentlich alle diese Gründe zu.

Nach den Splatter-Abenteuern im Baltikum und in Oberschlesien und der Auflösung der Freikorps begann dann der Weg in den Untergrund. Kern, Fischer, Heinz und von Salomon bewegten sich wieder in Städten wie Frankfurt, es gab Buchhandlungen und oft lange Abende ohne Feindberührung. Heinz schrieb angeblich nachts Sonette, von Salomon beschäftigte sich erst mit Nationalökonomie, dann mit Religion. Nicht besonders lange, nicht besonders nachhaltig, aber er hatte in der Zwischenzeit eine Ahnung davon bekommen, dass er außer dem Kriegshandwerk nichts konnte oder beherrschte – und deshalb suchte er sich ein wenig Halt durch Wissen zu schaffen.

Schließlich blieb er abermals bei seiner verschütteten Neigung zur Literatur hängen.

»Die Literatur!«, sagte ich zu Heinz. »Wir wissen ja gar nicht, aus welchen geistigen Quellen sich unser Handeln speist! Wenn wir die Deutschheit erkennen wollen, beschwor ich ihn, müssen wir die Werke erobern, in denen sie sich spiegelt! Und ich las, ich las mit wütender Inbrunst Nächte hindurch, war der Schrecken bücherbesitzender Freunde, Stammgast der Stadtbibliothek, las wild durcheinander von der ›Edda‹ bis Spengler, gleich wie es kam, war Kunde der kommunistischen ›Bücherkiste‹ in der Passage.«

Die Söhne aus den guten Familien nahmen plötzlich wieder Witterung mit ihrem bildungsbürgerlichen Milieu auf. Das Maß fehlte ihnen trotzdem. Es war verrutscht, in der Anstalt, bei den Massakern im Osten. Heinz hielt sich für Dante, von Salomon glaubte, dichten zu können wie Shakespeare. Sie glaubten, genial wie Hölderlin zu sein.

Der schrille Größenwahn einer Generation, die eigentlich verloren war. Verkrachte Gestalten mit großem Ego, ohne Perspektive, ohne Zukunft.

Nur zu genau wollten sie es auch nicht wissen. Die Verschwörer vertieften sich nicht in die Bücher, um zu lernen, sondern um sich für ihre blutige Mission zu munitionieren. Immer auf der Suche nach Zeugen, deren Schriften und Gedanken schön in ihr tiefautoritäres Weltbild passten.

Verklärt wurde das, was sie stolz »die Tat« nannten. Eine der einflussreichen Zeitschriften des Milieus hieß »Die Tat«.

»Nicht geübt in jener zweifellos angenehmsten Kampfesart, die in den Spalten aller Zeitungen als ein Kampf mit geistigen Waffen schmatzend angepriesen wurde«, spottete von Salomon über den rationalen Diskurs der Demokratie, die im Austausch der Argumente in einer aufgeklärten Öffentlichkeit stattfand. Stattdessen Fischen »im Wortchaos nach brauchbaren Ausdrucksformen für unser Wollen …, so die kommende Tat vorbereitend«. Sich auf pathetisches

Herausschreien einschwören, weil das Gefühl für sie viel bedeutsamer war als die verachtenswerten Worte demokratischer Diskutanten. Ihr Gefühl – getrieben von höheren, fast göttlichen Mächten, über dem kläglichen Willen der Einzelpersonen stehend. Die Attentäter verschmolzen mit einem quasi religiös verstandenen Volkswillen. Das machte stark.

Ein Ermächtigungsgesetz ganz eigener Art.

Auf einen war immer Verlass, wenn es darum ging, dieses Gesetz knallhart umzusetzen und weiterzutreiben.

Kern, der extrem aufgeladene Fanatiker.

Als von Salomon ihm einmal Rathenaus Buch »Von kommenden Dingen« lieh, hatte er die kleine Hoffnung, mit Kern, dem ebenfalls angeblich Literaturinteressierten, einen Austausch über das Gelesene haben zu können. Im winzigen Zimmer von Salomons stehend, zertrat Kern diese kleine Hoffnung innerhalb weniger Sekunden.

Kern nahm Rathenaus Buch aus seiner Mappe und stellte es schweigend auf jenes Brett von Salomons zurück, das als Regal diente.

Fragend und forschend sah sich von Salomon Kern an.

Kern erwürgte die mögliche Diskussion mit einem Satz.

»So viel Funken und so wenig Dynamit.«

Nicht lesen oder diskutieren war die Lösung.

Sondern den Laden in die Luft sprengen.

»ER SIEHT VOR DER WEICHEN BLASSROSA TAPETE BRILLANT AUS«

»Lieber Herr Munch, wenn Sie wollen, können wir übermorgen, Donnerstag, 1 Uhr in der Viktoriastraße anfangen. Ich habe zwar Donnerstag nur eine halbe Stunde frei, an den späteren Tagen aber eine Stunde. Sie werden wohl eine große Leinwand nötig haben; ich glaube ich habe 1,82 m. Mit freundschaftlichem Gruß, Ihr W. Rathenau.«

Das Porträt, das in den folgenden Sitzungen entstand, zeigte einen Großbürger, bei dem doch die herausfordernde Haltung eines Halbstarken durchscheint. Die Breitbeinigkeit, die Zigarre in der Rechten, die Linke in der Hosentasche, vor allem aber ist es der abschätzende Blick, der trotzdem kaum nach außen geht. Sondern nach innen. Sinnierend, beschäftigt, möglicherweise auch mit sich selbst. Die Umgebung auf Distanz haltend. Unerlöst, das Gegenteil von gediegen, in sich ruhend.

Auch der perfekt geschnittene dunkle Anzug, der makellos weiße streng geknöpfte Kragen und die Maße eines Bildes, das in dieser Größe Herrschern vorbehalten war, schafften es nicht, Rathenau die Gelassenheit eines in der Tradition seines Milieus aufgehobenen Aristokraten zu geben. Edvard Munch, einer der mächtigsten Pioniere der Moderne, einer, dem es darauf ankam, das sogenannte zweite Gesicht eines Menschen zu malen, porträtierte Rathenau als einen Herrn, zweifelsohne. Aber als einen Herrn, der schwierig schien.

Bis zur Grenze der Fremdheit. Fremd, möglicherweise auch sich selbst.

Harry Graf Kessler, der große europäische Dandy, Mäzen und Kunstenthusiast, der nun wirklich jeden kannte, der die Moderne vorantrieb zwischen Wien, London, Paris und Berlin, Kessler also, der eben auch mit Munch freundschaftlich verkehrte, beschrieb den jüdischen Großbürger und mächtigen Industriellen mit einer starken Neigung zu den schönen Künsten ähnlich, wie Munch ihn malte – als Fremden.

»Ein sehr großer junger Mann, der durch seine anomale Kopfform, die mehr negerhaft als europäisch aussah, auffiel: Tiefliegende, kühle, rehbraune, langsame Augen …, eine tiefe Stimme, eine pastorale Sprechweise bildeten die etwas unerwartet künstlich wirkende Fassung für eine blitzende Gedankenfülle. Man stieß auf ihn in der Hofgesellschaft, wo jeder jeden kannte, zunächst als Fremden.«

Ein eigenartiger Fremder war das, gewiss. Eine massive Kraft ging von ihm aus, konstatierte Kessler, »zugleich aber irgendeine Schwäche, vielleicht, man wußte nicht, einer überzarten Haut«. Ein Fremder, der sich mühte, dazuzugehören. Und trotzdem Außenseiter blieb. Trotz seines Geldes. Trotz seiner enorm mächtigen und wichtigen AEG. Trotz seiner weltweiten Verbindungen. Trotz seiner Bildung.

Das Trotz war gleichzeitig ein Wegen. Das Geld, die AEG, die weltweiten Verbindungen, auch seine Bildung und Belesenheit ließen ihn abgehoben erscheinen. Nicht zugehörig zu den Deutschen. Etwa im Gegensatz zu Helfferich, seinem deutschnationalen Erzfeind. Oder Ebert, dem gegängelten Sozialdemokraten. Sogar Max Liebermann, sein Onkel, ein streitbarer Maler und Jude, war mehr zugehörig als er, Rathenau. Er hatte sich für die Malerei entschieden, gekämpft und seinen Platz gefunden. Er hatte Freunde und Feinde. Rathenau hatte fast niemanden, so jedenfalls malte ihn Munch, so jedenfalls beschrieb ihn Kessler, einer seiner wenigen Gefährten.

»Wir sollten aufhören, Interieurs mit lesenden und strickenden Frauen zu malen ... wir sollten lebendige Menschen malen, die atmen und fühlen und leiden und lieben«, hatte Munch für seine Kunst gefordert und Rathenau als mächtiges Alien gedeutet.

Rathenau war nicht zufrieden mit dem Ergebnis. Der Kunstsachverständige seines Vertrauens, Albert Kollmann, hatte die Sache eingefädelt, indem er Munch wissen ließ, dass Rathenau wolle, dass die Sache schnell über die Bühne gehe und das Ergebnis gefällig sein solle. »Er denkt daran«, schrieb Kollmann, »dass Sie vielleicht sein Bild malen sollen, wenn es nicht zu viel Zeit braucht. Ich sagte ihm, dass Sie es wohl schnell machen können und habe natürlich sehr dazu animiert. In seinem Salon ist schönes Licht, und er sieht auf der weichen blassroten Tapete brillant aus. Sie können bei ihm malen.«

Rathenau ließ sich darauf ein. Er und Munch kamen gut miteinander aus, die wenigen Nachmittage in Berlin im Januar 1907. Nur als sich Rathenau dann selbst auf der Leinwand sah, war er wenig begeistert.

Jedenfalls nicht derart zufrieden, wie sich dies Kollmann gewünscht hätte.

»Ein ekelhafter Kerl, nicht wahr? Das hat man davon, wenn man sich von einem großen Künstler malen läßt, da wird man ähnlicher, als man ist«, sagte Rathenau über das Porträt.

Anerkennung über die seherischen Fähigkeiten Munchs

schwang da durchaus mit. Aber ins Haus, in die Villa an der Koenigsallee im Grunewald, sollte das Bild auf gar keinen Fall kommen. Es wurde erst einmal zwischengelagert und verschwand später möglicherweise auf dem Dachboden der Villa. Dorthin, wo Rathenau jene moderne Kunst hinverbannte, die er zwar kaufte und unterstützte, in deren Anwesenheit er sich jedoch nicht sonderlich wohlfühlte.

Rathenau wollte Teil der kulturellen Moderne sein. Als extrem wacher Teil seiner Generation begehrte er damit auch gegen die Generation der Väter auf und deren Kultur, gegen dieses muffige Verharren tief im 19. Jahrhundert. Bereits 1893 kaufte er für 100 Mark in Berlin ein frühes Gemälde des »armen, verhungerten Munch« mit dem Titel »Regenwetter in Cristiania«, wie er seinem Bruder Erich wenig begeistert schrieb, weshalb er Erich nahelegte, sich an der Summe zu beteiligen. Trotzdem war Rathenau der erste Prominente Berlins, der sich dazu entschlossen hatte, etwas von diesem als verdorben und gefährlich verschrienen skandinavischen Künstler zu erwerben.

Nur ein Jahr zuvor war es bei Munchs erster Ausstellung in Berlin zu Ausschreitungen gekommen. Der Verein Berliner Künstler hatte Munch eingeladen. Der Verband wurde geleitet von dem vom Kaiser protegierten konservativen Maler Anton von Werner.

Mit großem Eifer porträtierte von Werner, der als »Stubenmaler« ausgebildet war, das preußische Establishment seiner Zeit. Er war ein Emporkömmling, folgsam und servil, und er hatte überhaupt keine Probleme damit, der herrschenden Klasse einen verklärenden prunkvollen Spiegel vorzuhalten. Er liebte das. Und um noch mehr zu punkten bei den Herrschaften, die über ihm standen, malte er gerne

Historienbilder, die Preußens Herrscher in eine Reihe mit den Großen der Weltgeschichte stellten. So wie die Krönung von Wilhelm I. zum Kaiser der Deutschen 1871 in Versailles.

Donnerwetter, dieser von Werner hat ein ganz feines Auge, und er weiß, was sich gehört. Donnerwetter.

Allein der Name »Impressionist« war ein Schimpfwort im Berlin dieser Zeit, und von Werner teilte dieses Urteil mit ganzem Herzen. Frankreich hatte man besiegt. Nun gut, es gab noch Paris, aber auch dieser sündigen, chaotischen Metropole würde das wohlgeordnete Spree-Athen eher früher als später den Rang ablaufen. Und dann würden ja diese Kleckser und Erneuerer, die gar nicht richtig malen konnten, sehen, wo sie blieben. Vergessen in einem dunklen französischen Hinterhof der Geschichte, erstickt an einer Auster.

Aber dann waren diese jungen Männer aus dem Norden, die Ibsens und Strindbergs, ja doch sehr in Mode gekommen. Ihre Psychodramen waren nicht das, was von Werner gerne sah, aber als total rückwärtsgewandt wollte er sich auch nicht präsentieren. Er war ja schließlich ein Schöngeist, und wenn diese Note in ihm angespielt wurde, dann war er, nun ja, eben empfänglich. Empfänglich und immer bereit, seiner Eitelkeit einen Dienst zu erweisen.

Edvard Munch war genau so ein Fall. Immerhin kein Franzose, muss von Werner gedacht haben, und er setzte seine Unterschrift unter die Einladung an Munch.

Die Reaktionen auf Munchs Bilder im offiziellen Berlin waren dann aber vernichtend. Adolf Rosenberg, ein anerkannter Kunstkritiker, stimmte ganz mit der Meinung der besseren preußischen Gesellschaft überein, als er Munchs Arbeiten verriss. »Exzesse des Naturalismus«, schimpfte Rosenberg, »wie sie in Berlin niemals zur Ausstellung gelangt sind. Was der Norweger in Bezug auf Formlosig-keit, Brutalität der Malerei, Rohheit und Gemeinheit der Empfindungen geleistet hat, stellt alle Sünden der französischen und schottischen Impressionisten wie der Münchner Naturalisten tief in den Schatten.« Man solle bitte kein Wort mehr in Berlin über die Munch'schen Bilder verlieren, weil sie mit Kunst nichts zu tun hätten.

Das Publikum tobte vor Entrüstung, aber keiner tobte lauter als von Werner, der ehemalige Stubenmaler, der sich durch seine Eitelkeit hatte verführen lassen, seine Unterschrift unter die Einladung an Munch zu setzen.

Von Werner rief, die Ausstellung sei ein Hohn auf die Kunst und eine Schweinerei und eine Gemeinheit, und erklärte das Spektakel für geschlossen.

Bilder abhängen. Tür zu. Feierabend.

Als dann einige wenige Künstler den Einwand vorbrachten, dass man einen offiziell Eingeladenen nun nicht einfach so wieder rausschmeißen könne, rastete von Werner aus.

Er wurde hysterisch.

»Det is mir janz ejal«, rief von Werner, »die Ausstellung wird jeschlossen!«

Es folgte eine Keilerei im Saal.

Munch wurde in Berlin behandelt wie ein Verbrecher, und in dieser aufgeheizten Stimmung ein Bild ausgerechnet von diesem Künstler zu kaufen war eine Provokation.

Vielleicht tat es Rathenau auch aus diesem Grunde. Er wollte nicht zu den Rückständigen gehören, sondern zum Fortschritt.

Fest steht, dass er auch dieses Bild nicht bei sich zu Hause haben wollte. Er gab es weiter an den jüdischen Kunst-

händler Paul Cassirer, der sich später mit dieser Dauer-
leihgabe schmücken, aber sie eben auch nicht verkaufen
durfte.

Rathenau war auch hier ein Zerrissener. Von seiner Mutter Mathilde hatte er ein hohes ästhetisches Empfinden geerbt, und sie hatte ihn angespornt, diesem zu folgen. Klavier
spielen lernte der Junge, er schrieb Gedichte, er zeichnete
und malte.

Max Liebermann hatte das Talent seines Vetters erkannt
und ihn ebenfalls ermutigt. Aber letztendlich waren die
Kräfte, die ihn in die Chefetagen der Industrie zogen, stärker gewesen. Rathenau selber waren diese Weichenstellun-
gen durchaus bewusst:

»Mich wiederum ermutigte Max zum gleichen Beruf,
doch zog es mich stärker zu den Natur- und Geisteswissen-
schaften, und während ich den Verzicht auf ein Doppel-
dasein langsam verschmerzte, stärkte es mich, schöne Stunden in seiner Werkstatt am Landwehrkanal zu verbringen
und Werke entstehen zu sehen, die meiner Vorstellung von
einer werdenden Kunst entsprachen.«

Diesen Schritt vom Selbstschaffenden zum Betrachten-
den und Sammelnden tat Rathenau offensichtlich sehr bewusst, nur tief drinnen blieb immer ein Vorbehalt gegen das
Ungestüme, Wilde, Impressive und Expressive der modernen Kunst seiner Zeit. Etwa 30 bis 40 Bilder erwarb Rathenau im Laufe seines Lebens, aber ein passionierter Sammler
war er keineswegs. Die meisten Erwerbungen sperrte er weg
auf den Dachboden oder gab sie an Freunde wie Paul Cassirer. Künstler wie Munch ließ er an sich heran, weil ihm
dazu geraten wurde. Ihm selbst waren die Werke unheimlich, ihre Farben erschreckten ihn.

Wenn er ganz ehrlich war – und in den Briefen an seine allerengsten Vertrauten, zum Beispiel Lili Deutsch, war er es gelegentlich –, dann war moderne Kunst einfach nicht sein Ding. Wenn, dann sollten das Impulsive und Originäre dieser Moderne eingehegt und gezähmt sein. Dann vielleicht, aber auch dann nicht richtig gerne. Schon gar nicht dieser Munch, der ihn zu einem ekelhaften Kerl machte. Aber sich gegen Munch und seinesgleichen zu wenden war auch nicht schlau. Also das schauerliche Zeug an Cassirer weitergeben oder auf den Dachboden. Und Lili Deutsch per Brief zuflüstern: »So sehr ich das Gewaltsame in der Kunst oder vielmehr das Gewaltsame, durch die Kunst gebändigte, dankbar hinnehme, gewaltsame, aufgeregte, steile Kunst ist mir nicht gemäß.«

Bei aller Interessiertheit an den Bewegungen seiner Zeit blieb Rathenau im Inneren ein auf Gediegenheit und Ebenmaß Wert legender Preuße. Die im Bildungsbürgertum fortlebenden Ideale von mehr Sein als Schein, von Zurückhaltung und einer gewissen Bescheidenheit teilte er, wenn es um die Einrichtung seines Hauses in der Koenigsallee oder um die Renovierung seines klassizistischen Schlosses in Freienwalde ging. Die Beherrschung der Emotion, die Kontrolle von Stimme und Mienenspiel, das alles war ihm von früh an in Fleisch und Blut übergegangen, und er sah überhaupt keinen Anlass, sich durch Leute wie Munch von diesem Korsett der Bürgerlichkeit zu befreien. Möglicherweise auch, weil in seinem Inneren Kräfte miteinander rangen, die durchaus stark waren – und nur ein Halt am Gediegenen Rathenau die Stabilität gab, durch aufgewühlte Zeiten und Umbrüche zu steuern.

Zwar sollte laut Friedrich Nietzsche ein wahrhaft gebildeter Mensch stets bereit sein, die Erstarrungen und Verkrustungen der Kultur zu durchbrechen, aber Rathenau, sosehr er Nietzsche auch schätzte, war dazu nicht wirklich bereit.

Das erkannte auch sein Freund und Biograf Harry Graf Kessler, als er über Rathenau schrieb: »Er hatte Freude an hübschen, übersichtlichen sauberen Kunstwerken, die nach einem historisch erprobten Stil und überschaubaren Regeln hergestellt waren. Darüber hinaus versagte sein Kunstgefühl.«

Versagen des Kunstgefühls war ein harter Ausdruck, und Kessler, der mit Rathenau befreundet war und ihn wohl auch ein bisschen beneidete wegen dessen machtvoller Position in der europäischen Industrie, projizierte hier auch sein eigenes Unwohlsein gegenüber der Moderne auf den reservierten Großbürger.

Aber all diesem Unwohlsein zum Trotz, all den auf den Dachboden abgeschobenen Bildern widersprechend, gab es in Rathenau einen unglaublich starken Drang, dem Geist der Zeit nahe zu sein und diesen mit zu prägen.

Das geschah eher in seinen Büchern und Zeitungsartikeln, aber auch in vielen Briefen. Er wollte dazugehören zu den fortschrittlichen, streitbaren Köpfen seiner Zeit, bemühte sich unendlich um Schriftsteller wie Gerhart Hauptmann, Frank Wedekind, aber auch Hugo von Hofmannsthal und um den sehr von ihm verehrten Stefan Zweig.

Wedekind begleitete er sonntags mit dem Auto durch Potsdam, damit dieser als autoloser Mensch die Sehenswürdigkeiten Preußens mit »Ruhe und Schönheit«, wie Wedekind gefordert hatte, genießen konnte. Mit von Hofmannsthal tauschte er sich literarisch aus, vor allen Dingen über Bücher, die sich kritisch mit der zunehmend mechanisierten Welt des Westens auseinandersetzen. »Wir leiden unter der Herrschaft von Zweck und Verstand. Blut und Gesinnung,

Seele und Phantasie werden uns die neuen Welten bauen«, beschwor er den zivilisationsmüden von Hofmannsthal.

Vor Gerhart Hauptmann schließlich kniete er nieder. Ihm schickte er seine eigenen Manuskripte vorab, nicht damit er sie beurteilte oder sich dazu äußern sollte, sondern nur, damit er diese mit seinem Blick adelte.

»Sehr geehrter Herr Hauptmann«, schrieb er diesem, nachdem er einer Lesung in der Wohnung Hauptmanns hatte beiwohnen dürfen. »Ich danke Ihnen für einen unvergesslichen Abend und bleibe erfüllt und bewegt von Ihren wunder- und rätselvollen Werken. Wollen Sie mit Ihrer Frau Gemahlin mir noch ein paar Stunden schenken?« Dann listete Rathenau wie ein Hausmeister die freien Stunden in der Woche auf, an denen er die Hauptmanns bewirten könnte.

Rathenau liebte diese fortschrittlichen Kreise der literarischen Welt, und er tat einiges dafür, um als ihresgleichen wahrgenommen zu werden.

Dazuzugehören.

Er hielt Hof im Automobilklub, hatte einen Tisch im »Adlon« und lud zu sich nach Hause ein. Erst in die Fünfzimmerwohnung in der Viktoriastraße, später in seine Villa in der Koenigsallee und nach Freienwalde in sein Schloss.

Ob seine Ausführungen von Elektrizitätszentralen oder von Bankbilanzen handelten, lobte Kessler herablassend, immer klangen sie aus seinem Mund »wie Märchen aus Tausendundeiner Nacht« oder wie ein »Brillantfeuerwerk«. Nur: »Immer blieb er etwas fremd, wie ein Prinz aus dem Morgenland, der jede allzu intime Annäherung fürchtet. Widerspruch verstimmte ihn; ein Angriff konnte ihn aus der Fassung bringen, deswegen sprach er am liebsten selbst.«

Mit Peter Behrens förderte er als Architekten einen der

modernsten Vertreter seiner Zunft für die AEG, ließ ihn gewaltige Industriehallen bauen. Aber wegen dieser vielfältigen, also oberflächlich empfundenen Eiferei war Rathenaus Betriebsamkeit auch einigen Zeitgenossen aus der Kultur suspekt.

Zu diesen Zeitgenossen gehörte Robert Musil, der berühmte Romancier aus Wien. In Musils Monumentalwerk »Der Mann ohne Eigenschaften« gibt es einen Doktor Arnheim, einen beflissenen Deutschen, der es schafft, der Wiener Aristokratie gehörig auf den Geist zu gehen. Ein Mann der vielen Attitüden, geübt in vielen Disziplinen, aber was sein wahrer Kern ist, blieb den Mitmenschen ein Rätsel.

Auch ein Mann ohne Eigenschaften.

Eine Nervensäge.

»Er war ein Mann großen Formats«, schrieb Musil über diesen Doktor Arnheim. »Seine Tätigkeit breitete sich über Kontinente der Erde wie des Wissens aus. Er kannte alles: die Philosophen, die Wirtschaft, die Musik, die Welt, den Sport. Er drückte sich geläufig in fünf Sprachen aus. Die berühmtesten Künstler der Welt waren seine Freunde, und die Kunst von morgen kaufte er am Halm, zu noch nicht hinaufgesetzten Preisen. Er verkehrte am kaiserlichen Hof und unterhielt sich mit Arbeitern. Er besaß eine Villa im modernsten Stil, die in allen Zeitschriften für zeitgenössischen Baustil abgebildet wurde, und ein wackeliges altes Schloss irgendwo in der kargsten adeligen Mark, das geradezu wie die morsche Wiege des preußischen Gedankens aussah.«

Der Mann, von dem hier die Rede war, glich bis in die »morsche Wiege des preußischen Gedankens« Walther Rathenau, den Musil als »Vereinigung von Kohlepreis und Seele« verspottete.

»NEUE SACHLICHKEIT«

Der Sozialdemokrat Philipp Scheidemann hatte seine besten Tage als Politiker bereits ein paar Jahre hinter sich, als
er sich am Pfingstsonntag 1922 mit seiner Tochter Luise
und Enkelin Johanna zu einem Spaziergang auf die Kasse-
ler Wilhelmshöhe aufmachte. Ein wenig die Beine vertreten
und den Frühsommer schnuppern, nichts groß Anstrengen-
des. Scheidemann trug seinen schwarzen Rock, sein straff
gekämmtes Haar wurde vom Wind gezaust.

Sonst schien alles ruhig.

Trotzdem packte Scheidemann, Oberbürgermeister von
Kassel, seinen Revolver ein. Man wusste ja nie. Verrückte
kannten keine Feiertage.

Die Hetze gegen Scheidemann war enorm. Drohungen
gingen ihm mit solcher Regelmäßigkeit zu, dass seine Frau
begann, den Briefträger abzufangen, um die Schmähbriefe
und die aufpeitschenden Zeitungsartikel gegen ihren Mann
auszusortieren. Sie wusste, er würde sich aufregen. Und
diese Art Zusatzstress wollte sie ihm ersparen. Denn Philipp
Scheidemanns Krankenakte war lang. Erst im März hatte er
sechs Wochen in einer Klinik zubringen müssen, der Magen, ein hartnäckiges Zwölffingerdarmgeschwür.

Die Polizei kümmerte sich durchaus um die Sicherheit
des Politikers – indem sie ihm schriftliche Anweisungen
gab, wie er sich selbst schützen könne, ohne die Polizei be-
mühen zu müssen: »1. Dauernder Verschluss der Fenster im

Erdgeschoss bei Dunkelheit. 2. Die Fenster der Wohnung sind mit Vorhängen zu versehen, die für elektrisches Licht undurchlässig sind, damit keine Beobachtung von draußen möglich ist. 3. Stets unauffällige Begleitung durch einen Bekannten. Beide Herren Hand an den schussbereiten Waffen in der Tasche. Selbstverteidigungsgriffe zur Abwehr bei Schlag, Stich, Schuss. 4. Unauffällige Beschaffung einer leichten Panzerweste. 5. Entfernung oder scharfe Beobachtung der Büsche am Wilhelmshöher Platz.«

Auch Scheidemann wurde von der Rechten als Novemberverbrecher gescholten. Ihn zu töten galt bei den Völkischen als gute Tat. Applaus war den Tätern sicher. Strafe von Staat und Justiz nicht.

Wenn alles gut ging.

Schön behaglich im Walhalla des Dolchstoßes.

Jemanden niederzuschießen war eben in den völkischen Kreisen durchaus eine »romantische« Tätigkeit, so beschrieb es Friedrich Wilhelm Heinz.

Aber es war keine Gefahr zu erkennen, als Scheidemann auf der Wilhelmshöhe dahinschritt. Den Frühsommer atmend, die Tochter Luise mit Enkelin Johanna 20 Meter hinter ihm spazierend.

Was nun geschah, beschrieb Friedrich Wilhelm Heinz, der selber nicht dabei war, später angewidert als »Neue Sachlichkeit«. Heinz, der selbst schriftstellerische Ambitionen hatte und gerne so etwas wie der deutsche Gabriele D'Annunzio geworden wäre, der faschistische Dichter, den er bewundernd zitierte. Aber Heinz war nur ein pompöser Blechnapftrommler. Er schrieb einen trostlos wichtigtuerischen, pathosüberladenen Stil. Frühnazi-Kitsch, waffen- und muskelprahlerisch, doch ohne jede Kraft und Glanz.

Der Stil des Attentats, mit dem die Organisation Consul Philipp Scheidemann von der Erdoberfläche tilgen wollte, erinnerte diesmal eher an Dick und Doof als an Rechtsterroristen-Grauen.

Die Organisation Consul war darüber hinaus nach den Razzien von München im Herbst wegen des Erzberger-Mords anscheinend so tief im Untergrund versunken, dass selbst das Führungspersonal bisweilen im Dunkeln tappte, was überhaupt an Terror anstand.

Fest steht, dass sich zwei Angehörige der Organisation Consul, Karl Oelschläger und Hans Hustert, mit einem großen Packen von 1000-Mark-Scheinen wochenlang in Kassel herumtrieben, um Philipp Scheidemann auszukundschaften. Mit dem Ziel, ihn zu beseitigen.

Sie hatten aus der Spitze der Organisation Consul den Befehl erhalten, dass Scheidemann nun gekillt werden müsse. Wie überraschend und auch willkürlich diese Order anscheinend selbst für die Attentäter gekommen war, zeigte die Anekdote der Freundin Oelschlägers, die ganz erstaunt war, als Oelschläger ihr gegenüber am Himmelfahrtstag, also zehn Tage vor dem Attentat auf Scheidemann, etwas verdattert gestanden habe, er müsse die Beziehungen zu ihr abbrechen, er könne nur noch dem Vaterland dienen.

Als die Freundin besorgt nachfragte, was um Himmels willen denn geschehen sei, antwortete Oelschläger nur knapp und verstört: »Das Los ist auf mich gefallen.«

Oelschläger war der ältere der beiden Attentäter, 1890 geboren, 32 Jahre alt. Hustert war 22 Jahre alt.

Beide kamen im Stil der Erzberger-Mörder von hinten. Sie hatten sich hinter einem Baum versteckt und trugen

Wanderkleidung, dazu einen Wanderstock. Oelschläger gab schließlich Hustert den Befehl zum Losschlagen.

Beim Überholen zog Hustert einen roten Spritzball aus Gummi aus der Tasche, hielt ihn vor Scheidemanns Gesicht und drückte auf das rote Gummi. Die Tochter rief entsetzt: »Vater, schieß!«

Aber der mit dem roten Spritzball war schneller.

Pfft, pfft, pfft, pfft.

Als wollte jemand ein Insekt erlegen.

Pfft. Pfft. Pfft.

Aber es funktionierte – ein bisschen.

Die Flüssigkeit aus dem Spritzball traf Scheidemann am Unterkiefer und an der Nase. Schreiend mit Krämpfen in Oberkörper und Beinen sank er zu Boden, holte aber seinen Revolver hervor und drückte zweimal ab.

Der Wanderer mit der Spritze ergriff die Flucht.

Scheidemann sank in die Bewusstlosigkeit.

Später stellte ein Arzt fest, dass sich auf Scheidemanns Gesicht Spuren von Blausäure fanden. Er hatte nur überlebt, weil das Attentat im Freien stattgefunden hatte, ein Wind ging und sein Bart wie eine Art Filter funktioniert hatte.

Die Wanderer waren verschwunden, glaubten, ihre Mission erfüllt zu haben.

Als sie auf ihrer Flucht hörten, dass Scheidemann in Wahrheit überlebt hatte, war ihre Wut riesig.

»Ich hätte Scheidemann ohne Weiteres niedergeschossen, wenn ich im letzten Augenblick nicht gesehen hätte, dass die Wirkung in Kraft tritt und Scheidemann zusammenbricht. Ich habe die Waffe schussbereit in der Tasche gehabt und bin dann, als ich Scheidemann zusammenbrechen sah, mit weggelaufen«, sagte Oelschläger später.

Er zeigte durchaus Reue.

Er machte sich Vorwürfe, dass Scheidemann überlebt hatte.

Wenn Hustert und Oelschläger mit ihren Hintermännern ein wenig gründlicher nachgedacht hätten, wäre ihnen möglicherweise aufgefallen, dass Philipp Scheidemann ohnehin der falsche Mann war. Aber darum ging es nicht: auch dieser Mordanschlag gegen Scheidemann war Teil der erwähnten Putschstrategie zur Destabilisierung der Republik.

Ein seltsames Ziel war Scheidemann trotzdem. Er hatte den Versailler Vertrag von Anfang an abgelehnt. In der verfassungsgebenden Nationalversammlung hatte er im Mai 1919, also gut drei Jahre vor der Heimsuchung mit der Blausäure, gesagt: »Welche Hand sollte nicht verdorren, die sich und uns diese Fesseln legt.« Und er war bei dieser Haltung geblieben – auch als Realpolitiker wie Erzberger und Ebert sich zur Annahme der Versailler Bedingungen durchrangen, um zu verhindern, dass die Siegermächte Deutschland besetzten.

Auch, weil er sich vom spröden organisationsstarken Ebert in einem parteiinternen Machtkampf um die Hoheit der SPD absetzen wollte.

Und als der Versailler Vertrag angenommen wurde, trat er als Reichsministerpräsident zurück. Scheidemann, im Gegensatz zu Ebert rhetorisch brillant, hatte am 9. November die Republik ausgerufen. »Das Alte, das Morsche ist zusammengebrochen. Es lebe das Neue! Es lebe die deutsche Republik!«

Scheidemann hatte sich in seiner neuen Berliner Macht nicht eingebunkert. Er war zurückgegangen nach Kassel, seiner Heimatstadt, wo er als Sohn eines Tapezierers in Armut aufgewachsen war. Er war zurück an die Basis gegangen, zu seinen Wurzeln, wo er als Oberbürgermeister jetzt einen wesentlich kleineren Rahmen gestalten wollte.

Aber die Verhältnisse waren eben auch so, dass nicht einmal die eigene Polizei den eigenen Bürgermeister wirklich schützen konnte.

Eben auch weil ein Sozialdemokrat in dieser Republik bei vielen, die eigentlich die Gesetze vertreten sollten, noch immer nicht als schützenswert galt.

»Wie kann man auch mit Erzberger spazieren gehen«, hatte die Wirtin in dessen schwäbischer Pension gerufen, als sie vom Attentat auf den ehemaligen Finanzminister erfahren hatte.

Aber es gab auch andere. Viele andere. Drei Tage nach dem Attentat fand in Kassel eine große Demonstration statt, in der das Überleben des Bürgermeisters gefeiert wurde und Scheidemann schließlich eine Rede halten musste. Er stieg auf einen Tisch und rief: »Hände weg von der deutschen Republik!«

Wenig später schrieb Scheidemann einen öffentlichen Brief an die beiden »hochverehrten Mörder«, in dem er ihnen zurief, beim nächsten Versuch »mir nicht zu nah an den Hals zu kommen, weil ich da kitzelig bin. Da die Zigarren sehr knapp sind, bitte ich auch von Stechversuchen auf die linke Brustseite abzusehen, weil ich da meine Zigarrentasche trage«.

Das war sie also, die Neue Sachlichkeit. Blausäure, ein Überlebender und schließlich noch ein Spottgedicht des Opfers auf seine hochverehrten Mörder.

So etwas sollte nicht noch mal passieren.

Beim nächsten Mal, so viel stand fest bei den Anführern der Organisation Consul, würde man auf Nummer sicher gehen.

Sicher, dass das Opfer auch tot liegen blieb.

»MICH ZUR SCHÖNEN HÄRTE
MEINES SCHICKSALS BEKENNEN«

Die Stimmung in der von Kern geleiteten Frankfurter Zelle war im Frühjahr 1922 nicht besonders.

»Wie hast du als kaiserlicher Offizier den 9. November 1918 überstanden?«, fragte von Salomon Kern.

Der 9. November, jener Tag, an dem Scheidemann rief, dass das Alte und Morsche zusammengebrochen sei, und die Republik proklamiert hatte.

»Ich überstand ihn nicht«, antwortete Kern. »Ich habe mir, wie es die Ehre befahl, am 9. November eine Kugel in den Kopf gejagt. Ich bin tot. Was an mir lebt, bin ich nicht. Ich kenne kein Ich mehr seit jenem Tage … Ich will nicht schlechter sein als jene zwei Millionen Tote. Ich starb für die Nation, so lebt in mir alles nun einzig für die Nation.«

Mehr in Selbstmitleid gewickeltes Pathos ging eigentlich nicht, aber Kern halluzinierte regelrecht weiter:

»Wie könnte ich es ertragen, wäre es anders! Ich tue was ich muss. Weil ich sterben konnte, sterbe ich jeden Tag … Nichts bleibt mir, als zu tun, was man mir mit meinem vollen Willen diktiert. Nichts bleibt mir, als mich zur schönen Härte meines Schicksals zu bekennen.«

Das Attentat auf Scheidemann hatte Kern mitgeplant. Aber es war nicht nur schiefgegangen, der Anschlag war eine Blamage.

Kern, von Salomon und Fischer trafen sich in den Tagen danach. In Kern arbeitete der Ärger über die Blausäurepleite. Er gab zu bedenken, dass er stets dafür eingetreten sei, das Blausäuregemisch zuerst einmal in einem geschlossenen Raum auszuprobieren.

Dass solch ein Versuch für die Attentäter selbst hätte gefährlich sein können, fiel Kern nicht ein. Musste es auch nicht. Denn Kern war der Chef, von Salomon und Fischer und die anderem ihm in soldatischem Gehorsam ergeben. Kern suchte davon abzulenken, dass es seine Schuld war, dass Scheidemann noch lebte, nicht die der anderen, der Ausführenden.

Noch einmal würde so was nicht passieren.

»Der Misserfolg des Attentats auf Scheidemann befriedigte ihn fast«, interpretierte von Salomon die Stimmung seines Herrn.

Besonderen Hohn hatte Kern für die Tatsache reserviert, dass Scheidemann bereits wenige Tage nach seinem Überleben in Kassel eine Rede an die Bewohner gehalten hatte.

Was erlaubte sich diese seltsame Spezies der Demokraten eigentlich noch alles?

Bekamen die eigentlich nie genug?

Vergnügte, kopfschüttelnde Sympathie beobachtete von Salomon bei Kern: »Wie man sie etwa dem Gebaren seltsamer und exotischer Tiere zuwendet, die man zu beobachten Gelegenheit hat.«

Seltsame und exotische Tiere, diese Demokraten.

Aber auf wen konnte man sich noch verlassen, wenn es wirklich ums Killen dieser Leute ging?, schien Kern sich zu fragen.

Es war einiges schiefgelaufen in letzter Zeit.

Da waren die Blausäure-Clowns von Kassel.

Auch von Salomon hatte ja nicht geliefert, als er den Verräter Wagner nicht erschossen, sondern hatte davonkommen lassen. Von Salomon war, wie man das im damaligen Kommiss-Deutsch nannte, im »Verschiß«. Er hatte gepatzt. Den Kodex verraten. Von Salomon versuchte, sich wieder neu zu qualifizieren.

Er gab sich besonders eifrig. Wollte bei der Interalliierten Militärkontroll-Kommission in Berlin einbrechen. Wollte in Pommern Waffen verschieben. Aber Kern traute ihm das alles nicht mehr richtig zu.

Er beauftragte von Salomon mal mit diesem, mal mit jenem – aber als jener sich einem Projekt zu nähern begann, pfiff er von Salomon zurück.

Von Salomon muss verzweifelt gewesen sein. Ein Soldat, der zauderte, als zu weich galt, taugte nicht.

So gewaltig war die Kränkung, dass er eines der wichtigsten Tabus brach, den Gehorsam gegen einen Vorgesetzten. »Jetzt revoltierte ich«, schrieb von Salomon später über seinen Regelverstoß, »ich verlangte Aufklärung von Kern über die Dinge, die er vorhabe. Er behauptete, sie gingen mich nichts an.«

Von Salomon blieb hartnäckig, er kämpfte um das Vertrauen von Kern, dessen Auftrag es aber war, durch Geheimhaltung die Hintermänner zu schützen.

Die Frankfurter Zelle war jetzt eine verschärfte, radikalisierte Form der alten Kadettenschule. Die unter Gebrüll und Schmerzen eingestanzten Werte von unbedingtem Gehorsam und Mut bis zur Selbstauslöschung hatten sich im Baltikum und in Schlesien radikalisiert und radikalisierten sich nun unter den Bedingungen des Geheimbundes im Untergrund noch einmal.

Es gab keine Uniformen mehr, an denen man den Feind erkennen konnte. Im Chaos der Demokratie war man umzingelt von unsichtbaren Feinden.

Und auch in der Gruppe herrschte stets Unruhe, die Paranoia des Verrats. Deshalb die Härte gegen Abtrünnige.

Freundschaft existierte in dieser Art Leben nicht. Freundschaft war etwas für Zivilisten, Demokraten und andere Weichlinge. Nein, dieses krude, sinnlose Unternehmen namens Freundschaft hatte man schon in den Kadettenschulen durch »Kameradschaft« ersetzt.

Ein Kamerad war der Bursche an der Seite, der einem beistand, wenn der Feind einem an den Kragen wollte. Der einen rausprügelte. Dieser Kamerad musste sich aber auch auf einen verlassen können, wenn es darauf ankam. Und deshalb duldete der Kodex der Kameradschaft keine Schwäche und keine Angst.

Das System des ordensgleichen Militärs war derart umfassend und intensiv, dass für Privates kein Platz blieb.

Hinzu kam allerdings homoerotisches Geplänkel zwischen den Kadetten. Eine mit aufgeladenen Briefen verfolgte Flirtbeziehung, die aber auch immer dem Mechanismus von Befehl und Gehorsam unterworfen war. Von Herr und Knecht. Einer der älteren Zöglinge nahm einen Neuankömmling unter Protektion – und nannte ihn dann »meinen Schuß«.

Der Schuss – eine Art männlicher Ehesklave, der aber die über allem stehende Schlagkraft nicht gefährdete. Jemand, der, wenn er ein guter Schuss war, sogar den Korpsgeist steigerte.

»Wir gingen nun immer zusammen, und die Kameraden respektierten dies«, beschrieb von Salomon eine solche Eroberung. »Er war mein Schuß, und wer ihm etwas zuleide tat, hatte mich angegriffen. Es war selbstverständlich, dass es keine Geheimnisse zwischen uns gab als die, welche uns eine zarte Scham zu enthüllen verbot. Freilich musste mir mein Schuß meine Knöpfe putzen, meine Sachen instand halten, in der Pause die größte Schrippe rauslegen, das war in langer Tradition gefestigte Schußpflicht.«

Schmerz und Gewalt hatten die Körper und den Geist von Salomons und den seiner Kameraden geformt. Emotionalität, das Zeigen von Gefühl, galt als Schwäche. Die Gefahr, die Zumutungen der Aggression auszuhalten, das war gefordert. Der innere Panzer, der daraus wuchs, wurde mit jeder Zumutung härter. Dieses Gefühl der Steigerung bereitete Lust.

Dieses libidinöse Verhältnis zum Drill beschrieb von Salomon, wenn er von seiner Zeit als Kadett sprach. »Manchmal schoss ein unsinniger Wunsch nach Freiheit auf. Er zerschellte an der sicheren Richtung des Willens, das tun zu dürfen, was befohlen war, seht, das wog jede Freude am ungebundenen Schweifen doppelt auf.«

Der Wunsch nach Freiheit hatte aufgehört zu existieren, er war Unsinn. Zerschellt an der sicheren Richtung des Willens, das tun zu dürfen, was befohlen war. Untergeordnet zu sein unter einen größeren Willen. Nicht den eines Gottes. Sondern einer Maschine, der Militärmaschine. Diese Maschine erforderte einen neuen Körperzusammenhang. Sie sollte geschlossen, exakt und stark sein. Von Salomon beschrieb offen die Lust, als fremdgesteuertes Rädchen in diese Maschine eingesetzt zu werden und neben den anderen Rädchen zu funktionieren.

Diese Verwandlung bescherte ihm, Kern, Fischer und den anderen rauschhafte Momente, doch die Kehrseite dieser Verantwortung hieß Einsamkeit. Du bist nur wegen deiner Funktionalität gefragt, ansonsten interessiert sich für dich: niemand.

Denn nahe waren Kern, von Salomon, Fischer, Heinz und die anderen sich nur durch den Kampf.

»Im Grunde lebte ich völlig einsam«, schrieb von Salomon über dieses Lebensgefühl. »Anfangs wollte es mich widernatürlich dünken, dass gerade in diesem engen Bereiche, in dem keiner auch nur eine Minute ohne Beobachtung oder Kontrolle war, die bittere Tatsache absoluten Alleinseins so ungehemmt den Einzelnen überfallen musste – dass selbst die wärmste Kameradschaft so weit abstand von der einfachsten Freundschaft.«

Die Sexualität der Zöglinge wurde umgepolt. Aus dem Lustprinzip wurde das Schmerzprinzip. Schön war, was wehtat.

Das andere Geschlecht, die Frauen, blieben ein seltsamer, ferner Kontinent. Unentdeckt, unheimlich, voller Rätsel, die ein richtiger Soldat keine Veranlassung hatte zu lösen. Bei einem Tanzabend in der Kadettenanstalt geriet von Salomon in die Nähe eines solch merkwürdigen Wesens – und fühlte sich sogleich ernsthaft unwohl. »Mädchen schienen von vornherein sonderbar«, beschrieb er seine Empfindungen. »Man wusste eigentlich nie recht, wie man mit ihnen dran war, sie blieben immer erschreckend fremd.«

So war es nur konsequent, dass von Salomon die Möglichkeit, bei einem der seltenen Gemeinschaftsabende mit einer solchen Sirene zu tanzen, gegen einen Getränkebon eintauschte.

»Ich saß eigentlich sehr bequem in meiner Ecke«, beschrieb er seine Heldentat des Getränkebontauschs, »und das Mädchen konnte mir gestohlen bleiben. Absolut. Absolut gestohlen. Es lohnte sich nicht, über Mädchen nachzudenken. Überhaupt war es sonderbar mit dem Nachdenken, das machte den Kopf unnütz schwer.«

Gewiss, als unbezahlte Dienstboten konnte es für Frauen vielleicht Verwendung geben. Jemand musste ja das Essen zubereiten und irgendwann die neuen Soldaten gebären. Aber wenn man dieses trübe Kapitel des Mannseins schon betreten musste, dann doch bitte möglichst spät.

Oder gar nicht.

Wenn man die Chance hatte, auf dem Schlachtfeld den Heldentod zu sterben.

Nun war dieses Programm durch den hinterhältigen Frieden der Demokraten bis auf nicht absehbare Zeit gestrichen worden. Stattdessen gab es nun unter anderem die Scharmützel der Freikorps im Baltikum. Und was hielt nun plötzlich das Schicksal dort bereit:

Frauen mit Waffen. Auf der Seite des Feindes.

Das Entsetzen der Freikorps und ihre Brutalität überschritten alle Grenzen. Man mordete, vernichtete, massakrierte mit soldatischem Eifer diese »Furien«, »Flintenweiber«, »Bestien in Menschengestalt« und »pervertierte Mordbestien«.

»Die Balten übten keine Gnade«, schrieb Freikorpssoldat Erich Balla in seinen Erinnerungen mit dem schönen Titel »Landsknechte wurden wir, Abenteuer aus dem Baltikum«. »Sie sahen nicht die Jugend und den äußeren Liebreiz, sie sahen nur die Teufelsfratze und schlugen, schossen, stachen sie tot, wo immer sie sich zeigte. 400 Flintenweiber lagen am 22. Mai 1919 in den Straßen von Riga in ihrem Blut. Gleichgültig schritt der genagelte Schuh der marschierenden deutschen Freiwilligen über sie hinweg.«

Bedrohlich wie weibliche Soldaten war auch das quirlige Großstadtleben der Zivilisation mit den vielen, vielen Menschen, die dort wohnten und arbeiteten und die von Salomon in ihrer Unübersichtlichkeit und Unförmigkeit mit der Bedrohlichkeit des Weiblichen gleichsetzte, in dem man sich auflöste und unterging.

»Pack«, »Mob«, »Pöbel« – von Salomon ekelte sich regelrecht vor diesem Sumpf der zivilen Menschheit. »Wie Ratten, dachte ich, den Staub der Gosse auf ihren Rücken, sind sie, trippelnd und grau, mit kleinen, rotgeränderten Augen.«

Die Konsequenz lautete, ähnlich wie bei den Flintenweibern, dieses Ungeziefer auszulöschen. »Mit kochendem Hass«, schrieb von Salomon, sei er durch die Straßen gerannt, »bereit zu morden, den nächsten, mich und die Welt ... meine Opfer wollte ich mir herausknallen.«

Freude am Schmerz, Angst vor Frauen, blinder Gehorsam, entfesselte Gewalt – was waren das für bizarre Wesen, die sich hier bei den Freikorps gefunden hatten?

Bis heute kommt man zur Beantwortung dieser Frage nicht an Klaus Theweleits monumentaler und bahnbrechender Arbeit »Männerphantasien« aus den Jahren 1977/78 vorbei, mit der Klaus Theweleit auf der Basis Hunderter sich bemerkenswert ähnelnder autobiografischer Schriften und Romane von Freikorpssoldaten den Typus des mörderischen, autoritätsfixierten, soldatisch-faschistischen Mannes herausdestilliert hat. Seine auch formal höchst originellen stilbildenden Untersuchungen und Analysen gehen dabei über die rein politischen Ideenwelten dieser Männer hinaus und zeichnen ein komplexes Bild männlicher psychischer Deformation, für das er auf psychoanalytische und psychosomatische Erklärungsmuster von Freud, Wilhelm Reich, Margaret Mahler, aber auch Deleuze/Guattari (»Anti-Ödipus«) zurückgreift.

In seinem 2019 erschienenen Nachwort zur Neuauflage dieses Klassikers erklärt Klaus Theweleit im Rückblick: »›Männerphantasien‹ unternimmt den Versuch, zu ergründen und zu beschreiben, warum es Körper gibt, überwiegend männliche Körper, die nicht leben können, d. h. die nicht atmen können, ohne irgendjemand oder irgendetwas aus dem Weg zu schaffen; zum Verschwinden zu bringen; zu beschreiben, worin dieser Beseitigungszwang in bestimmten Körpern besteht, wie dieser entsteht und diese Körper dann beherrscht.«

Dabei weist Theweleit das auch von den Freikorpsmännern selbst gepflegte Bild des »Fronterlebnisses« als ultimative Erklärung für die Gewaltakte nach 1918 zurück: »Es ist ein verbreiteter und auch schwerwiegender Irrtum anzunehmen, der Krieg hätte die Art Mann, dessen physisch/psychischen Bau erzeugt.« Der Krieg war nach Theweleit lediglich das Ereignis, das den in den wilhelminischen Kadettenanstalten und im militaristischen Alltag durch eiserne Disziplin formierten soldatischen gewaltbereiten Männerkörper in Aktion gebracht hat und die lange erwartete Bewährung versprach, zumal ohne Krieg diese jungen Männer von der Ausübung der Macht, die in den Händen der wilhelminischen Eliten lag, erst einmal ferngehalten waren.

In Anlehnung an Untersuchungen der Psychologin Margarete Mahler über psychotische Störungen bei Kindern erkennt Theweleit in den brutalen Tötungsakten, Fememorden und in den Gewaltfantasien gegen Frauen, gegen Juden, gegen Demokraten bei diesen Männern sogenannte »Erhaltungsmechanismen«, die typisch sind für – wie er es nennt – »nicht zu Ende geborene«, angstdominierte Menschen. Menschen, deren stufenweise »Individuation« über differenzierte Identifikationen zu einem gesunden, erwachsenen Ich unterbrochen werden durch eine extreme Gewaltsozialisation. Durch Prügel, durch Zugriffe »strenger, harter Hände«, durch schmerzhafte Eingriffe und »Drill«. So entstehen aus der Angst vor einem erwachsenen differenzierten Leben, zu dem Austausch, Sensibilität und Zärtlichkeit gehören, gepanzerte Körper, die alle weiblichen Anteile in sich selbst vernichtet haben und stattdessen eine Art der Lustenergie entfalten, indem sie unter anderem gespaltene Frauenbilder nach außen projizieren: hier die entsexualisierte »weiße Krankenschwester«, dort die sexuell bedrohlichen, aggressiven »kommunistischen Spartakistenweiber« und Huren, gegen die sich hemmungslose Gewalt entlädt, als wütende Rache für die erzwungene Selbstzurichtung. Das Resultat sind in allen Selbstzeugnissen dieser Männer sogenannte »Wahrnehmungsidentitäten«: der »entleerte Platz« (die gewaltsame Herstellung von Sauberkeit, Klarheit, Übersicht), der »blutige Brei« (das Ergebnis der Gewaltakte gegen die verschlingende Weiblichkeit, das bedrohliche Chaos, das unkontrollierbare Lebendige) und der »Blackout« (das endgültige schockartige Verschwinden der eigenen Lust durch Selbstdisziplinierung).

Zum Teil in Abgrenzungen gegen die klassischen

ödipalen psychischen Modelle Sigmund Freuds (Es – Ich – Überich) sieht Theweleit bei diesem Männertypus Grundstörungen in der frühesten Phase ihrer Menschwerdung während der symbiotischen Mutterbeziehung, Störungen im Aufbau von sogenannten Objektbeziehungen. Diese führen zu lebenslangen Verheerungen in den Sozialbeziehungen, in ihrem Umgang mit der Welt, bis in die Sprache hinein, die »imperialistisch gegen jede Art selbstständiger lebendiger Bewegung« gerichtet ist. In Theweleits Worten entstehen die »totale Entdifferenzierung des Lebendigen im Tötungsakt selbst« und »das unstillbare Bedürfnis nach dem Bau von Ganzheitsgebilden, in denen es herrschen kann« – sprich: dem eigenen Freikorps, der autoritär verfassten Nation oder dem Heer.

Dieses Derilierende, die wahnhafte Fixierung auf den Krieg gegen »den Feind« (an sich), erlaubte es diesen Männern, die Niederlage und das Ende des Krieges einfach zu ignorieren. Bei Friedrich Wilhelm Heinz klingt das so: »Man redete uns vor, dass der Krieg nun zu Ende sei. Wir lachten darüber. Denn der Krieg, das waren wir selbst.« Die politischen Ziele eines Krieges verschwanden vollständig hinter Ekstasen der Selbsterschaffung: »Wir knallten in überraschte Haufen und tobten und schossen und schlugen und jagten ... Wir hatten einen Scheiterhaufen angezündet, da brannte mehr als totes Material, da brannten ... die bürgerlichen Tafeln, die Gesetze und Werte der zivilisierten Welt, ... alles, was wir noch ... wie verstaubtes Gerümpel mit uns geschleppt hatten« (Ernst von Salomon über den Krieg im Baltikum).

An vielen Stellen seiner Untersuchung betont Klaus Theweleit, dass der von ihm so beschriebene Typus eine begriffliche Zuspitzung darstellt und er durch die Ver- dichtung der genannten Persönlichkeitsmerkmale bei Frei- korpssoldaten und später bei vielen Soldaten der Nazizeit eine Art Modell entwickelt hat. Dieses erlaubt es aber Klaus Theweleit, Symptome toxischen männlichen Verhal- tens in patriarchalischen Gesellschaften überhaupt und bis in die Gegenwart hinein zu diagnostizieren, nicht nur in Deutschland und trotz aller Zivilisationsprozesse, die die Welt in den letzten 100 Jahren durchlaufen hat. So zählt er in seinem Nachwort zur Neuausgabe seines Buches unter der Überschrift »Anti-Weiblichkeit und Terror – still going strong« heutige Stimmen weltweit auf, in denen sich die von ihm beschriebenen Deformationen des faschistischen Mannes fortsetzen: individuell etwa bei Gewalttätern wie Alek Minassian in Toronto als Beispiel für Männer, die sich der sogenannten »Incel«-Bewegung (Gewalt aufgrund un- freiwilliger Enthaltsamkeit) zurechnen, oder dem norwegi- schen Massenmörder Breivik, aber auch bei den neuen For- men des Antisemitismus in Europa und dem weltweiten Islamismus, die beide durch die digitalen Netze eine neue Qualität erreicht haben.

Eigenartigerweise spielt bei Klaus Theweleit im Übrigen kaum der historische Zusammenhang zwischen dem mas- senhaften Auftauchen seines Männertyps nach 1918 und dem Erstarken der damaligen Frauenbewegung (das Wahl- recht zum ersten Mal für Frauen in der Weimarer Verfas- sung zum Beispiel) eine Rolle, obwohl hier auch ein wei- terer Erklärungsansatz für damalige und heutige Formen von Männlichkeitswahn und Gewaltfantasien läge: der un- bewusste Aufstand gegen drohenden Machtverlust durch weibliche Emanzipation.

»ICH WILL, WAS ICH MUSS.
SONST NICHTS«

»Ich bin jetzt von Menschen frei. Nicht in dem Sinne, dass Menschen mir jemals gleichgültig werden könnten: im Gegenteil: je mehr ich frei bin, desto mehr sind sie mir – trotz allem – verwandt und liebenswert, und ich erkenne freudig, dass ich für sie und nicht sie für mich da sind.

Der Mensch, der frei und selbstbewusst, ohne der Stütze, der Hilfe, ja selbst des Dankes zu bedürfen, für mich da ist und vollen Anteil an meinem inneren Leben hat, das sind Sie. Das danke ich Ihnen.

Es ist freilich nicht mehr viel von mir übrig. Die Flamme brennt nieder.«

Als Rathenau diese Zeilen an Lili Deutsch schrieb, die neben seiner Mutter Mathilde wichtigste Frau in seinem Leben, war er 54 Jahre alt. Sein Leben war reich, er hatte die großen Städte der Welt bereist, aber auch wilde Wüsten. Er hatte der Führung der AEG angehört, er verkehrte mit den angesehensten Künstlern seiner Zeit und wurde von einigen geschätzt, er war Autor bei S. Fischer, dem vielleicht wichtigsten deutschen Verlag seiner Epoche. Er hatte dafür gesorgt, dass den Deutschen im Krieg nicht die Maschinengewehre und Granaten ausgingen, und leitete seit ein paar Monaten als Außenminister die Geschicke seines Landes.

Das war, so kann man sagen, eine ganze Menge für einen 54-Jährigen.

Aber diese Anhäufung hatte auch Kosten hinterlassen. Die Welt zu durchdringen, wahrgenommen zu werden und sich in ihr Ansehen zu verschaffen war nie einfach gewesen.

Auch als ein Mann, der homoerotische Empfindungen hatte, aber nicht im Traum darauf gekommen wäre, diese offen auszuleben.

Und nun lautete die Bilanz: Es ist nicht mehr viel von mir übrig, die Flamme brennt nieder.

Lili Deutsch war eine der mächtigsten Damen der Berliner Gesellschaft, die Ehefrau von Felix Deutsch, dem Kompagnon von Emil Rathenau. Beide hatten die AEG aufgebaut. Als Rathenaus Vater starb im Jahre 1915, übernahm Felix den Vorsitz des Direktoriums, dann den Vorstandsvorsitz. Walther hatte in diesem firmeninternen Machtkampf keine Chance gehabt.

Ein wenig Abstand zu dieser sehr mächtigen Figur zu finden wäre möglicherweise eine gute Idee gewesen. Und trotzdem bildete er sich den größten Teil seines Erwachsenenlebens ein, ausgerechnet die Ehefrau dieses Kolosses zu lieben.

Wie glaubte er, der Naturwissenschaftler, Geschäftsmann und Schriftsteller, dass sich diese Gemengelage entwickeln würde?

Würde Lili wirklich starke Gefühle für ihn empfinden?

Wären diese Gefühle wahrhaftig oder nur ein Spiel, um die langen Abende in mondäner Gesellschaft unter Spannung zu setzen?

War Lili auch für ihn ein Spiel? Eine Trophäe für sein Ego, der Kontakt zu ihr vor allem in bedeutungsschweren Briefen eine Möglichkeit auch für sich selbst, die Sprache der Liebe zu erspüren?

War es vielleicht auch ganz bequem, eine Dame zu umgarnen, die ihn nie zum Äußersten treiben würde – schon gar nicht dazu, mit ihr eine echte Beziehung zu beginnen, weil Lili ihren Mann Felix nicht verlassen würde?

Es gab viele Möglichkeiten in diesem Spiel der Seelen- und Gesellschaftskräfte. Nur eine gab es nie. Dass Walther und Lili ein Paar werden würden wie andere Paare.

Ein Paar mit gemeinsamem Bett und gemeinsamen Kindern und nicht nur mit zwei Stapeln Briefen in einem hohen Ton.

Lili Deutsch war eine dunkelhaarige Schönheit mit einer energischen Nase und Augen, die vom vergnügten Flunkern bis zur matten Melancholie die Klaviatur großer Gefühle spielen konnte, ohne sich in diesen zu verlieren. Sie wusste, wer sie war, und sie war nicht bereit, ihren Status zu riskieren. »Für Schwäche …«, schrieb sie an ihren Bruder Paul Kahn, »habe ich sehr wenig Sympathie, weder an mir noch an anderen … Da kannst Du also ganz beruhigt sein.«

Die Kahns waren eine der herausragenden Familien des jüdischen Mannheimer Großbürgertums, reich und unabhängig geworden durch Industrie und Bankgeschäfte. Aber ihre Interessen reichten wesentlich weiter.

Sie engagierten sich heftig im Geistesleben ihrer Zeit: Musik, Literatur und Theater waren ihnen eine Herzensangelegenheit, in die sie Geld und Energie investierten. Vor allem Gerhart Hauptmann, der wichtigste deutsche Dramatiker dieser Jahre, fühlte sich in den Salons der Kahns zu Hause und las dort aus seinen Werken, sobald es Neues zu lesen gab. Auch in Felix Deutschs Elternhaus spielte Kultur eine große Rolle. Sein Vater, Oberkantor der Breslauer Synagoge, hatte unter der Leitung von Richard Wagner gesungen. Felix, der Sohn, ebenfalls musikalisch, ließ in seinem Berliner Anwesen eine große Orgel einbauen. Richard Strauss, ein Freund der Familie, wohnte viele Jahre dort, wenn er in Berlin beschäftigt war.

Die Beziehung Rathenaus zu Lili Deutsch war, wenn man so will, ein weiterer Höhepunkt in dieser Sammlung kulturellen Feinsinns.

Überaus kompliziert und fintenreich. Hochsensibel und hochherrschaftlich. Ein Zwei-Personen-Kammerspiel der musenverehrenden jüdischen Industriearistokratie, Lichtjahre weit weg von den vermeintlichen emotionalen Zwangshandlungen der niederen Stände, Dienstmädchen und anderen, die ihr Herz verloren und ihm dann folgen mussten, oft ins Verderben.

Kurz vor der Abreise zur Weltwirtschaftskonferenz nach Genua schrieb Rathenau an Lili Deutsch. Es war ein Brief voll böser Vorahnungen, düster, raunend, fatalistisch. Die Anspannung, unter der Rathenau stand, war gewaltig, der deutschen Delegation enthielt er seine dunklen Ängste vor. Aber Lili sollte an ihnen teilhaben und ihn durch diese Teilhabe ein wenig stützen.

»Die Zeit, die sie die höchste meines Lebens nennen, ist die schwerste und nichts als ein Abschied. Ich weiss, dass es den Bruch eines Lebens bedeutet, was ich vornehmen muss, ob ich will oder nicht. Denn wer auch nur einen Augenblick seinen Rücken unter diese Last beugt, wird zermalmt. Kehre ich heim, so wird sich alles auf mich stürzen.«

Um die Düsternis noch schwerer erscheinen zu lassen, zitierte Rathenau aus einem Gedicht von Stefan George.

»Denn jede eherne Tat den Nötigen wende,
Nur unsereiner ist's, der sie vollende,
In der man uns in ehrner Wirrsal ruft
Und dann uns steinigt: Fluch dem, was ihr schuft.«

Dass Deutschland überhaupt teilnehmen durfte in Genua, ließ Rathenau in seinem Brief zwischen diesen Zeilen vernehmen, schien für ihn der einzige Erfolg zu sein, den dieses Unternehmen mit sich bringen würde. Darüber hinaus wollte er die Siegermächte günstig stimmen und so Druck von Deutschland nehmen. Aber die Aussichten, dass dies gelingen könnte, waren schlecht. Frankreich hatte bereits im Vorfeld durchgesetzt, dass über Reparationen nicht gesprochen werden dürfte.

Die Siegermächte, das war der eine große Fels, den es den Berg hochzuwälzen galt. Der andere war der größte Teil der bürgerlichen Öffentlichkeit und der herrschenden Schichten des Landes. Sie standen rechts und würden jedes Entgegenkommen Rathenaus an die Siegermächte als Hochverrat geißeln.

Keine guten Aussichten für eine Reise.

Aber selbst das wäre von einem stoischen Gemüt wie Rathenau zu ertragen gewesen, hätte Rathenau in Genua auch nur annähernd bekommen, was er wollte: weitere Schritte der Sieger und Verlierer des Krieges zu einer gemeinsamen weltweiten vertrauensvollen und Frieden schaffenden Wirtschaftspolitik.

Stattdessen bekam er einen Separatvertrag mit dem anderen »Outlaw-Staat« der Nachkriegswelt, dem bolschewistischen Russland.

Eingefädelt hatte diesen Vertrag, der etwa eine Autostunde von Genua entfernt in Rapallo unterzeichnet wurde, Rathenaus Staatssekretär von Maltzan. Rathenau hatte lange gezögert und dann doch eingewilligt, als die Siegermächte keine Anstalten machten, sich wirklich zu bewegen.

Im Vertrag von Rapallo hakten sich die beiden Outlaws unter. Sie nahmen diplomatische Beziehungen auf, vereinbarten Handelsbeziehungen, und man verzichtete auf Kriegsreparationen. Gewiss, das war zum ersten Mal seit dem Ende des Krieges wieder so etwas wie eine aktive deutsche Außenpolitik. Aber eben eine, die die eigentlich von Rathenau umworbenen Westmächte erneut aufbrachte. Neuer Hass war die Folge, international und national.

Bei seiner Abschlussrede am 19. Mai in Genua hatte Rathenau dann wie ein Gesundbeter abermals die großen weltwirtschaftlichen Probleme beschworen, die nur gemeinsam zu lösen seien. Er schloss mit einem Zitat des römischen Dichters Petrarca: »I' vo gridando: pace, pace, pace!«, zu Deutsch »Rufen will ich Friede, Friede, Friede!«.

Das war eindrucksvoll, gewiss. Nur durchgedrungen war er mit seiner Friedensbotschaft nicht, weder bei den Siegermächten noch zu Hause.

Es waren dicke Mauern, die er da bearbeitete. Das kostete Kraft, und eine Quelle, die ihm trotz aller Kompliziertheit Energie schenkte, blieb Lili. »Ihr Vertrauen hat mir gutgetan«, schrieb ihr Rathenau nach der Unterzeichnung von Rapallo aus Genua. »Das Gefühl, einer geschlossenen, starren Welt gegenüber zu stehen, die auf jede Schwäche lauert – das ist ein physisches Empfinden, das an den Nerven zehrt. Und welche Widerstände im eigenen Kreise …

ich bin überzeugt, dass wir gehandelt haben wie wir mussten. Ohne Wunden geht das nicht ab, und der Sturm ist noch nicht vorüber. Auch die Natur will nicht freundlich werden. Ich sehe hinunter auf einen großen, grünen Garten mit dicken, halb blühenden roten und weißen Kastanien, dahinter ein Bergzug und alles behängt mit grau, tief regnenden Wolkenfetzen. Die feuchte Kälte geht durch alle Glieder bis in die Fingerspitzen … gern wüsste ich sie irgendwo, wo die Sonne scheint und ein williges Frühjahr waltet. Der Winter klammert sich an alles wie der Krieg und will noch Schaden tun. Der Sommer wird dennoch kommen und sie heilen.

Während dieses Schreibens ist nicht ein einziges Mal die Tür aufgegangen – ein kleines Wunder. Und so war ich in Kälte und Kampf eine Viertelstunde bei Ihnen.

Herzlich der Ihre W.«

Es war ebenso anrührend wie grotesk. Lilis Ehemann Felix beriet Rathenau in Genua, aber die kurze wohltuende Erholung von Kälte und Kampf suchte und fand Walther bei Lili. Trotz der oft unschönen Zwischenfälle in der Beziehung zwischen Lili und Rathenau, die ihren Höhepunkt darin fand, dass Lili frühere kompromittierende Briefe von Rathenau dessen Lieblingshassfreund Maximilian Harden gezeigt hatte.

Die tiefe Beziehung zu Lili blieb eine Angelegenheit, an der Rathenau festhielt und die im Gegenzug auch ihn festigte, ihm Halt gab. Lilis Zweifel fanden bei ihm in dieser späten Phase nicht wirklich Widerhall. Selbst die komplizierte Natur der Beziehung kleidete er nun in das zartrosa Licht des Verständnisses.

»Wozu die Sorge des Durchdenkens? Wenn wir über

diese Jahre blicken, ist nicht alles, was geschehen musste, gut?«, schrieb er Mitte Mai in seinem letzten Brief aus Genua an Lili. »Ich denke manchmal, und es ist der stärkste Trost: was wäre das Leben, wenn es gerade verliefe? Es ist das Wundervolle, dass alle echten Schmerzen schön sind. Hässlich ist nur das Töricht-Schiefe, das Willkürlich-Verkehrte. In unserem Leben war alles gesetzt: So waren die Dinge gegeben, der Ablauf bestimmt. Nichts war vergeblich, nichts kann weggedacht, nichts geopfert werden.«

Rathenau war es wahrscheinlich ganz recht, in Lili eine Person zu haben, die gewandt, hochgestellt und feinsinnig genug war, dass er sich ihr öffnen konnte, ohne fürchten zu müssen, die Forderungen einer echten Liebesbeziehung zu erfüllen. Als Preuße, der erzogen war, seine Gefühle zu verbergen und sich nicht von Leidenschaften leiten zu lassen, passte ihm die offensichtlich unauflösbare letzte Distanz zu Lili. Er konnte sich bei ihr opferbereit einfühlen, wie Harry Graf Kessler schrieb, eine »zart streichelnde Freundschaft« zelebrieren, ohne fürchten zu müssen, zu wirklicher Hingabe gezwungen zu werden.

Für seine Umgebung wirkte Rathenau wie jemand, der sich in seiner Sehnsucht nach seelischer Berührung komfortabel einigelte. Sie aufzugeben, gefangen zu werden in einem Netz erotischer Begierden, davor scheint es ihm gegraust zu haben. Immer wieder beschwor er die Sterne, die ihre Bahn nicht verlassen können und sich nicht wirklich begegnen. »Sich nur planetenhaft anblitzen«, beschrieb er sein Ideal selbst intimer Beziehungen einmal Lili Deutsch.

Sie hatte ihn anfangs herausgefordert, als sie ihm eine gewisse Kälte und Arroganz vorhielt, er verteidigte sich. »Was wollen Sie eigentlich von mir?«, schrieb er bereits 1906. »Soll ich Ihnen eine Fensterscheibe in meinen Brustkasten setzen, damit Sie mir hinterher für die ›Anregung‹ quittieren? … Mit zwei Sachen tun Sie mir Unrecht: Selbstüberschätzung! Ich kenne meine Grenzen sehr genau und habe sie immer respektiert. Aber Sie kennen mich nicht, denn einen Menschen erschöpft man nicht im Gespräch. Und abhängig sind Sie trotz allem von dem etablierten Urteil: ›Geistreich, fein, kalt‹. Gleichviel.

Aber, dass Sie, Sie mir gerade Kälte und Empfindungslosigkeit vorwerfen, das empört mich. Das tut Ihr Egoismus, der über alle Reflektionen hinausgeht.

Gottlob, jetzt dürfen Sie zanken, was Sie wollen. Denn schließlich lass ich mich doch lieber von Ihnen schelten, als von anderen loben.«

Dieser Widerspruch zwischen dem Alleinsein der Planeten, der Entfernung zueinander und der Sehnsucht nach seelischer Berührung ohne die Gefahr der Verschmelzung wurde zu einer Art Leitmotiv der Beziehung Walthers zu Lili. Ihr erklärte er sein Innenleben, weil er verstanden werden wollte. Und auch wollte er spezielle Antworten bekommen von ihr, Lili, die zu den wenigen Auserwählten gehörte, denen der hochsensible Sonderling Walther vertraute. Nach dem Jahreswechsel 1907 im Riesengebirge schrieb er Lili, er hätte ihr vollkommen die Wahrheit gesagt, als er darüber sprach, warum so viele Menschen mit ihm Probleme hätten, so sehr, dass selbst jene, die ihn am meisten liebten, gezwungen seien, ihn zu fürchten und zu hassen. »Ich bin im Besitz von Mächten, die gleichviel, ob sie mich zum Guten oder Bösen führen, ob sie mich im Spiel oder Ernst beherrschen, mein Leben bestimmen. Es kommt mir so vor, als ob ich nichts aus mir heraus wirklich tun kann, als ob ich geführt werde, sanft wenn ich mich füge, rau wenn ich widerstehe.«

Rathenau schrieb weiter, sein Empfinden sei polyfon, einfache eindeutige Empfindungen seien seine Sache nicht, sie erschienen ihm einförmig, lieblich und etwas flau.

»Deshalb nun werden die Menschen an mir irre, weil sie aus diesem Stimmengewirr keine Melodie erkennen. Aber ich erkenne sie und weiss, dass sie da ist und dass sie alles leitet.

Der Beweis aber ist der: Wenn alles trügt, so trügt das Leben nicht. Betrachten Sie mein Leben. Kennen Sie ein anderes, ernsteres, entsagenderes? Und das liegt wohl nicht an Unempfindlichkeit und Stumpfheit. Es liegt auch nicht an irgendetwas, das ich will. Denn ich will nichts. So sehr ich mein Inneres zerquält habe, ich habe nie Weltliches gefunden, das ich will. Ich will, was ich muss, sonst nichts. Und was ich muss, das sehe ich wie ein nächtlicher Wanderer mit der Laterne nur wenige Schritte voraus.

Das dieses mein Leben ein Opfer ist, das gutwillig und freudig den Mächten gebracht wird, nicht um Lohn noch um Hoffnung, das darf ich sagen, und das wissen Sie selbst: dass mir die Liebe der Menschen dabei zerbrochen ist, das weiss ich und empfinde es hart.«

Es waren nur Worte, gewiss. Aber Worte zählten für ihn zum Wichtigsten, wenn es darum ging, das Leben zu ertasten und der Welt um sich Gestalt zu verleihen. Da er also beharrlich vor zu großer Nähe und Intimität zurückschreckte, nahm Lili zusehends die Funktion eines weiblichen Seelenechos ein. Einer Frau, der er gefallen wollte.

Einer Frau, in die er seine Selbststilisierung projizierte wie in einen Spiegel.

Dieses Selbstbildnis einer einsamen Seele, die zu höheren Aufgaben auserkoren ist. Nicht mit den Banalitäten des Alltags belangt werden darf. Die über dem gewöhnlichen Liebeskitsch der Normalsterblichen steht. Darin gefiel sich Walther offensichtlich so sehr, dass er mit diesem Motiv Lili immer wieder heimsuchte – mit mehr als einem zarten Anflug von Pathos und Eitelkeit.

»Ich muss mich weggeben, nicht nur den Dingen, die ich liebe und träume, auch manchem anderen, was mich hart und kalt macht. Das muss ich, denn Menschen meiner Art sind verantwortlich für alles, was die Natur mir zugeschrieben hat: mein Recht ist es nicht, ohne Kampf und Strapazen des Geistes ein Leben der Phantasie und Beschaulichkeit zu führen. Ich habe nicht zu fragen weshalb. Die Natur hat in mir heterogene Dinge vereinigt; dies hat sie zu verantworten. Und ich habe ehrlich mein Werk zu vollbringen, ohne zu wissen, wem zuliebe. Deshalb müssen Sie leiden, das weiss ich. Sie besitzen mich nicht ganz, aber niemals wird ein Mensch mich so besitzen wie Sie.«

Das große Drama des durch höhere Mächte zur Einsamkeit verurteilten Ausnahmemenschen, Lili schien auf Dauer auch ein wenig die Lust darauf verloren zu haben. Sie klagte bei ihrem Bruder Paul über die »Unnatur der Empfindung« bei Rathenau. Und schrieb weiter: »... nichts, was einem nahegeht. Es schwebt zwischen uns immer noch eine Art unausgetragener Kampf, zu kompliziert, darüber zu schreiben. Aber ich leide nicht mehr unter dem Zwiespalt der Gefühle, es ist alles klar und ruhig geworden, es handelt sich nur noch darum, ob irgendetwas Erfreuliches in Zukunft zwischen uns noch möglich ist.«

So selbstverliebt und seltsam geziert Rathenaus Beziehung zu Lili Deutsch war, so blind leidenschaftlich, fast rauschhaft war sein Verhältnis zu einer Person, die beim Anblick des Hakenkreuzes in höchste Verzückungen geriet. Bereits 1906 schmückte diese Person ihre Bücher mit Abbildungen eines gewaltigen Hakenkreuzes, eingeschlagen in einen Fels, auf dem ein mächtiger Adler thronte. Kurz darauf prangte es als stolzes Symbol echten Germanentums auf den Titeln der Zeitschrift »Der Volkserzieher« – herausgegeben von dieser Person. Logisch, dass das Hakenkreuz auch auf dem Briefpapier dieses Menschen nicht fehlen durfte.

Der Hakenkreuzliebhaber war ein Mann und Familienvater Ende 40, er wohnte in Berlin-Schlachtensee, und er hieß Wilhelm Schwaner.

Schwaner glühte für die Idee des reinen, von fremden Elementen gereinigten Germanentums mit solcher Gründlichkeit und einem Eifer, der selbst im wilhelminischen Reich extrem war. Er wirkte im »Deutschen Orden«, im »Hohen Armanen Orden« und der »Germanisch-Deutschen Religionsgemeinschaft«, einem Verein, der sich an einem quadratischen Feueraltar mit Sonnenrad versammelte, auf einem Hügel namens Herrmannsberg auf 700 Meter Höhe.

Mit der Besessenheit eines Missionars in völkischen Dingen hatte Schwaner auch gegen die Juden gehetzt, bis er im Jahr 1913 eine Erscheinung hatte. Diese Erscheinung hieß »Zur Kritik der Zeit«, geschrieben von Walther Rathenau, einem Juden, der anscheinend alle klischeehaften Vorurteile verkörperte, die deutsche Volkserzieher ihnen mit großer

Begeisterung anhefteten: reich, gebildet, international, modern. Und dann las Schwaner »Zur Kritik der Zeit« – und danach standen wenigstens Teile seiner hakenkreuzseligen Germanenwelt auf dem Kopf. Der Jude Rathenau war jetzt der hochverehrte Herr Rathenau, und Schwaner schrieb ihm einen feurigen Brief. »Wie Schuppen« sei es ihm von den Augen gefallen: »Der ›dunkle‹ Jude hat den blau-blonden Germanen erlöst.« Dann bat Schwaner um Verzeihung und schlug Verbrüderung vor. »Ich tat Ihnen Unrecht und manchen edlen Juden: Sie sollen wissen, dass es auch unter blau-blonden Dickköpfen Menschen gibt mit warmem, reinen Herzen. Lassen Sie sich die Hand drücken: Wir sind Brüder auf dem Weg zur Menschheit, zur Gott-Menschheit.«

Es war eine seltsame Verbrüderung, die sich da ihren Weg durch Milieu- und Ideologieschranken bahnte. Aber die Schubkraft auf beiden Seiten war gewaltig.

Waren homoerotische Kräfte im Spiel?

Ja.

Schwaner war fordernd, impulsiv, direkt. Und er rannte bei Rathenau Türen ein, die nicht besonders fest verschlossen waren.

»Hast Du mich lieb? Ich habe Dich lieb. Ich habe Dich sehr lieb!«, schrieb Schwaner nach der ersten Begegnung; und schlug vor, sich auch in Zukunft nur unter vier Augen zu treffen – oder sich nie wiederzusehen. Alles schön leidenschaftlich mit den obligatorischen zwei Hakenkreuzen oben am Briefkopf des Briefpapiers.

Rathenau war entfesselt. Wie ein frisch verliebter Student musste man ihn nicht lange bitten. Schwaner hatte einen Volltreffer gelandet. »Donnerstag Abend bin ich frei.

Ich komme mit Freuden um siebeneinhalb«, antwortete Rathenau. Man wollte zusammen sein, jeder weitere Mensch störte. So sah sie aus, die ungestüme Liebe zwischen zwei Männern um die 50. Kahlschädlig beide, getrieben von schwer einbremsbarer Lust.

So groß war die Anziehungskraft, dass Rathenau über vieles hinwegsah. Zuvörderst über die schrecklich plumpe völkische Postille »Der Volkserzieher«, flankiert von der unregelmäßig erscheinenden »Germanenbibel«, einem noch stumpferen Machwerk vaterländischer Spießigkeit. Sogar 3000 Mark für die kostspielige Feldverschickung des »Volkserziehers« spendierte Rathenau dem ziegenbärtigen Freund. Versehen mit einer Distanzierung light. »Für Dich persönlich, denn Dein Werk ist nicht mein Werk.« Worauf Schwaner prompt beleidigt vorgab, nun keinen Pfennig des Geldes annehmen zu wollen. Indes, er behielt es trotzdem.

Als die Leser der »Germanenbibel« und des »Volkserziehers« herausbekamen, mit wem die Chefstimme beider Organe intensiven Umgang pflegte, war natürlich schwer was los. Lieber noch hätte Schwaner eine Affäre mit dem Leibhaftigen haben können.

Aber Schwaner blieb standhaft. Seine Liebe zu Rathenau war stärker. Und so prasselte die Wut seiner Leser auf ihn ein. Es war eine Wucht, die in ihrer Heftigkeit selbst einen Menschen wie Schwaner schockierte. Er behielt seine Sorgen nicht für sich. Er verteidigte Rathenau vor den völkischen Hetzern. Er sorgte sich um Rathenau und warnte seinen Freund vor seinen eigenen Gesinnungsleuten.

Rathenau gab sich stoisch. Tat so, als ob der Zorn, der sich dort draußen aufbaute, eine neue Naturerscheinung wäre, wie das Wetter. Kann man etwas gegen das Wetter tun? Man könnte im Haus bleiben, wenn es hässlich ist und stürmisch. Aber Rathenau tat nicht einmal das. Er ging weiter aus.

An Schwaner schrieb er im September 1918: »In Dinge, die meine Person betreffen, greife ich nicht mehr ein. Ich bin der eigenen Person so entfremdet, als ob sie längst gestorben wäre.«

Der Brief las sich in der Tat wie ein Testament. Sehr stilisiert, wie üblich, aber auch durchströmt von einer seltsamen Ruhe, so als ob hier jemand zu dem Schluss gekommen wäre, dass es nicht mehr in seiner Macht stünde, sein Schicksal zu ändern.

»Man kann nur einen kränken, der etwas will oder der sich fürchtet. Ich will nichts für mich. Sie haben mir alles nachgesagt, was sie ausdenken konnten. Mögen sie es weiter tun. Ich habe keine Bitterkeit gegen sie. Wenn sie mir das Leben nehmen, sie nehmen mir nicht viel.

Ich bin wie einer, der beim Packen ist. Den größten Teil meines freien Vermögens habe ich einer Stiftung übergeben, die meisten meiner Gedanken sind ausgesprochen. In jenem neutralen Lande, zu dem keine Eisenbahn führt, erwarten mich mein Vater und mein Bruder; sie begreifen nicht, warum ich verweile. Ich habe noch ein paar Rückstände zu erledigen, aber nichts, das mich selbst betrifft. Ich bin ruhig und nicht betrübt und trage keinem etwas nach.

Für meine Gedanken ist gesorgt. Heute will das Land sie nicht, weil sie von mir kommen. Es wird sie aufnehmen, und zu seinem Segen, wenn sie von anderen kommen.

Nun bitte ich Dich, lieber Wilm: lasse jeden über mich reden und schreiben, was er für gut hält und dereinst zu verantworten denkt. Ich habe keine Wünsche, denn meine

Arbeit ist getan. Ist es ihr und dem Rest meines Lebens bestimmt, verfolgt zu werden, so mag es geschehen. Aber auch das wird zum Besten des Landes sein.«

Schwaner war vom elegischen Abschiedston des Briefes geschockt und beeilte sich, dem lieben Freund zu versichern, dass er nicht aufseiten der Hetzer, sondern auf der Seite des Freundes stehe – und zwar über den Tod hinaus. »Wenn Du fällst und nach GOTT-Land auswanderst, so darfst Du versichert sein, dass ich alsbald folgen werde – freiwillig und freudig, denn auch ich bin des Zwischenspiels müde. Die deutsche Welt soll erfahren, dass es auch zwischen Rassemenschen Treue über den Tod hinaus gibt.«

Die Freundschaft der beiden Männer hielt. Sie blieb die tiefste und lang andauernste, die Rathenau hatte. In Schwaner kam viel zusammen. Ein Leben lang hatte Rathenau als eines seiner großen Ideale den germanischen Mut-und-Tat-Menschen verehrt. Jene ideologisch konstruierten arischen Gemütsriesen, die mit sicherem Instinkt das Richtige tun und für die richtige Sache kämpfen. Sie waren für ihn das Gegenteil der jüdischen Furchtmenschen, die rational abwägen, Gewinn- und Verlustkalkulationen erstellen zur Maximierung des Ertrages. Wann immer sich Gelegenheit bot, hatte Rathenau die Nähe zu diesem Menschentypus gesucht. In der Armee, in der Universität, im Krieg. Weit war er nie gekommen. Schwaner beendete diese vergebliche Suche. Es musste tatsächlich eine Erlösung gewesen sein. Endlich zurückgeliebt von der großen Sehnsucht seines Lebens: den Deutschen.

Aber es blieb eben äußerst schwierig mit diesem Volk und diesem Land. Noch im Herbst 1921, nach seinem Rücktritt als Wiederaufbauminister, schwor Rathenau Schwaner einmal mehr auf schwere Zeiten ein. »Leider stimmt Deine Wetteransage für diesen Winter. Wir müssen noch einmal durch dunkle Stunden durch, bevor es tagt. Mitternacht ist noch nicht vorüber.«

Das Seltsame war: Die dunklen Stunden würden sogar noch mehr werden, je weiter oben sich Rathenau anstrengte, Unheil vom Reich zu wenden und es in das Licht eines friedlichen, ausgesöhnten Miteinanders mit den anderen europäischen Großmächten zu steuern.

Bald nach seiner Ernennung zum Außenminister mehrten sich die ganz realen Morddrohungen. Der Tod rückte näher.

»SIE KENNEN DAS DEUTSCHE VOLK; ES WILL DEN HERRN FÜHLEN«

Als Walther Rathenau am 24. Juni 1922 kurz vor halb 11 Uhr vor die Tür seiner Villa an der Koenigsallee trat, hatte er eine dieser Nächte hinter sich, die in seinem Leben längst normal geworden waren.

Viel Arbeit. Wenig Schlaf. Und am nächsten Morgen dasselbe Programm. Oft mit noch mehr Arbeit.

Es war ein Samstag, es hatte in der Nacht geregnet. Die dunklen Wolken hingen tief über den blühenden Gärten des Gruncwalds, schattig und klar. Ein Morgen, an dem man vielleicht noch einmal den Kamin anzündet, wenn man einen hat. Rathenau hatte einige. Aber Zeit, sich davorzusetzen, hatte er keine. Er musste ins Amt. Das Verdeck seines Wagens war zurückgeschlagen. Er sollte nicht so aussehen, als ob er sich fürchtete, offen durch die Stadt zu fahren. Trotz des trüben Tages. Außerdem hatte er vor, eine Zigarre zu rauchen.

»Pace, Pace, Pace!«, hatte er bei seiner Abschiedsrede in Genua beschwörend gerufen. Frieden, Frieden, Frieden.

Aber danach sah es nicht aus. Seit den Schüssen von Sarajevo vor acht Jahren war eine ungeheure Gewalt ausgebrochen. Gewalt, die auch nach dem Frieden von Versailles nicht wegging. Die sich immer tiefer in die Köpfe der Überlebenden fraß. Der Sieger und der Besiegten. In den Straßen großer deutscher Städte schossen sich Menschen, die früher einmal an einem Biertisch unter Kastanien zusammengesessen hatten, in die Köpfe. Blut lief über das Straßenpflaster. Selbst wenn es getrocknet und weggewischt war, war es immer noch da.

Pace. Pace. Pace. Die feuchte Kälte gehe durch alle Glieder bis in die Fingerspitzen, hatte er aus Genua an Lili Deutsch geschrieben, wo das Wetter ebenfalls trostlos und grau war. »Dieser Winter klammert sich an alles wie der Krieg und will noch Schaden tun.«

Pace. Pace. Pace.

»Er hatte das Zeug, wirre, verzweifelte Dinge durch persönliches Fluidum entscheidend zu wenden«, würde der englische Dichter George Bernard Shaw ein paar Wochen später sagen. Um dann seufzend hinzuzufügen: »Unendlich schade«.

Die Menschen waren wütend in Deutschland.

Sie waren in den großen Krieg gezogen mit fröhlichen Liedern, um sich den Sieg abzuholen wie ein Sportabzeichen. Es lief anders, dann lief es gar nicht mehr, und vier Jahre später war der Krieg verloren.

Wer war schuld? Die Sieger, der Westen? Der Bolschewismus, der Osten? Ja, natürlich. Aber so richtig schuld war jemand anderes. Das Schlimmste aus dem Westen und dem Osten, die Lenker des Bolschewismus und des Kapitalismus: beim deutschen Bildungsbürger auch als die Juden bekannt.

Es war schon vor dem Krieg als Jude nicht gerade leicht gewesen in Deutschland. Er selbst hatte an dieser Ablehnung gelitten. So sehr, dass selbst er auf die Juden geschimpft hatte, öffentlich. Er hatte sie verächtlich eine »asiatische Horde auf märkischem Sand« genannt. Ölig, laut, zwielichtig, unsympathisch. Antisemitismus war das – vorgetragen von ihm.

Er teilte diese Anschauungen jetzt nicht mehr. Aber öffentlich widerrufen hatte er sie auch nicht. Die asiatische Horde auf märkischem Sand hing ihm immer noch an.

Er war Teil von ihr, und sie war Teil von ihm.

»Schlag tot den Walther Rathenau, die gottverdammte Judensau.«

Das war inzwischen ein bekanntes Lied im Reich. Ursprünglich ein Gassenhauer, hatte es nun auch die gediegenen Wohnzimmer der Altgriechisch-Professoren und der angesehenen Ärzte erobert.

Er selbst hatte schon mehrmals angemerkt, dass ein sterbender Mittelstand das gefährlichste Gift im Organismus des deutschen Staates sei. Die Beamten, Offiziere und Kleinrentner konnten von ihren Einkommen nicht mehr so leben, wie sie es von ihrem Stand her gewohnt waren. Ihre Söhne, konservativ erzogen, würden Rache nehmen.

Aber die Wut, der Zorn beschränkten sich nicht auf die, die Geldprobleme hatten oder einen spärlich bestückten Vorratsschrank. Die Wut hatte begonnen, zum guten Ton zu gehören. Die Inflation, die Kriegsniederlagen, die Arbeitslosigkeit, die Reparationen, die Ultimaten, die Besetzungen im Rheinland, der Aufstand in Oberschlesien, der latente Bürgerkrieg in Deutschland – wer war schuld?

Am Ende waren es die Juden. Sie saßen überall und wollten Deutschland wehtun.

Das hörte man jetzt immer öfter.

Ein paar Tage vor diesem 24. Juni war er mit seinem

Freund Alfred Kerr und dessen Frau spazieren im Grunewald. Kerr hatte stolz seinen Erstgeborenen im Kinderwagen geschoben. Dann hatte Rathenau übernommen. Der Außenminister steuerte einen Kinderwagen durch den Grunewald.

Kerr hatte in einer New Yorker Zeitung im Mai die Ermordung Rathenaus prophezeit. Die beiden Männer sprachen darüber. Rathenau meinte zu Kerr, die Warnung sei sicher nicht falsch. Dann hob er die Hand vom Griff des Kinderwagens und sprach mit lächelnder Unschlüssigkeit: »Vorsicht wäre zwecklos … Ich habe vorhin die drei Kerls nach Hause geschickt, die mich begleiten sollten.« Die drei Kerls, das waren die amtlichen Detektive.

Dann sprach Rathenau weiter. Darüber, wie verhasst die Demokratie sei. Kerr und seine Frau sahen sich an. Rathenau sprach mit nachdenklichem Staunen.

»Es ist verwunderlich – aber es besteht gar kein Zweifel, dass der körperlich und wirtschaftlich gut bedachte Teil der Nation nichts von der neuen Entwicklung wissen will, dass er mit Bewusstsein auf jede Art ihr fernzubleiben sucht. Jawohl, viele körperlich und wirtschaftlich Bevorzugte sind einer sozialen Republik feindlich – es ist einfach Tatsache.«

Kerr beobachtete bei seinem Freund ein innerliches Kopfschütteln und sagte: »Sie kennen das deutsche Volk; es will den Herrn fühlen.«

Rathenau hob die Schultern. Dann gab er den Kinderwagen zurück.

Auch jetzt, an diesem 24. Juni, dem grauen Sommertag, hatte Rathenau niemanden, der ihn unterstützte. Seit ein paar Monaten trug er einen Revolver in der Tasche, einen Browning. Aber konnte er damit umgehen? Nicht wirklich.

Und hatte er den Browning immer dabei? Ebenfalls Fehlanzeige. Man musste den Eindruck haben, dass er den Browning vor allen Dingen zog, um seine Umgebung zu beruhigen. So wie seinen Bekannten Harry Graf Kessler, der ihn mit erschrockener Miene gefragt hatte, wie es ihm, Rathenau, denn gehe angesichts der rasant zunehmenden Bedrohung. Der Außenminister hatte gesagt, »So geht es mir«. Dazu hatte er den Browning auf den Schreibtisch gelegt.

»Schlagt tot den Walther Rathenau, die gottverdammte Judensau.«

Dieser Gassenhauer wurde vertieft durch eine mit Lust hetzende rechte Presse und unzählige Flugblätter und Klebezettel. Rathenau als einer der »300 Weisen von Zion«. Der endgültige Vollstrecker des Dolchstoßes. Der Abwracker des Reiches. Das große Stück Ungeziefer, das vernichtet werden musste, sollte Deutschland noch irgendeine Form von Zukunft haben wollen.

Nicht einmal der politischen Abteilung des Berliner Polizeipräsidiums war verborgen geblieben, dass hier jemand in allerhöchster Lebensgefahr schwebte. Die Beamten rieten zum Tragen des Revolvers und stellten drei Polizisten zum ständigen Schutz bereit.

Fast konnte es einem so vorkommen, als dass er die Bedrohung als eine Art merkwürdige Belobigung sah für einen wie ihn.

Einen, der seine Pflicht tat.

In schwierigen und unübersichtlichen Zeiten.

Vor Kurzem hatte sogar der Reichskanzler persönlich, Dr. Wirth, Rathenau vor einem Anschlag gewarnt. »Meine Mitteilung«, schrieb Wirth später, »machte auf Minister Rathenau einen tiefen Eindruck. Bleich und regungslos stand er wohl zwei Minuten vor mir.« Dann begann Rathenau, seine Bestürzung zu überspielen. Wirth empfand die Wandlung schwer verständlich, Rathenau hätte auf einmal mit unbegreiflicher Gelassenheit gesprochen. »Mit einer Seelenruhe, wie ich sie noch nie an ihm gesehen hatte … näherte er sich mir, legte beide Hände auf meine Schultern und sagte: ›Lieber Freund, es ist nichts. Wer sollte mir denn etwas tun?‹«

Diese Reaktion war möglicherweise ein gutes Stück Arbeit. Vorzügliche Selbstdisziplin war sie allemal.

Rathenau mochte seinen Antisemitismus hinter sich gelassen haben. Sein Ideal vom Mut-und-Tat-Menschen prägte ihn immer noch. Vor allem, so sah er sich, und so wollte er gesehen werden. Also blieb das Verdeck seines wartenden Autos trotz des schlechten Wetters unten und die Sicherheitspolizisten zu Hause.

Schon vor einem guten Jahr, als er der Witwe von Erzberger kondoliert hatte, hatte er ihr gegenüber bemerkt, dass er wohl der Nächste sein werde. Diesem Fatalismus gab er sich hin. Als Wiederaufbauminister war er wichtig gewesen, damals zur Zeit vor Erzbergers Tod. Jetzt als Außenminister war er noch viel wichtiger. Ein Umstand, der seine Ahnung, nach Erzberger der Nächste zu sein, noch um einiges wahrscheinlicher machte.

Rathenau schritt ein Stück durch seinen Vorgarten. Er sah seinen Dienstwagen, er sah seinen Chauffeur, Josef Prozeller, drehte sich noch einmal um und ging zurück ins Haus, als ob er etwas vergessen hätte.

Er stieg die Stufen hinauf in sein Arbeitszimmer. Er war großen Druck gewohnt, er hatte gelernt, diesen Druck auszuhalten. Sich nichts anmerken zu lassen sowieso, aber auch auf Kurs zu bleiben. Seine Politik zu vertreten. Bis dahin hatte es an seiner Grundlinie keine wesentliche Änderung gegeben. Seine Politik hieß Erfüllungspolitik.

Er hatte in Genua nicht erreicht, was er wollte. Aber für ein paar Dinge war das Abkommen von Rapallo doch gut. Zum Beispiel war es für die Sieger des Krieges, für Franzosen und Briten, nun nicht mehr gut möglich, Deutschland weiter bis unter den Rand des wirtschaftlich Leistbaren zu drücken und es gleichzeitig als Mitstreiter gegen den an Wucht zulegenden Bolschewismus zu gewinnen.

Am Vortag hatte im Reichstag einmal mehr sein Erzfeind Karl Helfferich, jener Mann, der schon aufs Bitterste gegen Erzberger gehetzt hatte, auch gegen die Erfüllungspolitik Rathenaus gewettert. Die Wutrede gipfelte darin, dass Helfferich forderte, man solle die verbrecherische Regierung vor Gericht stellen. Mit Gerichten kannte Helfferich sich aus. Schon der Mord an Erzberger hatte in einem Berliner Gerichtssaal begonnen, wo Erzberger sich eigentlich nur gegen Helfferichs bluttriefende Hetzfantasien hatte schützen wollen.

Nach Helfferichs Reichstagsattacke war es für Rathenau zum amerikanischen Botschafter gegangen. Die Unterredung hatte lange gedauert, und dazu stieß dann unerwartet Hugo Stinnes, der Schwerindustrie-Tycoon des Reichs und ebenfalls ein zäher Widersacher Rathenaus. Ein wesentlicher Unterschied zu Helfferich war, dass Stinnes ökonomisch argumentierte, selbst wenn bei seinen Überlegungen die eigene Gewinnmaximierung im Vordergrund stand. Helfferich dagegen war ein Ideologe, mit hoher Stellung bei der Deutschen Bank zwar, aber eben vor allem ein Ideologe.

Mit Stinnes konnte man reden. Und so redeten sie. Sie redeten die halbe Nacht und kamen überein, dass Stinnes nun die inflationsdämpfende Wirtschaftspolitik der Regierung unterstützen würde. Im Gegenzug gab Rathenau Stinnes recht, dass nun bald Schluss sein müsse mit den Reparationszahlungen. Die Ententemächte waren stur, die Vorleistungen Deutschlands hatten nicht die erhoffte Klimaänderung gebracht. Nun, mit Rapallo im Rücken, war es an der Zeit, etwas Neues zu versuchen.

Rathenau beugte sich über seinen Schreibtisch im Arbeitszimmer. Er nahm ein Blatt Papier. Versah es mit einem Vermerkskürzel. »Gesamtrahmen d. P.« Darunter schrieb er ein großes Wort. »Unerfüllbar.« Dann stieg er die Treppen hinab und durchmaß den Vorgarten ein zweites Mal an diesem Morgen. Prozeller, der Fahrer, wartete. Er hatte sich umgesehen, wie üblich. Ob sich irgendetwas Verdächtiges in seinen Blick drängte.

Die Straße war breit und leer. Ein paar Wolken grau und tief. Vielleicht würde es später regnen.

Aber sonst?

Nichts.

Etwas weiter unten an einer Seitenstraße der Koenigsallee standen drei Männer um ein großes Auto. Es war ein schweres dunkelbraunes Cabriolet der Marke Mercedes.

Ein wirklich teures Ding.

Auch hier war trotz des schlechten Wetters das Dach nicht heruntergeklappt. Die Herren, im besten Studentenalter allesamt, wollten anscheinend gesehen werden.

Oder etwas anderes.

Jedenfalls hatten sie sich *molto chic* gemacht. Sie trugen neue glänzende, dunkle Mäntel und Fliegerkappen. Bester deutscher Offizierskasino-Stil.

Es sollte ein großer Auftritt sein.

Das Mercedes Cabriolet hatten sich die drei Fliegerklappen-Popper ausgeliehen. Von einem jungen Fabrikanten aus Sachsen. Er hieß Johannes Küchenmeister und war in der Organisation Consul als zuverlässiger Kamerad bekannt. Schon früher hatte er sein Firmengelände, das eigentlich der Flachsproduktion diente, als Waffenlager zur Verfügung gestellt. Ein Kurier Kerns namens Günther Brandt aus Dresden hatte Küchenmeister nicht lange bitten müssen, als er andeutete, dass es um etwas wirklich Großes ginge zur Rettung des Vaterlandes. Ein Attentat auf den wohl bedeutendsten aller Novemberverbrecher. Küchenmeister hatte den teuren Wagen sofort herausgerückt.

Man durfte nicht zimperlich sein und schon gar nicht kleinlich, wenn es um die gute Sache ging.

Die drei Männer im Auto waren Kern, der umtriebige Anführer, Fischer, sein Ruhepol und engster Gefährte, und ein junger Maschinenbaustudent namens Ernst Werner Techow.

Techow wurde der Job des Fahrers zugeteilt. Sein flaches Profil gab ihm etwas Schneidiges; ein Bursche, der aussah, als würde er einem Faustkampf nicht aus dem Weg gehen. Einer, der Eindruck schinden konnte, wenn es darum ging, bedrohlich zu wirken.

Aber die vermeintliche Furchtlosigkeit war nur eine Seite von Techow. Dazu hatte er einen ausgefuchsten technischen Verstand, und er merkte, wenn Formeln nicht aufgingen. Techow war kein einfacher Jasager. Auch deshalb hatte er am Abend vorher gehörigen Streit mit Kern bekommen.

Techow hatte auf einen Artikel in der Organisation-Consul-Zeitung namens »Wiking« hingewiesen, wo Rathenaus Engagement in Genua eher positiv bewertet wurde. Nun sollte genau dieser Rathenau am nächsten Vormittag als Großfeind des deutschen Volkes auf offener Straße von ausgerechnet ihnen drei hingerichtet werden.

Das waren Zweifel.

Zweifel an der Richtigkeit der Mission.

Zweifel auch eines 21-Jährigen mit guten Zukunftsaussichten, der sein Leben nicht für eine dubiose Sache wegwerfen wollte.

Kern wollte von Techows Zweifeln nichts wissen. Er hielt sie für Unsinn und drosch mit der Wut des sturen Ideologen auf Techow ein. Es bedürfe einer wirklich wichtigen politischen Figur, die sie beseitigen müssten, um die Roten zum Aufstand zu zwingen. Diese Roten mit ihrer Roten Armee würden dann von den national gesinnten Kräften im Reich niedergewalzt werden. Endlich käme dann die von ihnen ersehnte stramme Militärdiktatur.

Techow kannte diese Theorie schon. Kern hatte sie ihm bereits vorher einmal beim Essen in der Technischen Hochschule vorgekaut.

Techow war nicht überzeugt.

Das sagte er auch.

Daraufhin legte Kern einen anderen Gang ein.

Er befahl Techow, den Attentatsplan weiter umzusetzen, oder er werde ihn als Verräter erschießen.

Techow, der das Arndt-Gymnasium im feinen Dahlem besucht hatte, fügte sich. Außerdem war er ja nur der Fahrer und hatte noch die schadhafte Ölzufuhr am Mercedes zu reparieren. Denn die, das hatte er bei der Fahrt aus Sachsen festgestellt, muckte. Und ein misslungenes Attentat wegen Motorschadens war anscheinend keine Option. Jedenfalls nicht für einen Studenten des Maschinenbaus.

Von Salomon drückte sich am Morgen des 24. Juni in den

Nebenstraßen der Koenigsallee rum. Er war für das Ausspionieren von Rathenaus Haus zuständig. Eine nicht wirklich wichtige Arbeit. Zwischen 10 und 11 Uhr fuhr Rathenau jeden Tag ins Ministerium, wenn er nicht auf Reisen war. Auch einen Fahrer aus Hamburg hatte von Salomon beschafft. Er sollte das Attentatsauto steuern, aber Kern hatte Techow den Vorzug gegeben. Es lief nicht gut für von Salomon in der Gruppe. Seit er den Verräter Wagner in jener Märznacht in Bad Nauheim nicht exekutiert hatte, gab es bei Kern immer noch Zweifel an ihm. Zweifel an seiner Kaltblütigkeit zu killen.

Trotzdem war es von Salomon gelungen, sich im engsten Verschwörerkreis zu halten. Er wollte dazugehören wie ein Jünger. Selbst wenn dies erst einmal Erniedrigung bedeutete. Er war bereit, Buße zu tun.

Lieber erniedrigt in wichtiger Mission als draußen und unbedeutend.

Vom 16. Juni bis zum 23. Juni hatte von Salomon zusammen mit Kern und Fischer in der Pension »Scheer« in Berlin-Mitte gewohnt. Die Adresse lautete »Am Zirkus 10«. Hier in den billigen Zimmern der Absteige bereiteten die drei ihr Meisterstück vor. Es gab Probleme, es gab Diskussionen, aber Zweifel gab es nur bei Techow, dem Fahrer. Von Salomon konnte es sich gar nicht leisten zu zweifeln, er wollte ja wieder das Vertrauen seines Chefgurus zurück – Kerns.

Das Problem war nur, dass es, wie in jeder Sekte, schon lange nicht mehr rational zuging. Man musste glauben. Vor allem Kern. Er hatte das Charisma. Er hatte via Hoffmann, dem Stellvertreter Ehrhardts in der Organisation Consul, grünes Licht erhalten, Politiker wie Scheidemann und Rathenau zu ermorden, um einen Umsturz von links zu provozieren.

Was zählte, war nicht die Ratio, was zählte, war die Tat.

Das nackte knallharte Tun – das war es, was Kern glorifizierte. Die gewalttätige Tat, die ruhig auch böse sein durfte. Denn diese Tat gehorchte gewissermaßen höheren Mächten. Diese Taten flossen aus den Attentätern heraus. Durch sie hindurch. Die Attentäter waren laut Kern nur die Vollstrecker eines höheren Gesetzes. Einer Art altgermanischer Sendung. Oder, wie von Salomon es ausdrückte, die Gewalt, die sie trieb, war »Ausfluß mythischer Mächte, die zu erkennen der reine Intellekt mit all seinen Methoden nicht ausreichen konnte«.

So gesehen war alles möglich – und auch alles erlaubt, wenn nur Kern es befahl.

Die Demokraten, das waren für Kern nichts als Leute, die mit »wirrem Gelärm«, wie er von Salomon in der Pension »Am Zirkus« erklärt hatte, Räume füllen. Irgendwelche unwichtigen Räume. Nicht die »Felder der Entscheidung«. Die lägen »hinter dem breiten Gürtel des Dickichts, durch das wir uns mit harten Schlägen hauen. Da werden wir dann stehen«.

Es waren raunende Worte. Gewalt. Pathos. Kern war schwer in Form gewesen in der billigen Pension.

Fragen nach so etwas wie Erfolg verbot sich Kern. Erfolg war etwas für Menschen mit Gewinn-und-Verlust-Rechnung. Menschen, die Risiken kalkulierten, abwägten, rational handelten.

Erfolg?

War, wenn es nach Kern ging, etwas für Schwächlinge.

»Nein, wir haben keinen Erfolg gehabt. Wir werden nie Erfolg haben«, ließ ihn von Salomon monologisieren.

Und es ging noch heftiger. »Gesellen wie wir, Siege er-

fechtend, die keinen Ruhm brachten, geprügelt in Nieder-
lagen, die uns nichts anhaben konnten, steigen immer aus
dem Schatten des Kommenden.«

So richtig gut klang das nicht einmal für von Salomon.

»Ich will mehr, ich will kein bloßes Opfer sein … Ich will
ein Ziel, das meinen Tag erfüllt … Ich will wissen, dass der
Einsatz lohnt«, wandte von Salomon, der Jünger, zaghaft
ein.

Kern wollte davon nichts wissen. Seine Antwort bestand
darin, das Opferdasein zu verklären.

»Verdammt, hör mit den Fragen auf. Sage mir, wenn du
es weißt, ein größeres Glück, wenn du schon nach dem
Glücke gierst, als jenes in uns, in uns allein und gerade nur
in uns und gerade nur durch die Gewalt, in der wir dienend
vor die Hunde gehen, zu erfahren, was unser Leben glühend
macht.«

Der Weg dorthin war weit, das gab Kern gerne zu.

Und dieser Weg war gefährlich, weil es ja die Möglichkeit
gab zu Frieden und Versöhnung. Und Frieden und Versöhnung mit England und Frankreich, mit dem sogenannten
Westen, das fürchtete Kern mehr als den schlimmsten Feind.

»Wenn es eine Macht gibt, die wir mit allen Mitteln zu
vernichten die Aufgabe haben, dann ist es der Westen und
die deutsche Schicht, die sich von ihm überfremden ließ.
Sie sagen ›deutsch‹ und drängen in ihr Mutterland Europa.
Sie jammern von der Unterwerfung und sehnen sich nach
ihr«, hatte Kern von Salomon in der billigen Pension beschworen.

Von Salomon ließ nun den Namen Rathenau fallen gegenüber Kern, und es war, als hätte jener nur darauf gewartet, nun endlich seine lang sortierte ideologische Mu-

nition zu zünden. Ein rhetorisches Sperrfeuer erwartete von Salomon, eine ungeheure Lobpreisung Rathenaus, die aber genau jene Erhöhung bieten sollte, von der jener umso lauter und krachender zu Tode gestürzt werden sollte. Rathenau verkörpere für viele Deutsche die Hoffnung auf Frieden, auf Kooperation mit den Siegermächten, auf den Wiederaufstieg des Reichs in einer marktwirtschaftlichen Ordnung.

Die Möglichkeit, dass nach Jahren des Kriegs, der Ungewissheit, Suppenküchen und Hyperinflation doch noch alles gut werden würde.

Genau wegen dieses Charismas, dieser Strahlkraft, müsse er beseitigt werden.

»Ich habe die Absicht, den Mann zu erschießen, der größer ist als alle, die um ihn stehen«, sagte Kern. »Das Blut dieses Mannes soll unversöhnlich trennen, was auf ewig getrennt werden muss.« Rathenau habe die bitterste Kritik der Menschen und der Mächte seiner Zeit geschrieben, meinte Kern. »Und doch ist er Mensch dieser Zeit und hingegeben diesen Mächten. Er ist ihre reifste, letzte Frucht, in sich vereinigend, was seine Zeit an Wert und an Gedanken, an Ethos und an Pathos, an Würde und an Glaube in sich barg.«

Es war das übliche schwülstige Wortgeschiebe, das Kern wie Weihrauch produzieren konnte. Dem Mordanschlag einen Heiligenschein verpassen.

Was aber, wenn die Rote Armee nicht aufstand? Es keine Revolte gab?

Keinen Anlass für einen Staatsstreich sah?

Dann hätte man sich verrechnet, nicht wahr?

Aber Rathenau wäre immer noch tot, und mit ihm tot

wäre die Hoffnung jener Deutscher auf ein Happy End mit dem Westen.

Auf Aussöhnung.

So ähnlich muss sich das Kern gedacht haben.

Die Tür zur Aussöhnung sollte den Deutschen mit dem Tod Rathenaus verschlossen sein.

Ein für alle Mal.

Er ertrüge es schlicht nicht, wenn es dank Rathenau den Deutschen noch einmal gelänge, aus den Trümmern der Zeit zu Größe aufzusteigen.

Nicht mit Rathenau.

Nicht mit dem Westen.

Dann lieber Tod und Zerstörung für jene Verräter-Deutschen.

»Möge er das treiben, was die Schwätzer Erfüllungspolitik nennen. Was geht uns das an, die wir um höhere Dinge fechten. Wir fechten nicht, damit das Volk glücklich werde. Wir fechten, um es in seine Schicksalslinie zu zwingen. Aber, wenn dieser Mann dem Volke noch einmal einen Glauben schenkte, wenn er es noch einmal emporrisse zu einem Willen, zu einer Form, die Willen und Form sind einer Zeit, die im Kriege starb, die tot ist, das ertrüge ich nicht.«

Rathenau, darauf hatte Kern sich selbst und die anderen Terroristen eingeschworen, war die ganz große Figur. Die letzte Möglichkeit, durch die das deutsche Volk noch mal in eine andere Richtung würde abbiegen können. Eine weniger blutige Richtung. Eine mit weniger Tod, weniger Krieg, weniger Zerstörung.

Genau das wollte Kern verhindern.

Diese Abzweigung in eine andere Geschichte Deutschlands musste geschlossen werden.

Schlagt tot den Walther Rathenau.

Die Geschichte, so wie Kern sie sich vorstellte, also mit blitzenden Uniformen, Zucht und Ordnung, der Armee als allererstem Stand im Staat; einer Armee, die Kriege gewann und nicht durch Verrat in die Niederlage gezwungen wurde; diese Geschichte hatte ihn und die Verschwörer ausgespuckt. Ihnen den Rücken zugekehrt wie Schiffbrüchigen auf nachtschwarzem Wasser.

Und nun würden sie die Geschichte umdrehen.

Sie würden die natürliche Ordnung wiederherstellen.

Der letzte Vorhang vor der Wiederauferstehung Deutschlands würde Rathenaus Tod sein.

Und sie zu Helden machen.

Zu Rettern Deutschlands.

Kern war unruhig, nervös. Rathenau gehörte ihm. Aber so hysterisch, wie sich die völkischen Kreise des Landes auf diesen Charismatiker eingeschossen hatten, konnte er nicht sicher sein, dass ihm nicht einer zuvorkäme mit der Ermordung des Außenministers.

Rathenau war für die rechten Fanatiker eine Trophäe, und einige wollten sich mit dem Blut dieses Mannes schmücken.

Es war nicht so, dass die Killer an der Koenigsallee Schlange standen, aber es gab Konkurrenz.

Über Techow und seinen Bruder hatten Kern, Fischer und von Salomon in Berlin auch zwei Jungs kennengelernt, die Teenager waren. Sie gingen noch zur Schule, waren aber ganz versessen darauf, ihren Ehrenplatz in der glorreichen deutschen Geschichte zu sichern.

Sie hießen Heinz Stubenrauch und Willi Günther. Und Rathenau, bildeten sie sich ein, war ihr Ticket für diesen vermeintlichen Thron.

Kern war außer sich, als er von ihren Attentatsplänen erfuhr. Er redete auf sie ein, drohte, lockte, bot ihnen an, bei ihnen, den Profis von der mächtigen Organisation Consul, mitzuwirken.

Eins sein für die gute Sache.

Günther, der gut vernetzt war für sein Alter, sogar Kontakte hatte zu Ludendorff und Helfferich, bekam den Auftrag, eine Maschinenpistole für den Mord zu beschaffen. Außerdem sollte er einen Stellplatz für den Mercedes in Berlin finden. Die Maschinenpistole war in den Augen der Attentäter notwendig geworden, weil ihre Mauser-Pistolen nicht wirklich für diese Art von spektakulärem Mord aus dem offenen Auto beim Überholen taugten. Drei Tage vor dem Attentat, also am 21. Juni, hatten Techow, Günther, Kern und Fischer eine Spritztour mit dem Mercedes an den Wannsee gemacht. Auf dem Rückweg hatten sie mit ihren Mauser-Pistolen im Grunewald rumgeballert und festgestellt, dass die Streuung viel zu groß war. Also, Günther, Maschinenpistole – und zwar so schnell wie möglich.

Die Uhr lief. Von Salomon hatte bei seinem Versuch, in Hamburg ein Auto und einen Fahrer aufzutreiben, ein paar Tage vorher unbegreiflicherweise 6000 Mark verbrannt.

Für nichts und wieder nichts.

Fischer und Kern hatten noch 5000 Mark übrig.

Das musste reichen. Also presto.

Günther waren sie jetzt los, er suchte nach einer Maschinenpistole. Aber würde er auch wirklich eine finden?

Eher unwahrscheinlich.

Also machten sich Kern und Fischer mit Techow im Wagen am nächsten Morgen nach Schwerin auf, um solch ein

Ding beim Gauleiter des Deutschvölkischen Schutz- und Trutzbundes abzuholen. Dort sei eine Maschinenpistole geparkt. Auf Nummer sicher. Schließlich hatte Kern sie da einen Monat vorher eigenhändig deponiert.

Mit der mörderischen Fracht ging es zurück in die Reichshauptstadt, wo man abends um halb acht den nervigen Günther am Reichskanzlerplatz auflas. Er hatte tatsächlich eine Garage organisiert. In Schmargendorf zwar. Aber immerhin. Der Besitzer, ein Mann namens Richard Schütt, sah es als Privileg, Ehrhardt-Leuten etwas Gutes tun zu dürfen. Alles kostenneutral. Sogar die Reparatur, die Schütt zusammen mit Techow am Wagen vornehmen wollte, war umsonst. Plus die drei Schlafplätze für Techow, Kern und Fischer in Schütts Wohnung. Alles zusammen kostete das keinen Pfennig.

Die halbe Nacht zechte Schütt dann mit den drei Killern in spe. Wobei um ein Haar noch Techow von Kern als Verräter hingerichtet worden wäre. Aber der lenkte ein. Am nächsten Morgen stand Techow früh auf und begann, sich mit dem Wagen zu beschäftigen. Um 9 Uhr erklärte Techow, dass der Mercedes um 10 Uhr startklar sei.

»Dann wollen wir mal sehen, ob wir Rathenau nicht heute noch vor die Pistole bringen können«, erklärte Kern, der Chef. Fischer schloss sich an. Wie immer.

Nun drängte die Zeit aber wirklich. Günther packte die Maschinenpistole hinter den Rücksitz des Mercedes, Fischer bastelte falsche Nummernschilder, Kern fluchte, sah auf die Uhr.

Kurz vor halb elf startete Techow den Wagen. Endlich. Es ging zügig voran. Keine Probleme. In der Nähe der Villa Rathenau meldete Techow Kern mit einem gewissen Stolz, dass der Wagen wieder tadellos fahre. Darauf stieg Kern aus und sagte: »Erwartet mich am Hasensprung.«

Der Hasensprung war eine kleine Seitenstraße der Koenigsallee. Von dort ging es weiter in die Joseph-Joachim-Straße. Hier im Hinterhalt wollten sie warten. Kern befahl Techow, den Motor abzustellen.

Von Salomon hatte auf die Truppe gewartet. Zusteigen durfte er nicht. Ein Attentäter zweiter Klasse, der hoffte, durch Fleiß und bedingungslose Treue wieder ein Upgrade zu bekommen in die erste Klasse.

Mörder erster Klasse.

Aber als Mörder sah er sich nicht. Es war nicht Mord, es war eine Erlösung für Deutschland, die hier begangen werden sollte.

Ein fast feierlicher Akt.

Trotzdem zitterte von Salomon.

Kern zitterte nicht.

Mit der Zuversicht eines Stabhochspringers vor dem Weltrekordversuch gab er letzte Befehle für Waffenschiebungen in der Provinz. Er sah das große Ziel vor sich, aber im Auge hatte er auch noch kleine Details für die gute Sache in anderen kleinen Ecken des Reichs.

Düsseldorf, Freiburg, die Pfalz. Und dann war da noch München. Der Ort, wo das Hauptquartier der Organisation Consul lag. Der Ort, wo der Polizeipräsident höchstpersönlich den Chef der Organisation Consul, Ehrhardt, mit falschen Pässen versorgte.

In München gab es ja noch die große neue Hoffnung für die gute Sache, jenen Mann, dem die Massen in den Bierhallen zuströmten, als sei er ein großer Fluss. Wie der Rhein oder die Elbe.

Ein deutscher Schicksalsstrom.

Gewiss, Ehrhardt und dieser Mann zofften sich oft, aber wollten sie nicht dasselbe? Die rechte Diktatur, endlich?

Kern hatte die Lederkappe auf dem Kopf, den schicken Mantel an. Der ganz große Auftritt lag vor ihm. Den Außenminister erschießen aus dem offenen Wagen während eines Überholmanövers. Das war verwegen. Das war das Gegenteil von Kassel. Das war das Gegenteil von Blausäure aus Spritzbällen.

Er wandte sich noch einmal an von Salomon, erinnert sich dieser in »Die Geächteten«.

»Wenn Hitler seine Stunde begreift, ist er der Mann, für den ich ihn halte.«

Dann legte er die Maschinenpistole für sich gut griffbereit unter die Vordersitze.

»Mach's gut, Kerl. Du bist eine breite Axt, sieh zu, dass du nicht schartig wirst«, sagte Kern zu von Salomon.

Er fügte leise hinzu: »Du kannst nicht ahnen, wie froh ich bin, dass ich alles hinter mir habe.«

Kurz darauf fuhr ein dunkelrotes Auto mit zurückgeschlagenem Verdeck die Koenigsallee hinauf.

Es wirkte arglos.

Kern stand im Mercedes. Wie ein Schlachtschiffkommandant. Hoch aufgerichtet. Er setzte sich. Techow, mit grauem Gesicht, ließ den Wagen an.

Rathenau saß auf der Rückbank des dunkelroten NAG Cabriolets. Kein Verkehr heute auf der Koenigsallee. Er würde pünktlich im Amt sein. Schön, das war nach den Verzögerungen am Morgen schon einmal eine gute Nachricht. Es war ihm unangenehm, wenn Menschen auf ihn warteten. Er hasste Unpünktlichkeit, auch bei sich selbst.

Ein wirklich schönes Auto war es, in dem er da an den nassen Gärten des Grunewalds vorbeikutschiert wurde. Er hätte das so nie gesagt, weil ihm ja nicht nur das Auto, sondern das ganze Werk gehörte. Aber denken durfte er es. NAG hieß diese Autofabrik, Nationale Automobil Gesellschaft, gegründet von seinem Vater 1915, mitten im Krieg. Erbaut in Oberschöneweide, wo der Stararchitekt Behrens eine Fabrik hingesetzt hatte, die aussah wie ein modernes Schloss. Das war doch das Versprechen der Zukunft. Dass die Welt bequemer würde und angenehmer durch Technik. Von der Glühbirne zum Auto zum Flugzeug. Man musste es nur wollen. Es war viel Arbeit, aber es lohnte sich. Bei den Grunewald-Rennen der letzten Jahre hatte das NAG-Auto immer gewonnen, acht Runden auf der Avus, 130 Stundenkilometer Durchschnittsgeschwindigkeit.

Der NAG fuhr allen davon.

Dieses Versprechen der Zukunft, es war brutal unter die Räder gekommen im Ersten Weltkrieg und in dem, was folgte. Aber er konnte es trotzdem immer noch hören, und es war wieder ein wenig lebhafter geworden in den letzten Monaten. Deutschland mit seinen Unternehmern, Bankiers und Nobelpreisträgern hatte das Zeug, wieder ganz vorn mitzuwirken in der Welt von morgen.

Ein leiser, angenehmer Vormittag. Aber jetzt wurde es lauter. Was war das? Wollte da einer überholen? In einer Kurve, an einem Samstag, an dem kein Mensch hetzte?

Rathenaus Chauffeur machte Platz, hielt sich rechts. Aber als der Mercedes neben ihnen war, auf gleicher Höhe, überholte niemand. Stattdessen stand einer hinten auf, mit einer Maschinenpistole in der Hand. Kern. Der feuerte sofort. Neun Schüsse.

Als er fertig war, stand der andere auf der Rückbank des Mercedes auf und warf eine Handgranate in Rathenaus Auto. Es war sehr laut. Rathenaus Chauffeur Prozeller dachte, ein Reifen sei geplatzt.

Rathenau hatte keine Chance. Bereits die erste Kugel verletzte Lunge und Rücken tödlich, dazu trafen ihn sieben weitere Kugeln. Ein letzter Schuss zerschlug seinen Unterkiefer. Die Handgranate riss ihm einige Finger ab, an jener Hand, mit der er seinen Stock gehalten hatte. Den rechten Fuß zertrümmerte sie ebenfalls.

Es war eine bestialische Szenerie. Blut überall, auch auf dem Boden des Autos. Vor der Rückbank brannte es.

Trotz dieses gewissenhaft durchgeführten Zwei-Mann-Massakers lebte Rathenau noch. Eine Krankenschwester, die an der Straßenbahnhaltestelle Erdener Straße gewartet hatte, eilte zu Hilfe. Sie trat das Feuer im Wagen aus, kümmerte sich um den Schwerverletzten.

»Wir müssen zu einem Arzt«, rief die Schwester. Aber Prozeller wollte davon nichts wissen. »Wir können in fünf Minuten zu Hause sein«, sagte er und fuhr zurück zu Rathenaus Villa.

Die Schwester stützte den Sterbenden und merkte auf der Höhe Koenigsallee/Querstraße Hagenstraße, wie Rathenau verschied.

An der Villa angekommen, holten einige Angestellte Rathenau aus dem Auto und trugen ihn in sein Arbeitszimmer.

Prozeller benachrichtigte nun einen Arzt und die Polizei. Aber Rathenau war tot.

Die Nachricht verbreitete sich mit ungeheurer Geschwindigkeit. Ein gewaltiger Schock für einen Teil der Deutschen, ein gewaltiger Jubel für den anderen. In Berlin gab es einen Generalstreik, trauernde Menschenmassen zogen durch die Stadt, in einer Menge, wie es die Reichshauptstadt noch nie gesehen hatte. Von einer Million Menschen war die Rede. Reichskanzler Wirth sagte seinen berühmten Satz, wonach der Feind rechts stehe.

Eine späte Einsicht.

Eine Million Reichsmark wurde zur Ergreifung der Täter ausgesetzt.

Eine ungeheure Summe.

Die weder Kern noch Fischer noch die anderen einschüchterte.

Sie hatten die Fliegerkappen aus dem Auto geworfen mit der Maschinenpistole, sich Hüte aufgesetzt und den Nachmittag im Zoo verbracht.

Die gute Sache feiern.

Erst drei Tage später reisten sie unbehelligt, unerkannt und enttäuscht aus Berlin ab.

Sie hatten den wichtigsten deutschen Politiker ihrer Zeit ermordet, aber die Demokratie, ihr eigentliches Ziel, hatte noch einmal überlebt.

Dem Untergang der Zivilisation in Deutschland ein großes Stück näher gerückt war man trotzdem.

»UNSER ZIEL IST DIE BEENDIGUNG
DER PARTY«

Das Leben von Walter Lübcke war ein beeindruckendes Beispiel dafür, dass man es immer noch weit bringen kann in Deutschland – auch wenn manch einer das Gegenteil behauptet.

Geboren in kleinen Verhältnissen in Bad Wildungen in Nordhessen, Hauptschulabschluss, Bankkaufmann, acht Jahre Bundeswehr, Studium der Wirtschaftswissenschaften, 1991 Doktorarbeit zum Thema: »Die frühen wirtschaftlichen Planungsversuche in der Sowjetunion 1924–28: Sozialismus zwischen Utopie und Pragmatismus«. Schließlich ab 2000 Regierungspräsident in Kassel, wo er mit mehr als tausend Mitarbeitern dafür sorgte, dass vom Verkehr bis zur Abfallbeseitigung den Bürgern der Alltag leichter gemacht wurde.

Ein stetiger Aufstieg, den Lübcke seinem Fleiß verdankte und seiner Unbestechlichkeit. Ein Mann, der trotz achtzig Stunden Arbeitszeit pro Woche von großer Bescheidenheit war. Als »Junge vom Dorf« hat sich Lübcke gern bezeichnet. Abgehobenheit war seine Sache nicht, eher eine selbstverständliche Bodenständigkeit.

Walter Lübcke war keine schillernde Figur der Oberschicht wie Walter Rathenau. Kein Großkapitalist, kein Literat, kein Theoretiker weit ausgreifender Gesellschaftsentwürfe. Eher ein Pragmatiker. Wobei ein Mindestmaß an Anstand für ihn zu den Grundlagen der Politik und eines zivilisierten Lebens gehörte.

Aber genau dieses Eintreten für Anstand und Menschlichkeit war für Walter Lübcke tödlich. Als ihn sein Sohn Jan-Hendrik in der Nacht vom 2. Juni 2019 auf der Terrasse von Lübckes Haus im 900-Einwohner-Dorf Istha fand, hielt der 65-Jährige eine abgebrannte Zigarette in der Hand. Lübckes Körper war kalt, oberhalb seines rechten Ohres blutete er aus einer sechs Millimeter großen Wunde. Ein Projektil aus einer »Rossi Kaliber 38 Spezial« steckte in seinem Gehirn. Keine 100 Meter weiter dröhnte die Musik der alljährlichen »Weizenkirmes«.

Die Schüsse auf Walter Lübcke waren der erste Mord der radikalen Rechten an einem deutschen Politiker seit dem Ende des Zweiten Weltkriegs. Seit den 90er-Jahren hat der rechte Terror in unserem Land 187 Menschen das Leben gekostet, aber an einen Regierungspräsidenten hatten sich die etwa zwölftausend äußerst gewaltbereiten Angehörigen dieser Szene noch nicht herangetraut. Nach Lübckes Tod sprach Bundespräsident Steinmeier von einem »Alarmzeichen für unsere Demokratie«. Er bekam viel Zustimmung, aber im Netz überschlugen sich die Sympathisanten des Mörders vor Schadenfreude. »Die Drecksau hat den Gnadenschuss bekommen. RESPEKT«, schrieb einer auf Youtube. »Eine widerliche Ratte weniger. Fehlen noch die anderen«, ergänzte ein weiterer.

Dem CDU-Mitglied Lübcke war zum Verhängnis geworden, dass er auf einer Informationsveranstaltung zur Flüchtlingskrise 2015 im Bürgerhaus der Gemeinde Lohfelden bei Kassel nicht ohne Stolz dargelegt hatte, wie gut organisiert die Unterbringung der ankommenden Notleidenden in der Gegend laufe.

Es hatte eine durchaus patriotische Grundierung, als Lübcke sagte: »Es lohnt sich, in unserem Land zu leben. Da muss man für Werte eintreten, und wer diese Werte nicht vertritt, der kann jederzeit dieses Land verlassen, wenn er nicht einverstanden ist, das ist die Freiheit eines jeden Deutschen.«

Es gab einige unter den rund 800 Zuhörern im Saal, die sich an dieser Bemerkung störten. Buh-Rufe waren zu hören, einer brüllte »Verschwinde!«.

Lübcke ließ sich nicht beirren. Dass Politik nach Max Weber bedeutete, dicke Bretter zu bohren, das war ihm seit vielen Jahren bekannt. Die Ankunft Hunderttausender Geflüchteter, das war schnell klar, war ein besonders dickes Brett. Aber es würde sich lohnen. Für Deutschland, für die deutsche Wirtschaft und auch für die Geflüchteten.

Also ging Lübcke noch einmal zurück in der Geschichte unseres Landes. Bis zum Dritten Reich und wie grausam es selbst für jene Hellsichtigen war, die sich rechtzeitig auf den Weg gemacht hatten. Solcher Hoffnungslosigkeit wollten die Verfassungsgeber der Bundesrepublik vorbeugen.

»Ich bin stolz, dass wir als Deutsche sagen, wer politisch verfolgt wird, der hat bei uns einen Anspruch auf Asyl. Es gab auch hier in der Region Menschen, die konnten nicht in die Schweiz, die konnten nicht nach Frankreich und konnten nicht nach Dänemark, weil sie nicht aufgenommen worden sind. Die kamen in Konzentrationslager. Und wir haben das Glück, dass wir sagen können, wir können Leuten, die politisch verfolgt werden, Asyl gewähren.«

Es gehörte zu Lübckes Pech, dass der Auftritt des Regierungspräsidenten per Video aufgenommen wurde. Einmal im Netz, entwickelte sich eine regelrechte virtuelle Hetzjagd.

»Unfassbar!!!«, schrieb der Kassler Pegida-Ableger »Kagida« keine 24 Stunden nach Lübckes Auftritt in Lohfelden unter dem Hashtag #MerktEuchDieNamen. Das Rechtsaußen-Portal »PI-News« verlinkte das Video mit der Überschrift »Kassler Regierungspräsident legt Deutschen nahe, das Land zu verlassen«. Am Schluss des Beitrags fiel das Wort »Volksverräter«.

Schnell sprang die AfD auf den Hetz-Express. »Noch ist das unser Land, Herr Lübcke«, polterte die Rechtsaußenpartei, als sie das Video auf ihre Facebook-Seite nahm. In anderen Foren wurde gejammert, dass »wir alle ausgetauscht werden sollen«, und gleichzeitig wurde zur sich aufbauenden Hasswelle gegen Lübcke mit Genugtuung gepostet: »Jetzt dreht sich die kleine Gutmenschen-Welt aber gewaltig«. Es waren noch drei Jahre und sieben Monate bis zum Mord während der Weizenkirmes in Istha. Drei Jahre und sieben Monate, bis man im Zuge der Mordermittlungen feststellte, wer in Lohfelden besonders laut »Buh« gerufen hatte und »Verschwinde«. Die Stimme gehörte Stephan Ernst, einem mehrfach vorbestraften Neonazi, der mit der offenbar sorgsam geplanten Tötung von Walter Lübcke sein Meisterstück abliefern wollte.

Ernst war gut vernetzt in der radikalen Szene. Über sein Motiv sagte er: »Ich möchte, dass der Terror zu ihnen kommt.« Der Mord an einem missliebigen Politiker als Notwehr, aber auch als Botschaft an die radikalen Gesinnungsgenossen. So wurde seine Tat auch von vielen Sympathisanten verstanden: »Selbst Schuld, kein Mitleid, so wird es Merkel und den anderen auch ergehen«, hieß es beispielsweise auf Facebook.

Ernst entstammte nicht, wie ein Großteil der Rathenau-Attentäter vor 100 Jahren, einem Umfeld der Kadettenschulen und Offizierskasinos. Aber auch sein Hass auf das moderne Deutschland und seine »Ausländer« begann früh – schon sein Vater, ein SPD-Wähler und Betonbauer, hatte mit Vorliebe gegen Nicht-Deutsche und Migranten gehetzt. Außerdem hatte er seinen Sohn Stephan brutal gezüchtigt. Wie Ernst bei seinen Vernehmungen später sagte, sei er in der Rangordnung der Familie stets auf dem letzten Platz gestanden. Noch hinter den zwei Hunden.

Der Hass in Ernst wuchs. Mit 15 Jahren drang er erstmals mit einem Benzinkanister in den Keller eines Mehrfamilienhauses in der Nachbarschaft ein, Ausländer töten. Er verschüttete das Benzin, legte Feuer, kam aber nicht dazu, den mitgebrachten Molotowcocktail zu zünden. Das Feuer konnte gelöscht werden. Mit 19, am Morgen nach dem Brandanschlag von Mölln, bei dem zwei türkische Mädchen und ihre Großmutter verbrannten, überfiel Ernst in einer Toilette auf dem Wiesbadener Hauptbahnhof einen jungen Türken. Ernst rammte ihm von hinten ein beidseitig geschliffenes Messer 35 Zentimeter tief in den Oberkörper und stach noch einmal von vorne zu.

Das Opfer überlebte knapp und musste im Krankenhaus immer wieder operiert werden. Ein Jahr später griff Ernst eine Asylbewerberunterkunft in Steckenroth an. Die Rohrbombe dazu hatte er selbst gebaut. Er legte dazu Feuer an einem PKW zwischen den Wohncontainern, wollte, dass die Rohrbombe mit dem Auto explodierte. Der Anschlag endete allein deshalb nicht tödlich, weil es beherzten Anwohnern gelang, den brennenden PKW zu löschen.

Mit Anfang 20 war Ernst bereits ein in Mord- und Brandanschlägen geübter Rechtsterrorist – nur die Sicherheitsbehörden schlurften behäbig im Dunkeln. Erst als Ernst Monate später vor Bekannten mit seinen Taten prahlte, begann

die Polizei, gegen ihn zu ermitteln. In der Untersuchungs-
haft verletzte er einen weiteren Ausländer schwer mit einem
abgebrochenen Stuhlbein.

Ernst, daran gab es nun keinen Zweifel mehr, war bereits
in sehr jungen Jahren ein äußerst gewalttätiger Mann, der
mit seinen fortgesetzten Versuchen, andere schwer zu ver-
letzen oder umzubringen, eine große Gefahr für viele Menschen in Deutschland darstellte. Das Landgericht Wiesbaden verurteilte ihn nur zu sechs Jahren Haft. Nach fünf
Jahren kam er frei. Während seiner Hafturlaube lernte er
seine russischstämmige spätere Ehefrau kennen.

Bis zu seiner Haftstrafe hatte Ernst alleine gehandelt. Im
Gefängnis begegnete er der rechtsradikalen Zeitschrift »Nation und Europa«. Nach seiner Entlassung schloss er sich
auf Vermittlung seines Schwiegervaters der NPD an. Nach
vier Jahren wurde er wegen nicht gezahlter Beiträge aus
der NPD ausgeschlossen, aber da hatte Ernst bereits Kontakte zu anderen Neonazi-Organisationen wie »Combat
18«, »Blood and Honour« und »Freier Widerstand Kassel«.
Auch zum NSU gab es Kontakt. Ernst brannte nun nicht
mehr so offensichtlich darauf, alleine loszuziehen, um die
von ihm so gehassten »Ausländer« anzuzünden, in die Luft
zu sprengen oder mit einem langen Messer umzubringen.
Stattdessen prügelte er sich nun zusammen mit tiefbrau-
nen Gruppen bei Aufmärschen mit politischen Gegnern
und der Polizei. Er legte auch akribische Listen mit den
Namen sogenannter »Feinde« an. Darunter ein Geschichts-
lehrer aus Kassel, den im Jahr 2003 eine Kugel zu Hause nur
knapp verfehlte. Es folgte ein Angriff auf einen Iraker vor
einem Flüchtlingsheim, dem ein Unbekannter von einem
Fahrrad aus ein Messer in den Rücken jagte. Ernst stand für

beide Taten unter dringendem Verdacht, aber die Attacken konnten ihm nicht so nachgewiesen werden, dass es zu einer Verurteilung reichte.

Trotzdem blieb Ernst ein Musterschüler des Neonazismus. Seine Polizeiakte hatte 37 Einträge, noch im Jahr 2009 stufte das Landesamt für Verfassungsschutz Hessen Ernst als »gefährlich« ein.

In den kommenden Jahren zog sich Ernst zusehends in den Kreis seiner Familie zurück, was den Verfassungsschutz dazu bewog, ihn für »abgekühlt« zu erklären. Ein fataler Fehler, wie sich herausstellen sollte. Hatte doch Ernst einfach die Strategie gewechselt. Er spendete nun Geld an die AfD, schaffte es, trotz seiner Vorstrafe ein umfangreiches Waffendepot samt Uzi und Pumpgun an seinem Arbeitsplatz anzulegen, wo er auch mit Sprüchen auffiel, nach denen man Volksverräter an die Wand stellen oder Migranten in ein Flugzeug stecken und später über dem Mittelmeer hinauswerfen sollte. Unter dem Pseudonym »Game Over« hetzte Ernst auch im Internet, wo er »viele Tote« ankündigte. Die Gebührenüberweisungen an die GEZ versah er mit Vermerken wie »BRD-Zwangsabgabe«, »Lügenpresse« oder »An die Wand mit Euch«.

Abgekühlt?

Nach widersprüchlichen Geständnissen von Ernst, in denen er erst sich selbst als ausführenden Täter, dann seinen Freund, den rechtsextremen Verfassungsschutzinformanten Markus H., als Todesschützen, schließlich Markus H. als anstiftenden Begleiter in der Mordnacht bezichtigte, wurde Stephan Ernst vom Oberlandesgericht Frankfurt am Main zu einer lebenslangen Haftstrafe verurteilt. Der Mitangeklagte Markus H. kam mit einer Haftstrafe von 18 Monaten davon, die zur Bewährung ausgesetzt wurde. Das Gericht befand, dass man Markus H. eine Beihilfe zum Mord nicht nachweisen habe können. Das milde Urteil für Markus H. wurde von der Familie Lübckes und vielen anderen als tief ungerecht empfunden. Nicht nur hatte Markus H. mit Ernst immer wieder Schießübungen abgehalten – unter anderem auf ein Foto von Angela Merkel. Markus H. hatte auch mit Ernst die Veranstaltung in Lohfelden im Jahr 2015 besucht, wo er das Hetzvideo aufnahm und ins Netz stellte. Mehr als 250 Nachrichten hatten Ernst und H. über ihre Mobiltelefone ausgetauscht und später so gelöscht, dass die Polizei sie nicht wiederherstellen konnte. H.s frühere Lebensgefährtin hatte der Polizei berichtet, dass H. ihr gegenüber gedroht habe, dass, sollte er unheilbar erkranken, er bei einem Selbstmordattentat möglichst viele »Kanaken« mit in den Tod zu nehmen plane. Auch Ernst schilderte H. als überzeugten Nationalsozialisten, der den Holocaust leugne – was diesen nicht daran gehindert habe, sich in einer Wohnung voller Waffen und NS-Devotionalien stolz eine Originaldose des Nervengases Zyklon B als Stifthalter auf einen Tisch zu stellen. Trotz des milden Urteils stuft die Polizei Hessen Markus H. weiterhin als Gefährder ein, der jederzeit politisch motivierte Straftaten von erheblicher Bedeutung begehen könne.

»Wir sind nicht mehr allein und wir werden immer mehr«, hatte Ernst noch im Jahr 2015 im Netz gejubelt, als er feststellte, dass bereits über 100.000 Menschen das Hetzvideo über Lübcke geklickt hatten. Gut zwei Jahrzehnte lang hatte sich Ernst in diversen rechtsradikalen Aktionen engagiert, ein Netzwerker aus Überzeugung, aber auch weil

ihm seit seiner Verurteilung wegen des brutalen Messer-
angriffs auf der Bahnhofstoilette von Wiesbaden das legale
Erwerben der von ihm so heiß geliebten Schusswaffen per
Gesetz untersagt wurde.

Schwer vorstellbar, dass jemand wie Ernst nicht diverse
Helfer und Kollaborateure gehabt haben sollte. Trotzdem
verurteilte ihn das Gericht wie einen Einzeltäter. Mehr gaben
angeblich die Ermittlungen und die Indizien nicht her.

Lautstarken Applaus aus dem rechtsradikalen Lager
durfte Ernst trotzdem genießen, nachdem er Lübcke ermordet hatte. Ein Pegida-Mann sagte in die Kamera: »Im
Vergleich zur linksextremen Gefahr ist ein Mord, was weiß
ich, alle zwei, drei Jahre, aus irgendwelchen Hassgründen
relativ normal.« Ein anderer Pegida-Marschierer in Ang-
lerweste und Rocker-Sonnenbrille rechtfertigte den Mord
zufrieden als »eine menschliche Reaktion. Wie es in den
Wald hineingerufen wird, so schallt es wieder heraus«. Noch
hemmungsloser ging es auf der Internetseite von Pegida zu,
wo einer beispielsweise seine Zustimmung zum Mord an
Lübcke so ausdrückte: »Für den wäre mir noch ein Müllsack
zu schade«.

Ähnlich hatten sich 97 Jahre zuvor viele Deutsche an den
Stammtischen und in den Burschenschaften geäußert. Viele
aus dem deutschnationalen Milieu teilten die Hoffnung von
Erwin Kern, dem damaligen Todesschützen: »Durch Rathenaus Beseitigung sollte die Linke zum Losschlagen gereizt
werden, damit die nationalen Parteien ans Ruder kämen.«
Und in der Tat war die Betroffenheit der Massen gewaltig – aber nicht wie geplant: Zwar strömten Millionen von
Menschen auf die Straßen des Reichs, um ihre Trauer und

Empörung kundzutun. Aber es gab nur kleinere Ausschreitungen, keine großen, wie Kern es ersehnt hatte. »Nicht die Erschießung der tausend Arbeiter in Lichtenberg 1919 hatte die Massen so aufgebracht wie jetzt die Ermordung dieses einen Mannes, der eigentlich sogar ein Kapitalist gewesen war«, schrieb Sebastian Haffner später über die Trauerstimmung in Berlin. »Zur Bestattung fanden sich ohne Zwang und ohne Drohung ein paar hunderttausend Menschen ein. Und nachher gingen sie nicht auseinander, sondern zogen stundenlang durch die Straßen, in nicht enden wollenden Zügen, schweigend, grimmig, fordernd.«

Die Republik, sie war erschüttert, aber sie hielt fürs erste. Möglicherweise stabilisierte der Mord an Rathenau sie sogar kurzfristig. Der Umsturz jedenfalls blieb aus. Es war nach dem Kapp-Putsch das zweite Mal, dass sich die Feinde von Weimar verschätzt hatten, und zwar gewaltig. Allein Rathenau, der die Versöhnung und Kooperation mit den anderen Nationen Europas angestrebt hatte, war nicht mehr – und es würde auch keinen deutschen Politiker geben, der es an Charisma mit ihm aufnehmen konnte, jemand, der über die bloße Krisenverwaltung hinauswies. Bis eben Adolf Hitler kam, dessen Politik allerdings das absolute Gegenteil von dem beinhaltete, was Rathenau angestrebt hatte. Statt Frieden, Aussöhnung und Kooperation wollte Hitler Hass, Vernichtung und Krieg.

Mit einer Attitüde des Unbedingten, der Entschlossenheit, hatten Dichter und Philosophen wie Heidegger, Jünger, Schmitt, aber auch Brecht und Horkheimer auf der Linken, schon früh die Demokratie denunziert oder herabgesetzt, so beschreibt es Hans Magnus Enzensberger:

»Die Politiker des Mittelmaßes konnten da nicht mithal

ten. Sie wirkten blass und hilflos. Die Fähigkeit, die Ängste und Ressentiments, die Begeisterungsfähigkeit und die destruktive Energie der Massen zu mobilisieren, fehlte ihnen ganz und gar. Auch aus diesem Grund haben sie Hitler, der sich darauf wie kein anderer verstand, ausnahmslos unterschätzt. Es blieb der politischen Klasse am Ende kaum mehr übrig, als zwischen Lähmung und Panik zu lavieren.«

Fürs Erste gewannen diese Politiker des Mittelmaßes nach dem Mord an Rathenau aber noch einmal die Oberhand. Sogar die Justiz und Polizei, die gerne die Mörder aus dem rechten Spektrum der Republik mit viel Nachsicht und Verständnis begleitet hatten, schienen auf einmal doch entschlossen, die Attentäter Rathenaus mit Härte und Unnachgiebigkeit zu verfolgen. Eine Belohnung von einer Million Reichsmark wurde ausgesetzt. Bernhard Weiß, stellvertretender Leiter de Berliner Kriminalpolizei, begann sofort nach dem Tod Rathenaus eine groß angelegte Fahndung nach den Attentätern zu organisieren. In relativ kurzer Zeit hatte Weiß Erfolg. Alle Attentäter wurden gefasst, wobei Kern und Fischer den Handschellen durch ihren Tod entgingen. Beide hatten nach einer dreiwöchigen Flucht durch Nord- und Mitteldeutschland auf Burg Saaleck in Sachsen-Anhalt Zuflucht gefunden. Das Anwesen gehörte einem Sympathisanten, der bereits die beiden von Ehrhardt-Leuten aus dem Gefängnis befreiten Kriegsverbrecher versteckt hatte und sich eilig nach München aufgemacht hatte, um Hilfe zu organisieren. Weil die beiden Mörder nachts nicht auf Licht verzichten wollten, wurde die Polizei auf sie aufmerksam. »Wir wissen, wie wir zu sterben haben, wir sterben für unsere Ideale, unsere Nachfolger werden sich einstellen«, rief einer der beiden Attentäter von einem Burgturm, in den sie sich zurückgezogen hatten. Die Polizei antwortete mit Schüssen. Eine Kugel traf Kern am Kopf. Fischer hob den sterbenden Mitverschwörer in ein Bett, legte sich daneben und erschoss sich dann selbst. Die Szene, die der Polizeifotograf später vorfand, war bizarr: Zwei junge Männer, sorgsam bis zu den Schultern zugedeckt, liegen scheinbar friedlich nebeneinander – als ob sie schliefen. Dem Bild haftete etwas Romantisch-Homosexuelles an, eingefasst in eine soldatische Tradition. Eine kitschige Inszenierung unter der Überschrift: Treue bis in den Tod.

Gegen insgesamt 13 Angeklagte begann der Prozess am 3. Oktober 1922 im Staatsgerichtshof zum Schutze der Republik in Leipzig, der eigens für diese Veranstaltung ins Leben gerufen wurde. Wegen Mordes zu verantworten hatten sich der Fahrer des Mercedes Cabriolets Ernst Werner Techow. Sein Bruder Hans Gerd Techow und Ernst von Salomon wurden beschuldigt, das Attentat mit vorbereitet zu haben, Karl Tillessen, der Bruder des Erzberger-Mörders Heinrich Tillessen, Hartmut Plaas und Willi Günther mussten sich wegen Beihilfe zum Mord vor Gericht verantworten.

Oberreichsanwalt Ludwig Ebermayer war gewillt, harte Strafen zu verhängen, hielt sich aber auffällig zurück, als es darum ging, das Wirken der Drahtzieher im Hintergrund und die Natur der Organisation Consul zu beleuchten. Als Begründung gab er später an, er habe mit dieser Isolierung der Täter von ihren Hintermännern einer weiteren Vertiefung in der Spaltung der deutschen Gesellschaft entgegentreten wollen, die seines Erachtens schon viel zu weit fortgeschritten war.

So sahen die rund 600 Zuschauer und die zahlreichen Korrespondenten großer Tageszeitungen 13 Angeklagte, die, kaum dem Schulalter entwachsen, wirkten wie bartlose

Pfadfinder, die einem unheimlichen Kodex unterworfen waren. Sie schienen kalt und ohne jede Reue und vor allen Dingen fest entschlossen, die Geheimnisse der Organisation Consul zu wahren. Mit keiner Silbe erwähnten sie die Organisation, die ihnen Geld und Struktur zur Verfügung gestellt hatte – möglicherweise auch, weil sie überzeugt waren, dass ihnen sonst der Tod durch die Feme bevorgestanden hätte. »Mit gleichgültiger Miene blicken die Angeklagten auf die Waffe, als wäre sie ein nebensächliches Küchengerät und nicht jenes Instrument, mit dem sie angeblich die Befreiung der Nation vollführen wollten«, schrieb der Schriftsteller Joseph Roth, der als Reporter im Saal war. »Gleichgültig erörterte Techow die Schnelligkeit dieser Waffe wie ein Sachverständiger im Schießfach, und um den Mund des Herren Kapitän Leutnant Tillessen liegt ein Lächeln der Verachtung für alle friedlichen Menschen im Saal, die so gar keine Ahnung haben von Waffen und Heldentaten.«

Dann erbrach sich nach ein paar Prozesstagen der Mitangeklagte Willi Günther, dessen Prahlereien gleich nach dem Attentat der Polizei geholfen hatten, auf die Spuren der Täter zu kommen, mitten im Gerichtssaal. In der Nacht folgten ihm ins Krankenlager Ernst Werner Techow und Karl Tillessen, ebenfalls mit Erbrechen und Herzbeschwerden. Ihr Verhängnis: eine Packung Schokopralinen, gefüllt mit Arsen, die Günther als Geschenk zugegangen waren. Als der Prozess tags darauf fortgesetzt wurde, die drei Angeklagten wegen Unwohlsein in den Zellen bleiben durften, fehlte unter den Zuschauern auf einmal ein Prozessbeobachter namens Friedrich Wilhelm Heinz. Er war nach dem Giftanschlag vorzeitig abgereist.

Gegen Ernst Werner Techow, den Fahrer des Attentats-Mercedes, beantragte Ebermayer die Todesstrafe. Er entging ihr nur, weil er am letzten Prozesstag unter Tränen aussagte, er hätte Angst gehabt, dass Kern ihn umbringe, wenn er nicht mitmache.

Bereits am 14. Oktober wurden die Urteile verkündet. 15 Jahre Zuchthaus für Ernst Werner Techow wegen Beihilfe zum Mord. Acht Jahre und ein Monat für Willi Günther, vier Jahre für Hans Gerd Techow wegen Beihilfe und Begünstigung, drei Jahre für Karl Tillessen wegen Nichtanzeige eines Verbrechens, fünf Jahre für Ernst von Salomon plus fünf Jahre Verlust seiner bürgerlichen Ehrenrechte. Ebenfalls fünf Jahre bekam Waldemar Niedrig, zwei Jahre Gefängnis wegen Nichtanzeige eines drohenden Verbrechens bekam Hartmut Plaas. Die übrigen Angeklagten kamen mit sehr geringen Strafen davon oder wurden freigesprochen.

Nicht einmal auf der Anklagebank gesessen hatte dagegen das wirkliche Führungspersonal der Organisation Consul. Männer wie der Ehrhardt-Stellvertreter Alfred Hoffmann oder Manfred von Killinger oder eben Ehrhardt selbst. Ganz zu schweigen von den politischen Kräften im Hintergrund, für die die Angeklagten wie all die anderen rechten Gewalttäter der 20er Jahre lediglich die schmutzige Arbeit verrichteten, um die gehasste erste deutsche Demokratie zu zerschlagen: die Spitzen des Militärs, die alten Eliten in der Justiz, des Adels, der Großgrundbesitzer und der rechtsnationalen Parteien.

Ehrhardt hatte sich nach dem Mord an Erzberger nach Ungarn abgesetzt, kehrte aber im Herbst 1922 nach München zurück, wo er im November verhaftet wurde. Hier in

Bayern konnte er von seiner Gefängniszelle aus bequem am Neuaufbau der Organisation Consul arbeiten, die, schließlich in Bund Wiking umbenannt, über ungefähr 10.000 Mitglieder im Reich verfügte. Im Sommer des darauffolgenden Jahres floh Ehrhardt in die Schweiz und kam später zurück, um in der rechtsradikalen Szene den Machtkampf mit Hitler zu suchen. Er hatte den Österreicher nie leiden können und für einen, wie er sagte, »Idioten« gehalten.

Die Abneigung beruhte auf Gegenseitigkeit – und die Massen, Hitlers Kapital, waren Ehrhardt stets unangenehm. Er war ein Offizier, der die alte Ordnung als Diktatur wiederherstellen wollte, kein Politiker. Man kam nicht wirklich zusammen, auch wenn Ehrhardt im Januar 1934 noch in einem bizarren Akt zum SS-Gruppenführer befördert wurde und seine Leute dort eingliedern sollte. Keinen Monat später hatte Reichsführer Heinrich Himmler Ehrhardts Truppe wieder aussortiert.

Im Sommer, als Hitler mit dem »Röhm-Putsch« die erste große Säuberung unter seinen Verbündeten in der SA durchführen ließ, wurde auch Ehrhardts Zuhause von SS-Mördern heimgesucht. Er floh wieder in die Schweiz und ließ sich später in Österreich nieder, wo er ein ansehnliches Schloss im Waldviertel erwarb. Die Heirat des Emporkömmlings mit Margarete Viktoria Prinzessin zu Hohenlohe-Öhringen hatte ihn zu einem vermögenden Mann gemacht. Er lebte nun als Schlossherr und Landwirt das Herrenreiterleben, von dem er immer geträumt hatte – bis er mit knapp 90 Jahren 1971 friedlich auf seinem Gut starb.

Ernst von Salomon kam 1927 frei, obwohl er noch einmal dreieinhalb Jahre zusätzlich wegen des missglückten Mordanschlags in Bad Nauheim bekommen hatte. Zügig glitt er wieder in den politischen Untergrund ab. 1929 deponierte er eine Bombe im Reichstag, die allerdings keinen großen Schaden anrichtete. Eine »Männerfreundschaft« mit dem Verleger Ernst Rowohlt, der von Salomon zärtlich »meinen Bombenleger« nannte, verschaffte ihm Zugang zur Berliner Boheme, wo sich von Salomon als versierter Trinker und Schriftsteller hervortat. Das »Gelöbnis treuster Gefolgschaft« deutscher Schriftsteller gegenüber Hitler 1933 unterzeichnete von Salomon dann allerdings nicht. Stattdessen deckte er die jüdischen Starlektoren Rowohlts, Franz Hessel und Paul Mayer. Außerdem verliebte er sich in eine junge Literaturstudentin namens Ille Gotthelft, die nach den Nürnberger Rassegesetzen von 1935 als Volljüdin galt. Er schützte sie, indem er sie als seine Ehefrau ausgab. Beide zogen sich 1940 nach Siegdorf in Oberbayern zurück, wo sie von den Nazis unbehelligt blieben. Aber auch wenn von Salomon vieles an den Nazis missfiel, blieb er doch ein überzeugter und radikaler Antidemokrat, der viele Vorlieben und Abneigungen der Faschisten teilte. Bis zum Kriegsende Mitglied der Reichskulturkammer, verdiente er zusätzliches Geld als Autor von Unterhaltungs- und Propagandafilmen der UFA. »Vielmehr bin ich ein ganz korruptes Schwein geworden, das den schäbigen Rest von Seele glatt für die Brosamen verkauft, welche vom reich besetzten Tisch der UFA fallen«, kokettierte von Salomon nicht ohne Stolz.

Dieses Talent als deutschnationaler Entertainer bescherte ihm nach dem Krieg mit »Der Fragebogen« einen Bestseller der frühen Bundesrepublik. Der österreichische Autor Alfred Polgar erkannte die nach wie vor faschistische Grundverfasstheit des Werkes und schrieb, das »ungeratene Dritte Reich« werde im »Fragebogen« zurechtgewiesen wie

»ein ungeratener Sohn von seinem Vater, dem hierbei der Stolz über den Teufelsjungen im Auge blitzt«. Auch wenn sich von Salomon später in der Friedensbewegung engagierte, verließ ihn doch nie eine tiefe Faszination für alles Soldatische und eine ebenso tiefe Abneigung gegen die westliche Demokratie und insbesondere für die amerikanische Kultur. Sogar die Sowjetunion war er bereit, jederzeit Amerika vorzuziehen. Trotz dieser demonstrativ antidemokratischen Haltung genoss er einen gewissen Respekt in der Männerwelt des Hamburger Medienadels, ehe er 1972 in Stöckte bei Winsen an der Luhe starb.

Auch Ernst Werner Techow, der Fahrer des Mörder-Cabriolets, fremdelte mit dem Nationalsozialismus Hitler'scher Prägung. Zwar hatte ihn Goebbels einige Male im Gefängnis besucht, und er war nach seiner frühen Entlassung 1930 von einem Spielmannszug der NSDAP feierlich empfangen worden, aber es zeichnete sich bald ab, dass Techow die Nazis für vulgäre Wortbrecher hielt. Seine Teilhabe am parteiinternen Stennes-Putsch 1931 gegen Hitler von SA-Leuten kostete ihn seinen Job als Redakteur bei der NS-Zeitung »Der Angriff«, als Bewerber für eine Offiziersausbildung wurde er auf Geheiß von Goebbels aussortiert.

Techow wurde Kriegsberichterstatter und kämpfte nach schwerer Verwundung später noch im Volkssturm, geriet aber in russische Gefangenschaft und wurde am 9. Mai 1945 von einem sowjetischen Soldaten erschlagen, angeblich mit einem Spaten.

Sein Bruder Hans Gerd hatte wesentlich weniger Probleme, sich mit der »Vulgarität« des Faschismus zu arrangieren. Er war Mitglied der NSDAP und der SA und schaffte es immer wieder, materiell von den Nazis zu profitieren.

Nach dem Zweiten Weltkrieg gründete er in Darmstadt einen Verlag. Gerichtlich unbehelligt lebte er sicher in der von ihm abgelehnten Bundesrepublik, bis er hochbetagt im Alter von 87 Jahren im Mühltal verschied.

Auch Karl Tillessen ging nach dem Absitzen seiner nur dreijährigen Haftstrafe eifrig daran, wieder in den rechten Sumpf einzutauchen. Er hatte schon vor dem Rathenaumord propagiert, dass allein Hitler und die NSDAP die Deutschen vor »Alljuda« bewahren können. Folgerichtig schloss er sich später der NSDAP und der SS an. Obwohl er einer der führenden Köpfe der Organisation Consul gewesen war und in der Völkischen Rundschau zum Mord an Rathenau aufgerufen hatte mit den Worten »Der jüdische Kutscher, der den Reichswagen in langjähriger Dunkelarbeit in den Sumpf gefahren hat, muss beseitigt werden«, blieb ihm eine neuerliche gerichtliche Konfrontation mit seiner Schuld erspart, er starb schließlich mit 87 Jahren in Krefeld.

Tillessens ehemaliger Adjutant, Hartmut Plaas, wurde nach der Entlassung aus dem Gefängnis Bezirksleiter des Bundes »Wiking« in Thüringen. Er sympathisierte mit dem linken Flügel der NSDAP, der mit dem Röhm-Putsch ausgelöscht wurde. Über Wilhelm Canaris, dem Leiter der Abwehr, des militärischen Geheimdiensts der Wehrmacht, gelang es Ehrhardt, Plaas einen leitenden Posten im sogenannten Forschungsamt zu verschaffen. Plaas hatte hier einen Überblick, welche Telefonanschlüsse von der Gestapo abgehört wurden. Plaas soll führende Wehrmachts-Kräfte und spätere Verschwörer wie von Moltke, von Dohnanyi und von der Schulenburg gewarnt haben. Im Frühjahr 1944 wurde Plaas von der Gestapo verhaftet, ins KZ Ravensbrück gebracht, wo man ihn am 19. Juli 1944, einen Tag vor dem Attentat auf Hitler in der Wolfsschanze, ohne Gerichtsverfahren erschoss.

Die beiden Erzberger-Mörder Heinrich Schulz und Heinrich Tillessen blieben im Ausland flüchtig – bis sich Hitlers Machtergreifung abzeichnete. Schon zwei Monate später durften sie sich in Sicherheit wiegen, da Reichspräsident Hindenburg eine »Straffreiheits-Verordnung« erließ, in der es hieß: »Für Straftaten, die im Kampfe für die nationale Erhebung des deutschen Volkes, zu ihrer Vorbereitung oder im Kampfe für die deutsche Scholle begangen worden sind, wird Straffreiheit gewährt«.

Tillessen trat der NSDAP und der SA bei, Schulz der NSDAP und der SS, wo er es bis zum Obersturmbann-Führer der Waffen-SS brachte. Nach dem Krieg gerieten beide in amerikanische Gefangenschaft und mussten sich schließlich vor bundesdeutschen Gerichten wegen des Mordes an Erzberger verantworten. Bemerkenswert war insbesondere die gerichtliche Behandlung im Fall Tillessen: Ein erstes Verfahren vor dem Freiburger LG gedieh gar nicht erst bis zur Hauptverhandlung, ein zweiter Prozess vor dem OLG endete mit Freispruch wegen der Straffreiheits-Verordnung des Dritten Reichs. In einem dritten Verfahren vor dem französischen Tribunal Générale in Rastatt, das das Verfahren an sich gezogen hatte, wurde Tillessen wegen Mordes und Verbrechen gegen die Menschlichkeit dann doch zu 15 Jahren Haft verurteilt. Der zwischenzeitlich in einem Spruchkammerverfahren zu acht Jahren Arbeitslager verurteilte Schulz erhielt 1950 wegen Totschlags eine zwölfjährige Gefängnisstrafe. Nach fünf Jahren bekamen die beiden 1952 Haftverschonung, und die Strafen wurden zur

Bewährung ausgesetzt. Sie hatten noch ein langes Leben in der zweiten deutschen, von ihnen nicht gerade geschätzten Demokratie vor sich. Schulz starb 1979 in Eltville am Rhein mit 85 Jahren, Tillessen in Koblenz mit 90 Jahren.

Eine richtig steile Karriere unter den Nazis jedoch schafften selbst die biegsamsten ehemaligen Mitglieder der Organisation Consul nicht wirklich. Nicht einmal der jederzeit zur äußersten Brutalität bereite, sadistisch veranlagte Manfred von Killinger. In der Frühzeit des Dritten Reichs durfte er zwar kurz als Ministerpräsident von Sachsen fungieren, aber nach dem Röhm-Putsch geriet auch er in Verdacht, verlor sein Ministerpräsidenten-Amt und schaffte es trotz eifriger Bemühungen nie mehr zurück in die Spitze der Nazi-Hierarchie, sondern wurde als Gesandter erst nach San Francisco und später nach Bukarest geschickt. Man traute ihm nicht mehr. Nicht einmal sein besonderer Eifer bei der Verfolgung der Juden in Osteuropa brachte ihn auch nur wieder annähernd dorthin zurück, wo er seinen eigentlichen Platz sah: irgendwo zwischen Himmler, Heydrich und Göring. Als die Rote Armee Bukarest eroberte, nahm sich von Killinger dort das Leben. Seine Frau und seine zwei Töchter folgten seinem Beispiel unmittelbar nach dem Ende des Zweiten Weltkriegs.

Am besten kamen die Nationalsozialisten auf Dauer nicht mit den lebenden Umstürzlern Ehrhardts zurecht, sondern mit den Toten. Niemand aus Ehrhardts Kreis erfuhr umfassendere und tiefere Verehrung als Kern und Fischer, die Mörder von Rathenau. Sie wurden posthum zu edlen Vorkämpfern und Märtyrern stilisiert.

Die Bewertung, ob jemand ein hinterhältiger und feiger Terrorist ist oder ein heiliger Pionier für eine vorzügliche Sache, hängt eben vom gesellschaftlichen und politischen Kontext ab. In der Nacht vom 17. Juli 1922 waren die Attentäter als Feinde der Republik auf einem Mistwagen von der Burg hinunter ins Dorf gebracht worden. Nach der Machtergreifung der Nazis wandelte sich Saaleck zur Wallfahrtsstätte zu deren Andenken.

Am 16. Juli 1933 weihte der Besitzer von Burg Saaleck, Hans Wilhelm Stein, jener Mann, der die Terroristen 1922 erst versteckt hatte und dann nach München gefahren war, um ihnen neue Pässe und Geld zu besorgen, eine Gedenktafel am Ostturm seiner Burg ein. Inschrift:

»Hier starben am 17. Juli 1922 / den Heldentod im Kampf / um Deutschland / unsere Kameraden / Oberst Leutnant z. See a. D. Erwin Kern / und Ltn. a. D. Herrmann Fischer / Brigade Ehrhardt.«

Die Zeremonie wirkte wie ein Vorspiel zu jenem pompösen Akt, der tags darauf stattfinden sollte, die endgültige Aufnahme zweier rechtsradikaler Killer in die Ahnenreihe der Nazis. Kolonnen von SS-Männern waren angetreten auf den Saalewiesen – insgesamt 4200, darunter die damals für kurze Zeit eingegliederten Kräfte der ehemaligen Brigade Ehrhardt. Ehrhardt hielt eine Ansprache, in der er Kern und Fischer pries: »Männlich, stolz und kühn tatet ihr Eure Pflicht für das Vaterland.« Der Reichsführer der SS, Heinrich Himmler, sprach im Fackelschein von der »erbarmungslosen Jagd« auf »zwei Kämpfer der deutschen Befreiung«. Auch Ernst Röhm, ebenfalls im Fackelschein, feierte Kern und Fischer als Vorbilder für die SA und die SS. »Zwei Welten«, sagte Röhm, »scheiden sich an dieser Stelle, die Welt der Feigen und die Welt der Soldaten.« Dann legte er einen Kranz an der neu errichteten Grabstätte ab. Sie war jetzt ein Heldengrab. Auf dem Kranz stand »Für zwei junge Patrioten«. Im Herbst desselben Jahres wurde ein massiver Stein am Grab von Kern und Fischer platziert, bezahlt von Hitler persönlich. Als Inschrift musste ein Zitat des Schriftstellers und Freiheitskämpfers gegen die napoleonische Besatzung, Ernst Moritz Arndt, herhalten:

»Tu, was Du musst, / sieg oder stirb / und lass Gott die / Entscheidung«.

Davor wurde von der SS ein Kranz niedergelegt: »Und Ihr habt doch gesiegt«.

Kern und Fischer waren nun offiziell im Pantheon der deutschen Freiheitskämpfer angekommen, wo sie höchste Heldenverehrung genossen.

Zwölf Jahre lang.

Nach dem totalen Zusammenbruch des vermeintlich 1000-jährigen Reichs galten Kern und Fischer dann zu Recht wieder als Terroristen, in der Bundesrepublik und in der DDR, auf deren Gebiet Burg Saaleck nun lag. Die Gedenktafel auf der Burg wurde entfernt, die Burg sollte zur Jugendherberge umgewandelt werden, die markige Inschrift auf dem Grabstein auf dem Friedhof wurde mit einem Meißel unkenntlich gemacht. Es war wieder Ruhe in Saaleck.

In der Bundesrepublik sortierten sich 1945 die Anhänger der extremen Rechten neu. Das Bekanntwerden des gewaltigen Ausmaßes des Holocaust verdunkelte den von ihnen gepriesenen Siegeszug des Faschismus im Dritten Reich, weshalb intelligentere Mitglieder der Bewegung sich z.B. der Lesart des schon erwähnten Armin Mohler und seiner Theorie von der »Konservativen Revolution« anschlossen. Mohler, ein gebürtiger Schweizer, später Chef der Siemens-Stiftung in München, versuchte seit den 60er-Jahren die verschiedenen Spielarten des Weimarer Rechtsextremismus auch in der Bundesrepublik wieder salonfähig zu machen. Er wollte den gesellschaftlichen Diskurs verändern und die kulturelle Hegemonie zurückerobern, die er von 68ern und einem linksliberalen Zeitgeist beherrscht sah. Umgeben von altem Adel, jungen Leuten und ehemaligen SS-Männern dozierte Mohler darüber, dass ein Kartell von Siegermächten und Meinungsmachern die deutsche Politik im Banne von Auschwitz halte.

Es hat ein paar Jahrzehnte gedauert, aber spätestens seit der Wiedervereinigung fällt das geistige Erbe solcher intellektueller Geschichtsrevisionen auf zunehmend fruchtbaren Boden. Daneben hatte es immer offen neofaschistische Gewalttäter und illegale, offen nationalsozialistisch ausgerichtete Untergrundorganisationen gegeben, die nun auch wieder Zulauf erhielten. Die Anschläge von Hoyerswerda, Mölln und Solingen, die Mordserie der NSU, die Morde von Halle und Hanau, stets mordbereite Figuren wie Stephan Ernst, die seit den 90er-Jahren zunehmende Eroberung der Straße durch die rechtsradikale Szene – das ist die eine Seite, die nun begleitet wird von den intellektuellen Nachkommen Mohlers wie Götz Kubitschek vom Antaios Verlag oder Leuten wie Martin Sellner und Martin Lichtmesz von der sogenannten Identitären Bewegung in Österreich.

Mit Extremisten in Tarnanzügen, die noch in den 70er-Jahren in dunklen teutonischen Wäldern herumrannten, konnten und können die allerwenigsten Deutschen heute etwas anfangen. Wehrsportgruppen und der von ihnen propagierte Rechtsradikalismus standen lange auf verlorenem Posten, gewissermaßen im Unterholz der Geschichte. Eine neue, salonfähige Rechte dagegen erhielt Auftrieb – auch durch Thilo Sarrazins im Jahr 2010 erschienenes Buch »Deutschland schafft sich ab«, in dem erstmals ein vermeintlich seriöser Politiker mit SPD-Hintergrund darlegte, dass Ausländer und »Kopftuchmädchen« Deutschlands Wohlstand und Wohlergehen auf Dauer aushöhlen und zerstören würden. Diese Angst um den Wohlstand der Deutschen war auch der Grund für die Gründung der AfD, zuerst einmal als Anti-Euro-Partei, im Jahr 2013. Beiden, Sarrazin und der AfD, gelang, was jahrzehntelang schwer möglich schien – eine Verlagerung radikal rechter Ideen in Teile des konservativen Bürgertums.

Die Ungewissheiten und Risiken einer krisenhaften Gegenwart werden in diesen Kreisen als Zumutungen empfunden. Aus den Sorgen wegen der fortschreitenden Globalisierung, Digitalisierung und Automatisierung werden Ängste vor dem Fremden entfacht. Dieses Fremde hat dunkle Hautfarbe und befindet sich auf dem Weg nach Deutschland oder ist längst hier und betet fünfmal am Tag Richtung Mekka oder sitzt in der Shishabar, raucht Wasserpfeife und stellt deutschen Frauen nach.

Man fühlt sich bedroht. Diese diffusen Ängste werden befeuert, indem eine neue intellektuelle Rechte Theorien anbietet, die diese Ängste konkretisieren, und gleichzeitig lockt sie damit, mit diesen Ängsten aufzuräumen – sie zu vertreiben aus den Köpfen, Haushalten, Wohngegenden.

Die große Flüchtlingswelle 2015 war das große Geschenk, auf das diese neue Rechte gewartet hatte. Die AfD wandelte sich von der Anti-Euro-Partei zur Anti-Flüchtlings-Partei und schürt nun zusammen mit anderen immer neue Ressentiments vor einer Art Migrationstsunami, der Deutschen Wohnungen, Arbeit und Wohlstand wegnähme. Das deutsche Volk austausche und durch Massenzuwanderung vernichten werde. Sich gegen dieses Fremde zu wehren, so wird suggeriert, ist erste Bürgerpflicht und Notwehr zugleich. Der Untergang des Abendlandes stehe unmittelbar vor der schmiedeeisernen Haustür.

In der komplizierten, krisenanfälligen Welt des 21. Jahrhunderts greift so eine neue Rechte auf sehr alte Rezepte zurück. Wenn die Identität des Einzelnen durch die zunehmende Auflösung von festen Arbeitsbiografien und Milieus bedroht ist, propagiert die neue Rechte: Du bist immer noch ein weißer Deutscher und damit viel mehr wert als alles andere, das in deinen angestammten Lebensraum drängt. Leute, die diesen angstgetriebenen Ermächtigungsimpuls nicht teilen, werden als ahnungslose Gutmenschen verhöhnt. Medien, die den Glauben an eine »Umvolkung« von oben hinterfragen, als Lügenpresse beschimpft.

Mit diesem Rollback sollen andere demokratisch-gesellschaftlichen Fortschritte der letzten Jahrzehnte gleich mit abgeräumt werden. Die Rechte für Homosexuelle, die Emanzipation der Frau, die zivilisatorische Übereinkunft etwa, Menschen, die eine dunklere Hautfarbe aufweisen, nicht mehr als »Neger« zu bezeichnen.

Die »Neger«, das sind laut dem Identitären Martin Lichtmesz seit dem Ende des Zweiten Weltkriegs nun die Deutschen selbst: »Der deutsche Neger, ewig dankbar und stolz darauf, einen Zylinder und einen goldenen Nasenring tragen zu dürfen.«

Zylinder und goldener Nasenring, die Accessoires der Versklavung, um im Bild zu bleiben, gelte es abzuwerfen. »Der Islam ist nicht mein Feind, unser größter Feind ist die Dekadenz«, bekannte Björn Höcke – und es ist keine Frage, dass er die Heimat der Dekadenz in jenem Land verortet, welches Deutschland angeblich die ihm wesensfremde Demokratie aufgezwungen hat: Amerika. In der Tat hätte eine Idealgesellschaft in den Vorstellungen von Höcke wesentlich mehr Schnittmengen mit den Taliban in Kandahar als mit einem alleinerziehenden Vater in Manhattan: das Zurückdrängen der Frauen an den Herd und ins Wochenbett, das Verbot der Homosexualität, eine streng hierarchisch gegliederte Diktatur, basierend auf Stammeszugehörigkeit.

Es ist nicht ohne Ironie, dass ausgerechnet die angloamerikanische Popkultur speziell der identitären Bewegung die Oberfläche lieferte, um dem alten rechten Denken ein zeitgeistiges Gewand zu verpassen. T-Shirts im Onlineshop der Identitären mit Aufschriften wie »White Lives Matter« oder »Celebrating Diversity«, begleitet mit der Abbildung von Stahlhelmen und Gasmaske zeigen, wie ungeniert die neue Rechte die Popkultur des verhassten Westens für ihre Zwecke plündert. Dazu wird der Gestus des Pop – den der Rebellion und der Provokation – eifrig genutzt. Es ist hier niemandem entgangen, dass die bislang politisch erfolgreichsten Protagonisten eines neuen rechten Populismus, Donald Trump und oft auch Boris Johnson, in ihrem Markenkern gewissenlose Entertainer und listige Clowns sind, die mit immer neuen Tabubrüchen die digitale Welt in Atem halten.

Hinter poppigen Oberflächen lauern aber immer noch die blutigen Bausteine des rechten Gedankenguts, das schon Männer wie Erwin, Kern, Hermann Fischer, Ernst von Salomon und Hermann Ehrhardt in rechte Terroristen verwandelt hatte: die Welt als ein bedrohlicher Ort, bevölkert von Feinden. Diese Feinde gelte es zu benennen, zu stellen und in der Folge zu bekämpfen. Eine Welt des ewigen Krieges, nicht des Friedens, der Zusammenarbeit und Übereinkünfte. Die Gesellschaft, die Leute wie Höcke und Kubitschek oder Sellner und Lichtmesz wollen, ist eine vordemokratische, in der die Ideale der Französischen Revolution – Freiheit, Gleichheit, Brüderlichkeit – zurückgenommen werden, ersetzt durch eine Art hierarchisch gegliedertes Gemeinwesen.

Dabei ist klar, dass die Bundesrepublik der Gegenwart mit ihren demokratischen Institutionen, ihrer liberalen Zivilgesellschaft und der festen Verankerung in einem demokratischen Europa nicht zu vergleichen ist mit der Weimarer Republik. Deren Stabilität war von Beginn an explizit bedroht, sie wurde offen verächtlich gemacht und von den alten Machteliten nie akzeptiert.

Die heutige antidemokratische Rechte und erst recht neo-nationalistische Gewalttäter hingegen finden, von einzelnen Sympathisanten abgesehen (z. B. im Verfassungsschutz, bei der Bundeswehr oder vereinzelt in Adelskreisen), keine Unterstützung im Establishment der demokratischen Parteien und Institutionen.

Die Gefahr für die Demokratie stellt sich heute anders dar: sie liegt im zu schwachen öffentlichen Bewusstsein über die Zerbrechlichkeit demokratischer Institutionen, in einer zu großen Selbstverständlichkeit, mit der die demokratische Verfasstheit des Staates betrachtet wird.

Hinzu kommt, dass die heutigen Erben antidemokratischen Denkens ihre demokratiefeindlichen Ziele oft nicht offen thematisieren, wie dies noch nach 1918 geschah, sondern ihre Ziele durch Aushöhlung und Verdrehung von Begriffen betreiben: Diejenigen, die rassistische Ausgrenzung etwa von Flüchtlingen fordern, stellen sich selbst als Opfer »undemokratischer Meinungskorridore« dar. (Der Slogan »Mehr Demokratie wagen« mit einem Konterfei Willy Brandts etwa wird so zu einem AfD-Wahlplakat.) Dieses Versteckspiel kann man auch als ein Zeichen der Schwäche dieser Gruppen betrachten, es zeigt aber die Notwendigkeit einer »wehrhaften« Demokratie und des Kampfes gegen die Hetzer von heute.

»Unser Ziel ist nicht die Beteiligung am Diskurs, sondern sein Ende als Konsensform. Nicht ein Mitreden, sondern eine andere Sprache. Nicht der Stehplatz im Salon, sondern die Beendigung der Party«, sagte Götz Kubitschek über die Pläne der neuen Rechten für eine radikal andere Welt.

Die Party: So kann man die längste Friedensperiode in der Geschichte Europas, die Herrschaft demokratischer Institutionen und der Menschenrechte, die Schaffung von nie gekanntem Wohlstand für sehr viele bei einer gleichzeitigen Liberalisierung in fast allen Lebensbereichen natürlich auch nennen.

Es wird Umsicht, gute Argumente, eine sozialere Politik, aber auch Entschlossenheit nötig sein, um diese Party gegen ihre Feinde zu verteidigen.

Es liegt viel auf dem Tisch. Und es ist kein Spiel.

Wenn jemand wie Stephan Ernst erst einmal offiziell und nicht mehr nur im Zwielicht des Internets als Freiheitskämpfer gefeiert wird, ist es jedenfalls zu spät.

LITERATURLISTE

Balla, Erich: Landsknechte wurden wir. Abenteuer aus dem Baltikum, Traditionsverlag Kolk & Co, 1932

Brenner, Wolfgang: Walther Rathenau. Deutscher und Jude, Piper Verlag, 2005

Breuer, Stefan: Anatomie der Konservativen Revolution, Wissenschaftliche Buchgemeinschaft Darmstadt, 1995

Clark, Christopher: Preußen. Aufstieg und Niedergang 1600–1947, Pantheon, 2007

Dürr, Benjamin: Erzberger. Der gehasste Versöhner, Ch. Links Verlag, 2021

Easton, Laird M.: Der Rote Graf. Harry Graf Kessler und seine Zeit, Klett-Cotta, 2005

Enzensberger, Hans Magnus: Hammerstein oder der Eigensinn. Eine deutsche Geschichte, Suhrkamp Verlag, 2008

Freska, Friedrich: Kapitän Ehrhardt. Abenteuer und Schicksale, August Scherl Verlag, 1924

Fromm, Erich: Anatomie der menschlichen Destruktivität, Rowohlt Verlag, 1997

Fröhlich, Gregor: Soldat ohne Befehl. Ernst von Salomon und der Soldatische Nationalismus, Schöning Verlag, 2018

Federn-Kohlhaas, Etta: Walther Rathenau. Sein Leben und Wirken, Carl Reissner Verlag, 1927

Gall, Lothar: Walther Rathenau. Portrait einer Epoche, C. H. Beck Verlag, 2009

Grupp, Peter: Harry Graf Kessler, Insel Verlag, 1999

Gumbel, Emil Julius: Vier Jahre politischer Mord, Verlag der Neuen Gesellschaft, 1922

Haffner, Sebastian: Geschichte eines Deutschen. Die Erinnerungen 1914–1933, Deutsche Verlags-Anstalt, 2000

Haffner, Sebastian: Von Bismarck zu Hitler. Ein Rückblick, Droemer Verlag, 2015

Haffner, Sebastian: Der Verrat. Deutschland 1918/1919, Verlag 1900, 1993

Haffner, Sebastian: Preußen ohne Legende, Siedler Verlag, 1998

Haffner, Sebastian: Die sieben Todsünden des deutschen Reichs im Ersten Weltkrieg, Anaconda Verlag, 2014

Hecht, Ben: Revolution im Wasserglas. Geschichten aus Deutschland 1919, Berenberg Verlag, 2006

Heiber, Helmut: Die Republik von Weimar, Deutscher Taschenbuch Verlag, 1966

Heinz, Friedrich Wilhelm: Sprengstoff, Frundsberg Verlag, 1930

Heinz, Friedrich Wilhelm: Durchbruch ins Reich, Verlag Bublies, 2011

Heitmeyer, Wilhelm; Freiheit, Manuela; Sitzer, Peter: Rechte Bedrohungsallianzen. Signaturen der Bedrohung II, Suhrkamp Verlag, 2020

Hildenbrandt, Fred: … ich soll Dich grüßen von Berlin 1922–1932, Ullstein Verlag, 1968

Höhne, Heinz: Der Orden unter dem Totenkopf. Die Geschichte der SS, Weltbild Verlag, 2000

Huber, Florian: Rache der Verlierer. Die Erfindung des Rechtsterrors in Deutschland, Berlin Verlag, 2020

Jones, Mark: Am Anfang war Gewalt. Die deutsche Revolution von 1918/19 und der Beginn der Weimarer Republik, Propyläen, 2017

Jünger, Ernst: In Stahlgewittern. Aus dem Tagebuch eines Sturmtruppführers, Klett-Cotta, 2014

Musil, Robert: Der Mann ohne Eigenschaften, Rowohlt Verlag, 1978

Peukert, Detlev J. K.: Die Weimarer Republik, Suhrkamp Verlag, 1987

Kerr, Alfred: Walther Rathenau. Erinnerungen eines Freundes, Querido Verlag, 1935

Kerr, Alfred: Aus dem Tagebuch eines Berliners, Fischer Verlag, 1989

Kershaw, Ian: Hitler 1889–1936, Pantheon, 1998

Kessler, Harry Graf: Walther Rathenau. Sein Leben und sein Werk, Fischer Verlag, 1988

Kessler, Harry Graf: Tagebücher 1918–1937, Insel Verlag, 1996

Killinger, Manfred von: Ernstes und Heiteres aus dem Putschleben, Verlag Franz Eher, 1934

Killinger, Manfred von: Klabautermann. Eine Lebensgeschichte, Verlag Franz Eher, 1936

Killinger, Manfred von: Freicorps voran! Deutschlands Kampf um Oberschlesien 1921, LK Medien-Vertrieb, 2015

Klein, Markus Josef: Ernst von Salomon. Revolutionär ohne Utopie, San Casciano Verlag, 2002

Lambach, Walther: Diktator Rathenau, Deutschnationale Verlagsanstalt, 1918

Lethen, Helmuth: Verhaltenslehren der Kälte. Lebensversuche zwischen den Kriegen, Suhrkamp Verlag, 1994

Loerke, Oskar: Tagebücher. 1903–1939, Suhrkamp Verlag, 1986

Longerich, Peter: Die braunen Bataillone. Geschichte der SA, C. H. Beck Verlag, 1989

Malinowski, Stephan: Die Hohenzollern und die Nazis. Geschichte einer Kollaboration, Propyläen Verlag, 2021

Mann, Rudolf: Mit Ehrhardt durch Deutschland, Trowitzsch & Sohn, 1921

Mann, Thomas: Betrachtungen eines Unpolitischen, Fischer Verlag, 2009

Mayer, Hans: Der Widerruf. Über Deutsche und Juden, Suhrkamp Verlag, 1994

Meinl, Susanne: Nationalsozialisten gegen Hitler. Die nationalrevolutionäre Opposition um Friedrich Wilhelm Heinz, Siedler Verlag, 2000

Moeller van den Bruck, Arthur: Der Preussische Stil, Bergstadtverlag, 1953

Mohler, Armin: Die Konservative Revolution in Deutschland 1918–1932, Wissenschaftliche Buchgesellschaft, 1989

Petzold, Joachim: Wegbereiter des deutschen Faschismus. Die Jungkonservativen in der Weimarer Republik, Pahl Rugenstein, 1983

Rathenau, Walther: Von kommenden Dingen, Fischer Verlag, 1917

Rathenau, Walther: Zur Kritik der Zeit, Olms Verlag, 2008

Rathenau, Walther: Briefe 1871–1913. Rathenau Gesamtausgabe, Droste Verlag, 2006

Rathenau, Walther: Briefe 1914–1922. Rathenau Gesamtausgabe, Droste Verlag, 2006

Rathenau, Walther: Auf dem Fechtboden des Geistes. Aphorismen aus seinen Notizbüchern, Verlag Der Greif, Walther Gericke, 1953

Remarque, Erich Maria: Im Westen nichts Neues, Kiepenheuer und Witsch, 1959

Rosenberg, Arthur: Geschichte der Weimarer Republik, Europäische Verlagsanstalt, 1973

Roth, Joseph: Werke 1. Das Journalistische Werk 1915 -1923, Kiepenheuer & Witsch, 1989

Sabrow, Martin: Der Rathenaumord. Rekonstruktion einer Verschwörung gegen die Republik von Weimar, Oldenburg Verlag, 1994

Sabrow, Martin: Die verdränge Verschwörung. Der Rathenau-Mord und die deutsche Gegenrevolution, Fischer Verlag, 1999

Scheidemann, Philipp: Memoiren eines Sozialdemokraten. Zweiter Band, Severus Verlag, 2010

Salomon, Ernst von: Die Kadetten, Rowohlt Verlag, 1933

Salomon, Ernst von: Die Geächteten, Unitall Verlag, 2011

Salomon, Ernst von: Die Stadt, Rowohlt Verlag, 1932

Salomon, Ernst von: Der Fragebogen, Rowohlt Verlag, 1961

Schmitt, Carl: Der Begriff des Politischen, Duncker & Humblot, 2009

Sloterdijk, Peter: Kritik der zynischen Vernunft, Suhrkamp Verlag, 1983

Schmook, Reinhard, Walther Rathenau & Schloss Freienwalde, Findling Verlag, 2017

Schölzel, Christian: Walther Rathenau. Industrieller, Schriftsteller, Politiker, Hentrich und Hentrich und Centrum Judaicum Berlin, 2003

Schulin, Ernst: Walther Rathenau. Repräsentant, Kritiker und Opfer seiner Zeit, Musterschmidt Verlag, 1979

Spengler, Oswald: Untergang des Abendlandes. Umrisse einer Morphologie der Weltgeschichte, Band 1 und 2, C. H. Beck Verlag, 1922/1923

Steinhagen, Martin: Rechter Terror. Der Mord an Walther Lübcke und die Strategie der Gewalt, Rowohlt Verlag, 2021

Theweleit, Klaus: Männerphantasien, Matthes & Seitz, 2019

Tucholsky, Kurt: Gesammelte Werke 1921–1924, Rowohlt Verlag, 1960

Volkov, Shulamit: Wather Rathenau. Ein jüdisches Leben in Deutschland 1867–1922, C. H. Beck Verlag, 2012

Wehler, Hans-Ulrich: Deutsche Gesellschaftsgeschichte 1914–1949, C. H. Beck Verlag, 2003

Weber, Thomas: Hitlers erster Krieg. Der Gefreite Hitler im Weltkrieg - Mythos und Wahrheit, Propyläen, 2010

Weber, Thomas: Wie Adolf Hitler zum Nazi wurde. Vom unpolitischen Soldaten zum Autor von »Mein Kampf«, Propyläen, 2016

Weidermann, Volker: Träumer. Als die Dichter die Macht übernahmen, Kiepenheuer & Witsch, 2017

Weiß, Volker: Die autoritäre Revolte. Die Neue Rechte und der Untergang des Abendlandes, Klett-Cotta, 2017

Weltbühne, Die: 1. und 2. Halbjahr 1922, Äthenäum Verlag, 1978

Winkler, Heinrich August: Weimar 1918–1933. Die Geschichte der ersten deutschen Demokratie, C. H. Beck Verlag, 1993

Winkler, Heinrich August: Geschichte des Westens. Von den Anfängen der Antike bis zum 20. Jahrhundert, C. H. Beck Verlag, 2009

Winkler, Heinrich August: Der lange Weg nach Westen. Vom Ende des Alten Reiches bis zum Untergang der Weimarer Republik, C. H. Beck Verlag,

Zweig, Stefan: Die Welt von Gestern. Erinnerungen eines Europäers, Fischer Verlag, 1970

INHALT

DANKSAGUNG

- Claudia Hornemann für Zuversicht, Inspiration und ein stets offenes Ohr
- Helge Malchow für die intensive und produktive Zusammenarbeit beim Lektorat
- für Begleitung und Unterstützung: Kristin Rübensamen, Josephine und Linda Hüetlin. Roya Ahmadi, Sissi Hüetlin, Hank Senfft, Alexander Smolczyk, Maurice Weiß, Sigrid Rothe, Christoph Topinke, Ernestine von Salomon, Eva Morawietz, Reinhard Schmook, Udo Lindenberg und Mara Hornemann.

Mein besonderer Dank gilt dem Rathenau-Spezialisten Prof. Dr. Martin Sabrow, Leiter des Zentrums für Zeithistorische Forschung (ZZF) in Potsdam, für seine unersetzlichen, sorgfältigen und detaillierten Hinweise und Korrekturen.